本书为燕山大学改革研究项目"基于'满天星训练营'模式的(新)型高效足球教学研究"（2022XJJG093）
河北省学校体育卫生艺术国防教育专项任务项目"从'满天星训练营'到新型足球学校的理论分析与行动方案设计"研究成果

幼儿足球教学理论研究与实践

杨广辉　邹亚婷　国明洁　冯新元◎著

燕山大学出版社

·秦皇岛·

图书在版编目（CIP）数据

幼儿足球教学理论研究与实践 / 杨广辉等著. —秦皇岛：燕山大学出版社，2024.6
ISBN 978-7-5761-0648-0

Ⅰ．①幼… Ⅱ．①杨… Ⅲ．①足球运动－学前教育－教学参考资料 Ⅳ．①G613.7

中国国家版本馆 CIP 数据核字（2024）第 050160 号

幼儿足球教学理论研究与实践
YOUER ZUQIU JIAOXUE LILUN YANJIU YU SHIJIAN

杨广辉　邹亚婷　国明洁　冯新元　著

出 版 人：陈　玉				
责任编辑：刘馨泽				
责任印制：吴　波		封面设计：刘馨泽		
出版发行：燕山大学出版社		电　　话：0335-8387555		
地　　址：河北省秦皇岛市河北大街西段 438 号		邮政编码：066004		
印　　刷：涿州市般润文化传播有限公司		经　　销：全国新华书店		
开　　本：787 mm×1092 mm　　1/16		印　　张：19.5		
版　　次：2024 年 6 月第 1 版		印　　次：2024 年 6 月第 1 次印刷		
书　　号：ISBN 978-7-5761-0648-0		字　　数：360 千字		
定　　价：78.00 元				

版权所有　侵权必究

如发生印刷、装订质量问题，读者可与出版社联系调换

联系电话：0335-8387718

前　言

党的二十大报告明确提出："广泛开展全民健身运动，加强青少年体育工作，促进群众体育和竞技体育全面发展，加快建设体育强国。"加快发展青少年校园足球是贯彻党的教育方针、促进青少年身心健康的重要举措，也是夯实足球人才基础、提高足球发展水平和成就中国足球梦想的基础工程。校园足球普及是我国目前体育教育事业发展的紧要性任务，同时，幼儿足球是我国校园足球的发展根基。但目前我国幼儿足球教育仍处于起步阶段，因此幼儿足球实践是当前校园足球普及中比较重要的一环。2018年10月，中国足球协会正式启动娃娃足球工程，制定了《全国娃娃足球工程实施方案》；2019年3月，教育部印发了《关于开展幼儿足球试点工作的通知》，这更加体现了校园足球的普及重心已逐渐下移到幼儿园。因此，对幼儿进行足球教育，显得尤为迫切和重要。

本书第一作者曾就读于沈阳体育学院足球专业，是教育部首批赴法国留学的校园足球教练员，同时是全国校园足球专家委员会委员。其他作者也都是从事幼儿教育、幼儿体育研究的一线教师，具有丰富的幼儿教育经验。本书在幼儿足球课程中，引入中国经典文学作品《西游记》和足球游戏两种元素，使其有效结合，主要内容包括幼儿发展、幼儿身体素质、幼儿足球基础技术、幼儿足球课程教学设计等诸多方面，目的是在运动中培养幼儿的逻辑能力，开发其大脑活力和创造力。本书基于幼儿的发展规律，激发幼儿参与足球运动的兴趣，提高幼儿的积极性，促进幼儿身心健康发展，让足球融入幼儿生活。此外，《西游记》的引入，不仅可以让幼儿在玩中学习足球规则，还可以让幼儿了解中国经典文学著作，明事理、辨是非、知善恶，弘扬中华优秀传统文化。

特别鸣谢为本书在教案编写、教学实践中作出贡献的燕山大学体育学院社会体育指导与管理专业足球专项全体教练员：王贞己、倪天宇、贾振杰、马斌、毕天虎、杜杨、陈楠、岳子昂、王佳伟、王航、曹博文、范子硕、王子弈、姚玉浩、俞伟佳、高悦宸、李家旭。同时特别感谢燕山大学幼儿园、河北卓茵体育发展有限公司、秦皇岛燕山足球俱乐部对幼儿足球教学训练活动的大力支持。

目 录

绪论 ··· 1

第一章 幼儿发展 ··· 3
第一节 幼儿生理发展 ··· 3
第二节 幼儿的认知发展 ·· 6
第三节 幼儿情绪、情感发展 ··· 17
第四节 幼儿的个性、社会性发展 ·· 20

第二章 认识足球 ··· 25
第一节 足球比赛 ·· 26
第二节 足球比赛的编排与组织 ··· 30

第三章 幼儿身体素质 ··· 32
第一节 跑动 ·· 32
第二节 跳跃 ·· 32
第三节 灵敏 ·· 32
第四节 协调 ·· 33
第五节 力量 ·· 33
第六节 PDA 基础体能测试 ·· 33

第四章 幼儿足球基础技术 ··· 45
第一节 球性技术 ·· 45
第二节 运球技术 ·· 45

第三节　踢球技术 …………………………………………………………… 46
　　第四节　接球技术 …………………………………………………………… 47
　　第五节　头顶球技术 ………………………………………………………… 48
　　第六节　防守技术 …………………………………………………………… 49
　　第七节　守门员技术 ………………………………………………………… 50
　　第八节　幼儿足球技术特点与动作要领 …………………………………… 50
　　第九节　幼儿身体素质练习特点与动作要领 ……………………………… 58

第五章　幼儿足球运动性损伤与防治 …………………………………………… 62
　　第一节　幼儿足球运动性损伤的成因 ……………………………………… 62
　　第二节　幼儿足球运动性损伤的种类及部位 ……………………………… 64
　　第三节　幼儿足球运动性损伤的预防 ……………………………………… 64

第六章　幼儿足球课程教学设计 ………………………………………………… 67
　　第一节　幼儿足球课程教学设计原则 ……………………………………… 67
　　第二节　幼儿足球课程学年教学计划 ……………………………………… 70
　　第三节　幼儿足球课程教学内容 …………………………………………… 73
　　第四节　幼儿足球课程教案 ………………………………………………… 77
　　第五节　幼儿足球课程游戏 ………………………………………………… 297

参考文献 …………………………………………………………………………… 302

附　录 ……………………………………………………………………………… 303

绪　　论

幼儿足球活动是一项具有竞争性与对抗性的运动项目，它能体现出幼儿之间的配合意识和团结协作精神，在幼儿园深受广大幼儿的喜爱。同时，幼儿足球活动的开展还能够提高幼儿的体质，增强幼儿的组织纪律性，推动我国足球事业的发展。幼儿足球的目标主要在于培养和发展幼儿对于足球运动的兴趣，并不需要开展专业化的教学与训练。因此，在组织开展幼儿足球活动的过程中，应该以兴趣为先导，在充分考虑幼儿年龄小、力量弱、速度慢、动作不够协调等特点的基础上，淡化规则，突出趣味性，尽可能地采用游戏的方法来组织开展幼儿足球活动。

一、幼儿足球的教学重点

（1）技术能力：培养球感、运球、接球、射门和1对1等能力。
（2）战术能力：培养方向感，保护自己的球不丢，丢球后追赶上抢。
（3）体能：提高身体的协调性、平衡力（单、双足）、灵敏性、跑跳能力。
（4）心智能力：体验成功与失败，感受足球项目的乐趣，培养表现欲、好奇心。
（5）社交能力：体会运动的快乐，遵循足球运动基本规则，学会结交朋友。

二、幼儿足球的比赛要求

建议此阶段不设正式的比赛，不把胜负和射门得分作为最主要的因素，重在体验快乐。让幼儿感受用脚控球和得分的乐趣，丢球就追赶球，没有越位、点球、角球等规则，由本方端线传球或运球开始，没有红黄牌。

尽量与各种游戏相结合，有一定的竞争性，使幼儿展现其表现欲，但避免只采用一种游戏且持续太长时间，可以变换多种形式。

三、幼儿足球的理论学习要求

（1）通过观看动画片或卡通的形式，让幼儿享受游戏并了解足球比赛的形式和过程。
（2）让幼儿设计进球时的庆祝形式并展示。

（3）让幼儿认识基本的颜色。

四、教练员的职责、指导要求和建议

（1）职责：教练员要了解此年龄段儿童身心发展特点，通过多种形式的游戏和各种器械培养幼儿的身体的基本活动能力，并注重对幼儿协调性、平衡能力和灵活性的练习。开始时可让幼儿用手体会球的性能，逐步转移到用脚感知球的性能，教练员必须要有耐心，具有亲和力和幽默感，尊重每个孩子的参与权利。

（2）指导要求：教练员应积极采用正面赞扬和鼓励的方式，变换和调整难度，让幼儿体验成功的喜悦，要满足其占有欲，提供更多参与和投入的机会，并通过正确的慢速动作示范建立动作形成和完成的概念。

（3）建议：教练员分组时考虑能力的平衡性，增加挑战和趣味性；把颜色与教学内容相结合；尊重幼儿的天性，满足幼儿的好奇心；鼓励幼儿结交朋友；幼儿的注意力不能长时间集中，需要多变换活动内容；让幼儿在模仿中学、玩中学、做中学、游戏中学，以此来培养孩子对足球的兴趣；让足球成为孩子的朋友。

第一章 幼儿发展

第一节 幼儿生理发展

一、幼儿的身体发育

（一）幼儿的神经系统

神经系统是生命活动的重要调节系统，人体之所以能够成为一个统一的整体，保持各种生理活动的正常进行，正是因为神经系统具有支配与调节作用。神经系统包括中枢神经系统和周围神经系统，其基本活动方式是反射。

脑的发育：

（1）时间：胎儿时期神经系统发育最早，尤其是脑的发育最为迅速。

（2）脑重：与成人相比，幼儿时期脑占体重的比例相对较大，如出生时脑的平均重约为370克，占体重的1/9～1/8；到6个月时可达700克左右；2岁时为900～1000克；7岁时已与成人接近。成人脑重约为1500克，仅占体重的1/40左右。

（3）大脑外观：出生时大脑的外观已与成人相似，具备了成人所有的沟回，但较浅，发育不完善，灰质层也较薄，细胞分化较差，而中脑、脑桥、延髓、脊髓发育较好，可保证生命中枢的功能。

（4）神经细胞的发育：大脑皮质的神经细胞于胎儿5个月时开始增殖分化，到出生时其神经细胞数目已与成人相同，但其树突、轴突少而短。出生后脑重的增加主要是由于神经细胞体积增大和树突的增多、成长，以及神经髓鞘的形成和发育。幼儿3岁时神经细胞已大致分化完成，8岁时已与成人接近。

（5）神经纤维发育：幼儿出生时发育不完善，其神经纤维到4岁时才完成髓鞘化。故婴幼儿时期，由于髓鞘形成不完善，当外界刺激作用于神经传入大脑时，因没有搜集整理髓鞘的隔离，兴奋可传入邻近的神经纤维，不易在大脑皮层形成明确的兴奋灶。同时，刺激的传导在无髓鞘的神经也较慢，这就是婴幼儿对外来刺激的反应较慢且易于泛化的原因。

（6）神经调节：出生时新生儿的皮质下中枢，如丘脑、下丘脑在功能上比较成熟，但大脑皮质及新纹状体发育尚未成熟，故幼儿出生时的活动主要由皮质下系统调节，随着脑实质的逐渐增长、成熟，幼儿的运动转为由大脑皮质中枢调节，皮质中枢对皮质下系统的抑制作用也日趋明显。

（7）组织成分：小儿大脑富含蛋白质，而类脂质、磷脂和脑苷脂较少，仅占大脑组织的33%，而成人为66.5%。

（8）耗氧量：生长时期的脑组织对氧的需求量较大，在基础代谢状态下，小儿脑的耗氧量为全身耗氧量的50%，而成人则为20%。长期营养缺乏可导致脑的生长发育落后。

（二）幼儿的运动系统

1. 骨骼

幼儿的骨骼正处于生长发育阶段，软骨成分较多，骨组织中有机物与无机物之比为5∶5，而成人为3∶7。所以，其骨骼弹性大而硬度小，不易完全骨折，但易弯曲变形，骨的成分随着年龄的增长逐渐发生变化，无机盐增多，坚固性增强，韧性减小。在成长过程中，骺软骨迅速地生长使骨伸长，并逐渐骨化。幼儿的关节结构与成人基本相同，但关节软骨较厚，关节囊较薄，关节内外的韧带较薄而松弛，关节周围的肌肉较细长，所以其伸展性与活动范围都大于成人，关节的灵活性与柔韧性都易发展，但牢固性较差，在外力的作用下较易脱位。

2. 肌肉

幼儿的肌肉中含水量较多，蛋白质、脂肪以及无机盐类较少。与成人相比，收缩能力较弱，耐力差，易疲劳，但恢复地成人快。幼儿身体各部分肌肉的发育，躯干肌先于四肢肌，屈肌先于伸肌，上肢肌先于下肢肌，大块肌先于小块肌。肌力的逐年增长也是不均匀的，在生长加速期，肌肉纵向发展较快，但仍落后于骨骼的增长，其肌力和耐力均较差；在生长加速期后，肌肉横向发展较快，肌纤维明显增粗，肌力显著增加。幼儿肌肉力量和能量的储备都不如成人。组织户外活动时应适时让幼儿休息，以避免过度疲劳。幼儿的大肌肉发育早，3～4岁时已经比较协调；小肌肉发育晚，5～6岁时才能做一些精细动作。

3. 关节和韧带

幼儿关节的伸展性及柔韧性超过成人，故关节活动的范围大于成人。幼儿关节周围的肌肉和韧带不够坚韧，所以关节的牢固性差，用力过猛容易脱臼。切勿猛力牵拉幼儿的手臂，幼儿的肘关节较松，当胳臂伸直时若猛力牵拉，则可能造成牵拉肘。这种损伤通常是成人带领幼儿上楼梯、过马路或给幼儿穿脱衣服时，用力提拎、牵拉幼儿手臂造成的。肘部受伤后，手臂不能再活动，找医生复位后要注意保护。婴儿会站、会走以后出现了脚弓，但脚底肌肉、韧带还不结实，若运动量不适度，足弓负荷太重，就容易使脚弓塌陷，形成扁平足。

二、幼儿的动作发展

（一）动作发展的意义

动作是人类最基本也是最重要的发展领域，尤其是对婴儿期和儿童早期的个体来说，动作发展极为重要。从个体心理发展的生理基础以及心理等各方面的早期发展来看，动作作为主体能动性的基本表现形式，在个体早期心理发展中起着重要的建构作用，使个体能够积极地构建和参与自身的发展。动作的发展会对幼儿的其他方面的发展产生显著的影响。动作的发展不仅有助于幼儿的身体发展，还有助于其建立自尊和自信，使幼儿在与环境互动中获得丰富的经验，感知觉更加精确，同时又促进脑和神经系统的发育，进而使幼儿的动作技能更加熟练。运动是实现动作发展的基本途径，也是幼儿的基本需要。游戏和户外活动是最佳的动作技能练习方式。

（二）幼儿的动作发展规律

1. 首尾规律（从上到下）

先是头部动作，然后自上而下，几乎所有的幼儿都是沿着"抬头—翻身—坐—爬—站—走"的动作发展方向成熟的。

2. 近远规律

近头部和躯干的部分先发展，然后是远离身体中心部位动作的发展。

3. 大小规律（由粗到细）

先学会躯体大肌肉、大幅度的粗大动作，然后才逐渐学会手的小肌肉的精细动作。

4. 整体到局部规律

从最初全身性、笼统性、未专门化的动作，然后逐渐分化为局部的、准确的、专门化的动作。

5. 无意动作到有意动作规律（无有规律）

幼儿动作发展的方向越来越多地受心理、意识支配，动作发展的规律也服从于幼儿心理发展的规律，从无意向有意发展。

第二节　幼儿的认知发展

一、幼儿感知觉发展

（一）感知觉概述

1. 感觉

感觉就是人脑对直接作用于感官的客观事物的个别属性的反应。客观事物总是具有一定的属性，如形状、颜色、味道、软硬等。当这些属性作用于人的感觉器官时，大脑就会产生相应的反应。

2. 知觉

知觉是人脑对直接作用于感官的客观事物的各个部分和属性的整体的反应。知觉是在感觉基础上产生的，它是一个人充分运用过去的知识和经验对由客观世界中物体的各种属性所产生的感觉信息进行组织和解释的结果，离开知觉的纯感觉是不存在的。

3. 感知觉在学前幼儿心理发展中的作用

（1）感觉和知觉是人最早出现的认识过程，感觉和知觉都属于认知活动的低级形式，以后才相继出现记忆过程及与记忆相联系的表象，再进一步发展最简单的思维以及最初的想象。现代幼儿心理学证明，新生儿已经具备人类的基本感觉和知觉。

（2）两岁前幼儿依靠感觉和知觉认识世界，感觉和知觉是人对世界的感性认识。在 0～2 岁，婴儿是依靠视觉、听觉、触觉等和外界接触的，也是依靠从感官得来的信息对周围世界作出反应的。

（3）感觉和知觉在 3～6 岁幼儿的心理活动中仍占优势，幼儿对世界仍处于感性认识阶段，主要是借助颜色、形状、声音和动作来认识世界的。3 岁后，幼儿的思维虽然已有所发展，但是其思维是紧紧依靠知觉形象的。

（二）幼儿的感觉、知觉

1. 幼儿的感觉

幼儿的感觉包括视觉、听觉、味觉、嗅觉、触觉等多方面。到目前为止，研究比较多的是视觉、听觉、触觉、运动觉。

（1）幼儿视觉的发展表现在两个方面：视觉敏锐度（简称：视敏度）的发展和颜色视觉的发展。视敏度是衡量视觉发展优劣的指标，是指分辨物体细节和轮廓的能力，也就是一个人的眼睛能正确分辨物体的最小维度。我们日常所说的视力就是医学上所测定的视敏度。一般情况下，视敏度为 1.0 是正常的，新生儿最佳视距在 20 厘米左右。

颜色视觉指区别颜色细微差异的能力，也称辨色力。幼儿期对颜色辨别力的发展，主要依靠生活经验和教育。

（2）人的感觉除视觉外，还有另一种重要的感觉就是听觉。新生儿爱听母亲的声音、柔和的声音、高音调的声音。幼儿通过听觉辨别周围事物、欣赏音乐、学唱歌。

（3）触觉是肤觉和运动觉的联合，是婴幼儿认识世界的重要手段。

视触协调主要表现为手眼探索活动的协调。手眼协调活动是婴儿认知发展过程中的重要里程碑，也是手的真正探索活动的开始。手眼协调动作出现的主要标志是伸手能抓到东西。

（4）运动觉的发展是以"头部—躯干—四肢"这一顺序进行的，最后发展手部的精细动作。1～3岁幼儿逐渐掌握了走、跑、跳、滚、攀登等基本动作形式。4～6岁幼儿的基本动作形式将会从粗略到精细，发生分化与完善。

2. 幼儿的知觉

按照知觉活动中起主导作用的感觉的不同，可将知觉分为视知觉、听知觉、嗅知觉等。也可按知觉对象的特性分为空间知觉、时间知觉和观察力。

（1）空间知觉包括形状知觉、大小知觉、方位知觉和距离知觉。它需要由视觉、听觉、运动觉等多种感觉分析器联合活动才能逐步形成。

①形状知觉，即一个人对物体几何形体的知觉。对幼儿来说不同几何图形辨别的难度有所不同，由易到难的顺序是：圆形—正方形—半圆形—长方形—三角形—八边形—五边形—梯形—菱形（记忆口诀：圆正半，长三八，五梯菱）。

②大小知觉，即指个体对物体长短、面积和体积大小的知觉。物体的大小不同，投射在视网膜上的映象大小也不一样。同等距离下，物体大，映象大；同样大小的物体，距离越远看起来越小。

③方位知觉，即一个人对物体所处的空间位置的知觉，包括上下、前后、左右、东西、南北等。幼儿方位知觉发展的一般趋势是：3岁仅能辨别上下；4岁开始辨别前后；5岁开始能以自身为中心辨别左右；6岁能较轻松地辨别上下、前后等14个方位，但以他人为中心辨别左右还会感到困难。方位知觉的形成有赖于幼儿从生活经验中不断形成各种空间概念，也有赖于幼儿不断掌握各种表示空间关系的词。

④距离知觉，即一个人判定物体与物体之间以及物体与人之间距离的一种能力。它对人们理解环境的布局很重要，对引导人们的运动性活动也很重要。深度知觉有助于防止婴幼儿撞到家具上或跌下楼梯。"视觉悬崖"是一种测查婴儿深度知觉的有效装置，6个月的婴儿已经有了深度知觉。

（2）时间知觉，即人们对客观现象的延续性、顺序性和速度的反应。由于时间很抽象，人们在感知时常常要借助中介物。

　　小班幼儿已经具有了一些初步的时间概念，但往往与他们具体的生活活动相联系，如早晨就是天亮、太阳升起或起床的时间；晚上就是天黑、睡觉的时候等。有时也能掌握一些相对的时间概念，如昨天、明天等。不过，常常会在使用的过程中出错。

　　中、大班幼儿对昨天、今天、明天等生活中经常使用的时间概念已能分辨清楚，但对大前天、大后天以及更远的时间概念就很难理解和分清了，对上午、下午的时间概念也能分清，但对小于半天的时间就很难分清了，只要家长、教师注意利用天体、人体等一些自然现象的变化及专门的计时工具，对幼儿加以引导，是可以提高幼儿时间知觉的准确性的。

　　（3）观察力是有目的、有计划、比较持久的知觉。幼儿期是观察力初步形成的时期，幼儿观察的发展，表现在观察的目的性、持续性、细致性、概括性等的不断完善。随着幼儿年龄的增长以及教师、家长的培养，才能掌握一定的观察方法，幼儿观察能力的发展具有以下特征。

　　①观察的目的性加强。处在幼儿初期的幼儿经常不能进行自觉的、有意识的观察，他们的观察或事先无目的，或易在观察中忘记了目的，很容易受外界刺激和个人情绪、兴趣的影响。

　　②观察的细致性增加。幼儿的观察一般是笼统的，看得不细致是幼儿在观察时的特点和突出问题。比如，幼儿观察时，只看事物的表面和明显较大的部分，而不去看事物较隐蔽的、细致的特征；只看事物的轮廓，不看其中的关系。

　　③观察的持续性延长。学前儿童，特别是小班孩子的观察，常常不能持久，很容易转移注意的方向和对象；到中班，特别是大班，幼儿的观察时间才能逐渐增加。

　　④观察的概括性提高。观察的概括性是指能够观察到事物之间的联系。学前初期儿童观察时，常常不能把事物的各个方面联系起来考察，因而不能发现各事物或事物组成部分之间的相互联系。

　　⑤观察的方法逐渐形成。学前儿童在观察中，经常不能按照一定的顺序，如从左到右、从上到下，有组织、有条理地进行观察。幼儿的观察是跳跃式的、无序的，并逐渐向有顺序性的观察发展。中、大班的幼儿较小班幼儿有较大的进步，但即使是到了大班，多数的孩子也仍然不能按照一定的顺序、有条理地观察事物。

二、幼儿注意的发展

（一）注意的概述

1. 注意的概念

注意是一种心理状态，是心理活动对一定对象的指向与集中。注意不是一种独立的心理过程，它总是与人的其他心理活动相伴随而进行；注意对人们获得知识、掌握技能、思考问题、完成各种活动都起着重要的保证作用。

2. 注意的特点

（1）指向性，是指人在每一瞬间的心理活动都选择了某个对象，而把其他对象作为背景。

（2）集中性，是指心理活动在一定方向上活动的强度或紧张度。心理活动的强度越大，紧张度越高，注意也就越集中。注意不是独立的心理过程，它是各种心理活动过程共有的特性，它伴随着心理过程的始终。

3. 注意的分类

（1）无意注意，是指无预定目的且不需意志努力的注意，也称不随意注意。它主要受刺激物本身特点的影响，包括刺激物的强度、新异性、运动变化及对比关系等。此外，主体自身的状态也会对它产生一定影响。

（2）有意注意，是指有预定目的并且需要意志努力的注意，也称随意注意。当主体对活动有明确的目的，并具有坚强的意志和抗干扰能力时，能保持较高水平的有意注意。

（3）有意后注意，是注意的一种特殊形式，也称随意后注意，它有自觉的目的却不需要意志努力。有意后注意同时具备有意注意和无意注意的部分特征。

（二）注意的规律与幼儿活动

幼儿注意的有意性水平比较低，3～6岁幼儿注意的特点是无意注意占优势地位，有意注意逐渐发展。幼儿的有意注意在成人的要求和教育下开始逐步发展，但幼儿注意有意性的总体水平还是比较低的。此外，幼儿注意的发展水平总体不高，表现在以下四个方面。

1. 幼儿注意的广度

成人在0.2秒的时间内，一般能够注意到4～6个相互间无关联的对象，而幼儿最多只能注意到2～3个对象。

2. 幼儿注意的稳定性

一般情况下，幼儿注意的稳定性随年龄增长而逐渐增强。3岁幼儿能够集中注意3～5分钟；4岁幼儿能够集中注意10分钟左右；5～6岁幼儿可集中注意15分钟左右，甚至可以达到 20 分钟。

3. 幼儿注意的分配和转移

幼儿还不善于同时注意几种对象，做事时会顾此失彼，注意力很难在多种任务之间灵活转移。因而，要充分考虑到幼儿注意分配能力不强的特点，避免同时给幼儿多种任务，应要求幼儿专心做事情。

4. 幼儿注意的选择性

幼儿还不善于调动注意，小班幼儿更不善于灵活转移自己的注意，以至于该注意另一个对象时，却难以从原来的对象上移开。

三、幼儿记忆的发展

（一）记忆的含义

记忆是人脑对过去经验的反应，是一种比较复杂的心理过程，它包括识记、保持与回忆三个基本环节。

（二）记忆的分类

1. 根据保持时间的长短分类

（1）瞬时记忆（0.25～2 秒），其特点是形象、容量大、时间短、意识不到，编码方式主要是图像记忆和声像记忆。

（2）短时记忆（1 分钟以内），其特点是容量有限、听觉编码、可以意识到、可记忆。

（3）长时记忆（1 分钟以上），其特点是容量无限、意义编码（语义和表象）、必须回忆、衰退。

2. 根据记忆的内容分类

（1）运动记忆，是指识记内容为人的运动或动作的记忆，幼儿最早出现的就是运动记忆。

（2）情绪记忆，是对体验过的情绪、情感的记忆。幼儿喜爱什么、依恋什么、厌恶什么都是情绪记忆的表现。幼儿的情绪记忆出现得也比较早。

（3）形象记忆，是以感知过的事物的具体形象为内容的记忆。1 岁前的形象记忆和运动记忆、情绪记忆紧密联系。在幼儿的记忆中，形象记忆占主要地位。

（4）语词记忆，是以语言材料为内容的记忆，是随着幼儿掌握语言的过程逐渐发展起来的。语词记忆的发展，要求大脑皮质活动技能随之发展，特别是要以语言中枢的发展为生理基础。因此，幼儿的语词记忆发展得最晚。

（三）幼儿记忆的特点

1. 无意记忆占优势，有意记忆逐渐发展

幼儿期整个心理水平的有意性都较低，记忆也是如此。幼儿时期最主要的识记方式是无意识记，无意识记占主导地位。但对幼儿来说，他们的有意识记也早已开始发展了。随着年龄的增长，幼儿有意识记发展的速度明显高于无意识记。

2. 机械记忆为主，意义记忆逐步发展

由于生活经验缺乏、理解力差，幼儿在记忆时较多地采用机械识记的方法。在日常生活和教学中的事实说明，幼儿对理解的事物的记忆比对不理解事物的记忆效果好，他们也能根据自己的经验、想象进行意义识记。如当录音机再次播放一些作品时，一播出曲名，幼儿就能随着乐曲哼唱，甚至会即兴表演。所以，在发展幼儿的记忆力时，我们既要注意提高他们的机械记忆能力，又要注意培养他们的意义记忆能力。

3. 形象记忆为主，语词记忆逐渐发展

形象记忆是指根据具体的形象来记忆各种材料。在幼儿语言发展之前，其记忆内容只有事物的形象，即只有形象记忆，在幼儿语言发展之后，直到整个幼儿期结束，形象记忆仍然占主要地位。

四、幼儿想象的发展

（一）想象的概述

想象是对头脑中已有的表象进行加工和改造，建立新形象的过程。想象可以根据是否有预定目的，分为无意想象与有意想象；也可以根据内容的新颖程度与独立性，分为再造想象与创造想象。

（二）想象的种类

1. 无意想象和有意想象

按照想象的目的性和计划性，可以把想象分为无意想象和有意想象。无意想象又称不随意想象，是指没有预定目的，在一定刺激的影响下，不由自主地进行的想象，是一种最简单、最初级的想象。幼儿的想象往往没有预定目的，因此，他们经常产生的是无意想象。有意想象又称随意想象，是指根据预定目的，在一定意志努力下自觉进行的想象。

2. 再造想象和创造想象

再造想象是指根据言语的描述或图形符号的示意，在人脑中形成相应事物新形象的过程。创造想象是指根据一定的目的和任务，不依据现成的描述，在人脑中独立地创造出某种新形象的心理过程。创造想象具有独立性、首创性、新颖性的特点，是人类创造性活动不可或缺的心理成分。

（三）想象在幼儿心理发展中的作用

1. 想象与幼儿的认知活动

想象与感知、记忆等认知活动密切相关，主要包括三个方面，想象与感知密不可分；想象与记忆密不可分；想象与思维关系密切。幼儿期是想象发展的初级阶段，它已经开始超脱现实，在记忆基础上进行了加工改造，但还没能深入现实，不能真正反映事物的本质。因此，幼儿的想象只是思维发展的基础，一端接近于记忆，另一端接近于创造性思维。

2. 想象与幼儿的情绪活动

（1）想象往往能引发情绪。幼儿的情绪情感常常是由想象而引发的，如怕黑、怕"鬼"是由于听过与之有关的故事，在黑暗中进行想象，从而产生怕的情绪。

（2）情绪影响想象。大量事实说明，幼儿的想象容易受自己的情绪和兴趣的影响，幼儿的情绪常常能够引起某种想象过程，或者改变想象的方向。

（四）想象在幼儿实践活动中的重要意义

1. 想象在幼儿学习中的作用

人们在获取间接认识的过程中，没有想象是无法构建出新形象、获得新知识的，想象能帮助幼儿在学习活动中掌握抽象的概念、理解较为复杂的知识、创造性地完成学习任务，缺乏想象力的幼儿是无法取得良好的学习效果的。

2. 想象在幼儿游戏中的作用

幼儿的主要活动是游戏。在游戏中，幼儿的想象起着极为重要的作用。如果没有想象，也就不可能进行任何游戏活动。在角色游戏中，角色的扮演、游戏材料的使用以及游戏的整个过程都要依靠幼儿的想象。想象在幼儿游戏活动中起着关键作用，通过各种方法发展幼儿的想象力，可以促进幼儿游戏水平的提高。

3. 想象的发展是幼儿创造思维发展的核心

人的创造力主要表现在的创造思维方面，而创造思维一般可以包括直觉、灵感和想象三个方面，换言之，想象是创造思维的一个主要方面，对于幼儿来说，创造思维的核心就是想象。

（五）幼儿想象的特点

1. 无意想象占主导地位，有意想象开始发展

幼儿的想象，主要是无意想象。幼儿的想象事先常常没有什么目的，往往由外界刺激直接引起，并随外界刺激的变化而变化。学前中、晚期，在教育的影响下，随着语言的发展、经验的丰富，幼儿想象的有意性逐步发展。中班幼儿的想象已有初步的

目的性，大班幼儿的想象目的性更强，他们在进行想象活动之前，基本都能有一个明确的预定主题，并能根据预定的主题，有意地、稳定地进行想象。

2. 再造想象占主导地位，创造想象开始发展

整个幼儿时期，幼儿是以再造想象为主的，表现为想象在很大程度上具有复制性和模仿性；到了幼儿中期，随着知识经验的丰富及抽象概括能力的提高，幼儿想象的创造性逐渐增长，慢慢地出现创造想象。因此，幼儿的想象就不再完全按照成人的描述和指示，而能根据自己的想象进行加工。这种创造成分在游戏，尤其是在角色游戏和建造、造型游戏中表现得最充分。

3. 想象的内容由贫乏、零碎逐渐向丰富、完整发展

进入幼儿期，孩子的想象内容较之婴儿期更为丰富，但从发展上来说，还是很贫乏，他们用以想象的形象，基本就是日常生活中和他们最接近的事物。幼儿到五六岁时，随着知识经验的积累，他们的想象内容逐渐丰富。这表现为幼儿不仅更细致、具体地反映他们最接近的事物，而且展开了幻想的翅膀。游戏、画画时，他们也能逐渐考虑各角色、形象的完整性及各形象之间的相互关系，能把各有关形象及形象的各主要特征联系起来，想象内容逐渐变得比较丰富、完整和系统，但总体而言，幼儿的想象水平仍然是比较低的。

4. 从极大夸张的想象发展到合乎现实的想象

幼儿初期，常将想象的内容与现实进行混淆，主要表现在三个方面：第一，把渴望得到的东西说成已经得到了；第二，把希望发生的事情当作已经发生的事情来描述；第三，在参加游戏或欣赏文艺作品时，往往身临其境，与角色产生同样的情绪反应，但是到了幼儿晚期，五六岁以后，幼儿的想象形象就会力求符合客观逻辑，这个年龄的幼儿开始注意到所创造的想象形象与客观事物的一致性。

五、幼儿思维的发展

思维是人脑对客观事物本质和事物之间的内在联系的认识，是人类认识的高级阶段。思维是在感知基础上实现的理性认识形式。间接性与概括性是思维的两大特性。幼儿思维的真正形成是在 2 岁左右。幼儿期（3～7 岁）是思维开始发展的时期。

（一）婴幼儿思维发展的趋势

幼儿思维发展呈现出三种不同的形态，分别是直觉行动思维、具体形象思维（表象思维）和抽象逻辑思维。幼儿早期的思维以直觉行动思维为主，幼儿中期的思维以具体形象思维为主，幼儿晚期抽象逻辑思维开始萌芽。

1. 直觉行动思维

直觉行动思维是最低水平的思维，这种思维的概括水平低，更多依赖于对感知动作的概括。两岁前的婴幼儿头脑中几乎没有多少表象和经验，也不会进行逻辑推理，他们必须而且只能通过自己的动作才能发现事物间的内在联系。因此，可以说1～2岁的幼儿的思维就属于这个类型，这个年龄段的幼儿离开了实物或不对事物进行动手操作就不能解决问题，离开了玩具就不会游戏。两岁以后的幼儿，在遇到困难时也要依靠这种思维。直觉行动思维的典型方式是"尝试错误"，其活动过程是依靠具体动作展开的，而且有许多无效的、多余的动作，这种思维虽然能够揭示出事物的一些内部属性以及事物间的一些关系，但那只是婴幼儿行动的结果，在行动之前，他们主观上并没有预定目的和行动计划，也不能预见自己行动的后果。

2. 具体形象思维（表象思维）

具体形象思维，又称表象思维，即幼儿依靠事物在头脑中贮存的具体形象（表象）和对具体形象的联想进行的思维活动。一般认为2.5～3岁是幼儿从直觉行动思维向具体形象思维转化的关键年龄。3～7岁幼儿的思维主要就是具体形象思维，该阶段幼儿的思维具有了内隐性，其思维活动可以在头脑中操作而不必表露在外显动作中，但通常的思维活动还要借助具体的事物进行，幼儿能预见到自己行动的结果，也开始计划自己的行动，但往往容易根据事物的表面现象进行思维，具体形象思维是在直观行动思维基础上发展而来的，是幼儿期典型的思维方式。

3. 抽象逻辑思维

六七岁以后，幼儿的思维开始进入逻辑思维阶段，抽象逻辑思维反映的是事物的本质特征，是运用概念、根据事物的逻辑关系来进行的思维，它是靠语言进行的思维，是人类所特有的思维方式。幼儿阶段抽象思维仅仅开始萌芽。

（二）幼儿思维发展的特点

（1）具体性：是指幼儿的思维内容是具体的。幼儿能够掌握代表实际东西的概念，不易掌握抽象概念。

（2）形象性：是指幼儿依靠事物在头脑中的形象进行思维。幼儿的头脑中充满着颜色、形状、声音等生动的形象。

（3）象征性：是指4岁以后幼儿的思维具有了象征性。

（4）经验性：是指幼儿的思维是根据自己的生活经验来进行的，而不是按照老师的逻辑推理进行。

（5）拟人性：是指在幼儿眼中，往往是"万物有灵，万物有情"，即幼儿往往会将无意识的、没有生命的东西当作有意识和有生命的东西。

（6）表面性：是指幼儿的思维是根据具体接触到的表面现象来进行的，因此幼儿的思维往往只反映了事物表面的联系，而不反映事物的本质联系。

（7）固定性：是指幼儿思维的具体性使其缺乏灵活性，因此他们较难掌握相对性。

（8）近视性：是指幼儿只能考虑到事物眼前的关系，而不会更多地去思考事物的后果。

（三）幼儿思维的过程

（1）分析：把事物的个别方面从整体中区分出来。

（2）综合：把事物的各个部分和不同方面的特点结合起来加以考虑。

（3）比较：把各种事物加以对比，确定它们之间的相同与不同。

（4）分类：按照一定的标准把事物归纳为一组。

（5）抽象：在脑海中将事物的共同特征抽取出来。

（6）概括：将具有共同特征的事物连接起来，形成一个新的概念。

六、幼儿语言的发展

（一）语言的概念

语言是人类在社会实践中逐渐形成和发展起来的交际工具，是一种社会上约定俗成的符号系统。语言是一种社会现象，人们在改造客观世界的活动中，产生了交际的需要，而要满足交际的需要，就产生了语言。用语言作为工具进行交际时的活动就是言语活动。

（二）言语的概念

言语是运用语言进行实际活动的过程，是一种心理现象。使用一定语言的人，进行说话、听话、阅读、写作等活动，就是作为交际过程的言语。

（三）幼儿言语的种类

1. 外部言语

（1）对话言语：3 岁以前的幼儿与成人的交际主要运用对话形式。

（2）独白言语：到了学前期，随着独立性的发展，幼儿在离开成人进行的各种活动中获得了自己的经验和体会，在与成人的交际过程中也逐步运用陈述等独白言语。幼儿期独白言语的发展还是很初步的，一般到六七岁时就能较为清晰地、有声有色地描述看过或听过的事件和故事了。

（3）初步的书面语言：幼儿的书面语言指读和写。书面语言包括认字、写字、阅读和写作，其中认字和阅读属于接受性的，写字和写作属于表达性的。幼儿书面语言的产生如同口头言语一样，是从接受性的语言开始，即先会认字，后会写字。

2. 过渡言语

过渡性言语即出声的自言自语，它体现了幼儿言语发展所经历的由外到内的过程。皮亚杰称之为"自我中心语言"。

3. 内部言语

内部言语是一种特殊的言语形式，是幼儿对自己的言语，外部言语是为了和别人交往而发生的，内部言语则不执行交际功能，它是为幼儿自己所用的言语。一般来说，内部言语比外部言语简略，常常是不完整的。内部言语突出了自觉的综合分析和自我调节功能，与思维具有不可分割的联系。人们不出声的思考往往就是利用内部言语来进行的。

（四）幼儿语言发展的一般规律

1. 语音的发展

（1）幼儿发音的正确率与年龄增长成正比。

（2）3～4岁为语言发展的飞跃期。

（3）幼儿对韵母的发音正确率高于声母。

（4）幼儿语音的正确率与所处社会环境有关。

（5）逐渐出现对语音的意识。

2. 词汇的发展

（1）词汇数量迅速增加。幼儿期是人一生中词汇量增加最快的时期。3岁幼儿的词汇为800～1100个；4岁为1600～2000个；5岁则增至2200～3000个；6岁时词汇数量可达3000～4000个。

（2）词义逐渐丰富和加深。在幼儿期，随着生活经验的丰富，幼儿对词义的理解趋向丰富和深刻化，但仍有待提高。

3. 语法的发展

（1）句子的结构从单句到复句。

（2）句子的长度从短句到长句。

（3）句子的类型从陈述句到非陈述句。

4. 语言表达能力的发展

（1）从对话言语逐步过渡到独自言语，从他人问幼儿答到幼儿能够独立与他人进行交流。

（2）从情境性言语过渡到连贯性言语。情境性言语，是指幼儿在独自叙述时不连贯、不完整并伴有各种手势、表情，听者需结合当时的情境，审察手势表情，边听边猜才能懂得意义的言语。

第三节 幼儿情绪、情感发展

一、情绪、情感的概念

情绪与情感是人对客观事物是否符合需要而产生的态度体验。认知是情绪、情感产生的基础，需要是引发情绪、情感的中介。人们在认识客观现实的时候，常常抱有不同的态度，产生不同的心理体验，如感到愉快、喜欢、高兴、厌恶，等等。这种心理过程被称为情绪和情感。

二、幼儿情绪、情感发展的一般趋势

（一）情绪的社会化

幼儿最初出现的情绪反应是与生理需要相联系的。随着年龄的增长，情绪与社会性需要相联系，社会化成为幼儿情绪、情感发展的一个主要趋势，具体表现在以下三方面。

1. 情绪中社会性交往的成分不断增加

学龄前幼儿的情绪活动中，涉及社会性交往的内容，并随着年龄的增长而增加。研究表明，3 岁幼儿比 1 岁半幼儿微笑的总次数有所增加，其中幼儿自己由于玩得高兴而笑起来的情况，即对自己的微笑，在 1 岁时占的比例较大，而 3 岁时很小。换句话说，非社会性的微笑逐渐减少，而社交微笑则大为增加。

2. 引起情绪反应的社会性动因不断增加

学龄前儿童的情绪反应，和其基本生活需要是否得到满足相联系。1～3 岁幼儿情绪反应的动因，除与满足生理需要有关的事物外，还有大量与社会性需要有关的事物。例如，该年龄幼儿有独立行走的需要，如果父母的要求和幼儿自己的需要不一致，就会出现矛盾。解决矛盾的不同方式常常引起不同的情绪反应。

3. 表情的社会化

有的表情是生物学性质的本能表现。而幼儿在成长过程中，逐渐掌握周围人们的表情手段。情绪表达方式包括面部表情、肢体语言（手势和动作）以及言语表情。面部表情是生理表现，又和社会性认知有密切关系。掌握社会性表情手段有赖于区别面部表情的能力，而区别面部表情的能力是社会性认知的重要标志。表情所提供的信息，对幼儿和成人交往的发展与社会性行为的发展起着重要的作用。

（二）情绪的丰富化和深刻化

1. 丰富化

幼儿情绪、情感的逐渐丰富化主要表现为：幼儿情绪过程越来越分化，情感指向的事物不断增加。

2. 深刻化

情绪发展的深刻化是指情绪所指向的事物的性质的变化，从指向事物的表面到指向事物更内在的特点。

（三）情绪的自我调节化

从情绪的进行过程看，其发展趋势是越来越受自我意识的支配。随着年龄的增长，幼儿情绪的冲动性逐渐减少，稳定性逐渐提高。

三、幼儿情感的培养

（一）营造良好的情绪环境

家长和教师在日常生活中应当以身作则，为幼儿的成长创造一个良好和谐的氛围，培养其积极的情感。教育过程中要坚持科学的教养方式，做到严格要求与尊重爱护相结合。

（二）利用各种活动培养幼儿的情感

情感是在具体的活动中产生的，因此，家长和教师要善于利用各种活动来培养幼儿的情感。

（三）成人的情绪自控示范

家长与教师是幼儿成长过程中的导师，是幼儿模仿与学习的对象。家长与教师要给幼儿以愉快、稳定的情绪示范和感染，应避免喜怒无常，不溺爱也不吝惜爱。当幼儿犯错误或闹情绪时，家长与教师首先应克制自己的情绪，理智冷静地对待每个幼儿的情绪与态度。

（四）帮助幼儿控制情绪

成年人可以用各种方法帮助幼儿控制情绪，具体方法有：

（1）转移法：转移幼儿的注意力。

（2）冷却法：当幼儿情绪十分激动时，可以采取暂时置之不理的办法，让幼儿自己慢慢地停止哭喊。

（3）消退法：当幼儿产生消极情绪时，可以采用条件反射消退法对其行为进行矫正。

五、教会幼儿调节情绪的方法

（1）反思法：让幼儿想一想自己的情绪表现是否合适。

（2）自我说服法：当幼儿初入园由于要找妈妈而伤心地哭泣时，可以教他自己大声说："好孩子不哭。"幼儿起先是边说边抽泣，以后渐渐地不哭了。幼儿发生争吵、打架，很生气时，可以要求他讲述事情发生的过程，幼儿会越讲越平静。

（3）想象法：当幼儿遇到困难或挫折而伤心时，可教他想想自己是"大姐姐""大哥哥""男子汉"或某个英雄人物，等等。随着幼儿年龄的增长，在正确的引导和培养下，才能学会恰当地调节自己的情绪和情绪的表现方式。

四、幼儿高级情感的发展

幼儿的高级情感主要体现在道德感、美感和理智感三个方面，并分别表现出不同的特点。

（一）道德感

道德感是幼儿评价自己或别人的行为是否符合社会道德行为标准时所产生的内心体验，它是在掌握道德标准的基础上产生的。对于幼儿来说，掌握道德标准不是件易事，形成道德感更是比较复杂的过程。热爱父母、老师，憎恨坏人，遵守纪律等都属于道德感的范畴。

幼儿的道德情感是在成人的道德评价和潜移默化的榜样作用影响下形成的。它是从初步认识到好与坏的标准开始的。婴儿期的幼儿只有同情、怕羞等道德感的萌芽。在集体生活中，通过对幼儿进行集体生活的教育，以及幼儿对各种行为规则的掌握，到幼儿中、晚期，幼儿的道德感逐渐发展起来。

（二）美感

美感是由人的审美需要是否得到满足而引起的内心体验，它是一种对大自然和人类社会生活环境的美的爱好和欣赏。它受社会历史条件和阶级的制约，受社会审美评价标准的影响。

（三）理智感

理智感是与幼儿的认识活动、求知欲、解决问题、探求真理等需要是否得到满足相联系的内心体验。幼儿会说话之后，其求知欲开始日益发展，好奇心更为明显地表现出来，求知欲的扩展和加深是幼儿理智感发展的主要标志之一。

第四节　幼儿的个性、社会性发展

一、个性的概述

（一）个性的概念
个性是指个体在物质活动和交往活动中形成的具有社会意义的稳定的心理特征系统。个性的特性主要有独特性、整体性及稳定性。

（二）个性的结构
个性作为一个心理系统，包含三个彼此之间相互联系着的结构，它们分别是：

（1）个性倾向性系统。个性倾向系统包括需要、动机、兴趣、志向、价值观和世界观等。它不仅是推动个性发展的动力因素，还决定了一个人的活动倾向性。其中需要是推动个性发展最积极的因素，世界观是个性倾向性的最高层次。

（2）自我意识系统。自我意识系统包括自我评价、自我体验和自我控制三个结构。自我意识是人心理能动性的体现，对个性的形成与发展具有调控作用。

（3）个性心理特征系统。个性心理特征系统是个性个别性的集中表现，包括气质、能力、性格等心理成分。其中性格是个性的核心特征，反映一个人对现实稳定的态度以及与之相适应的习惯化了的行为方式。

二、幼儿个性的发展

（一）幼儿自我意识的发展

1. 自我意识的概念

自我意识是指个体对自己所有的身心状况以及与周围人或物的关系的意识。主要包括对自己的身体特征、心理特征以及自己的人际关系状况等的意识。

2. 幼儿自我意识发展的阶段和特点

（1）自我感觉的发展（1岁前）。幼儿由1岁前不能把自己作为一个主体同周围的客体区分开到知道手脚是自己身体的一部分，是自我意识的最初形式，即自我感觉阶段。

（2）自我认识的发展（1～2岁）。幼儿会叫妈妈，表明他已经把自己作为一个独立的个体来看待了。更重要的是，幼儿在15个月之后已开始知道自己的形象。

（3）自我意识的萌芽（2～3岁）。自我意识的真正出现是和幼儿言语的发展相联系的,掌握代词"我"是自我意识萌芽的重要标志,能准确使用"我"来表达愿望标志着幼儿的自我意识的产生。

(4)自我意识各方面的发展(3岁后)。幼儿在知道自己是独立个体的基础上,逐渐开始对自己简单地评价,同时,自我体验与自我控制也开始发展。自我评价是自我认识的核心成分。自我评价就是一个人在对自己认识的基础上对自己的评价。自我体验是一个人伴随着自我评价而产生的情感体验,如自信感、自尊感等。自我控制反映了一个人对自己行为的调节、控制能力,包括坚持性与自制力等。

幼儿期自我意识各方面发展的基本规律是:3~4岁时,幼儿自我评价发展迅速;4~5岁时,幼儿的自我控制发展迅速,而自我体验的发展相对较平稳。

(二)幼儿气质的发展

1.气质的概念

气质是指一个人心理活动动力方面比较稳定的特征,主要表现在心理活动的速度、强度及灵活性方面。气质主要受先天因素的影响,无好坏之分。

2.气质的类型

根据心理活动的速度、强度及灵活性的不同,一般将人的气质划分为四种:胆汁质、多血质、黏液质及抑郁质。

(1)胆汁质:精力旺盛、表里如一、刚强、容易感情用事。

(2)多血质:反应迅速、有朝气、活泼好动、动作敏捷、情绪不稳定、粗枝大叶。

(3)黏液质:稳重有余而又灵活性不足、踏实但有些死板、沉着冷静但缺乏生气。

(4)抑郁质:敏锐、稳重、多愁善感、怯懦、孤独、行动缓慢。

(三)幼儿性格的发展

1.性格的概念

性格是指人对现实稳定的态度以及与之相适应的习惯化了的行为方式。

2.幼儿性格的年龄特点

(1)学龄前期:性格受情境制约,未形成稳定的态度。

(2)学龄初期和中期:稳定的行为习惯正在形成,性格已较难改造。

(3)学龄晚期:行为受内心制约,习惯已经养成。

三、幼儿社会性发展

(一)幼儿社会性发展的内容与意义

社会性是作为社会成员的个体,为适应社会生活所表现出的心理和行为特征。也就是人们为了适应社会生活所形成的符合社会传统习俗的行为方式。

社会性与个性相比，社会性强调的是人们在社会组织中符合社会传统习俗的共性的行为方式；而个性强调的是独特性，是个人的行为方式。

社会性发展（有时也称幼儿的社会化）是指幼儿从一个生物人，到逐渐掌握社会的道德行为规范与社会行为技能，成长为一个社会人并逐渐步入社会的过程。

（二）幼儿亲子关系的发展

亲子关系有狭义与广义之分。狭义的亲子关系是指幼儿早期与父母的情感关系，即依恋；广义的亲子关系是指父母与子女的相互作用方式，即父母的教养态度与方式，直接影响到幼儿个性品质的形成，是幼儿人格发展的最重要影响因素。

早期的亲子关系是以后幼儿建立同他人关系的基础。幼儿早期亲子关系好，就比较容易跟其他人建立比较好的关系。

1. 依恋

依恋是婴儿寻求并企图保持与另一个人亲密的身体和情感联系的一种倾向。一般认为，婴儿与主要照料者（母亲）的依恋大约在第六七个月形成，并且开始出现对陌生人害怕的情况，即"认生"。

婴儿依恋发展分为以下三个阶段。

（1）第一阶段：0～3个月，无差别社会反应阶段。

（2）第二阶段：3～6个月，有差别社会反应阶段。

（3）第三阶段：6个月～3岁，特殊情感连接阶段。

2. 婴儿依恋行为的三种类型

（1）回避型。母亲在场或不在场对这类幼儿的影响不大。实际上，这类幼儿并未形成对人的依恋，有的人把这类幼儿称为"无依恋的儿童"，这种类型较少。

（2）安全型。这类幼儿与母亲在一起时，能安逸地玩弄玩具，对陌生人的反应比较积极，并不总是偎依在母亲身旁。当母亲离开时，探索性行为会受影响，明显地表现出一种苦恼。当母亲又回来时，他们会立即寻求与母亲的接触，但很快又平静下来，继续做游戏。

（3）反抗型。这类幼儿在母亲要离开之前，总显得很警惕，有点大惊小怪。如果母亲要离开他，他就会表现出极度的反抗；但当与母亲在一起时，又无法把母亲作为他安全感的来源。这类幼儿见到母亲回来时就寻求与母亲的接触，但同时又反抗与母亲接触，甚至还有点发怒的样子。

3. 亲子关系类型对幼儿发展的影响

亲子关系通常分成三种：民主型、专制型及放任型。不同的亲子关系类型对幼儿的影响是不同的。研究证明，民主型的亲子关系最有益于幼儿个性的良好发展。

（1）民主型。父母对孩子是慈祥的、诚恳的,善于与孩子交流,支持孩子的正当要求,尊重孩子的需要,积极支持孩子的爱好、兴趣;同时对孩子有一定的控制,并设置恰当的目标,将控制性、引导性的训练与孩子的自主性和独立性相结合。父母与孩子关系融洽,孩子在独立性、主动性、自我控制、自信心、探索性等方面发展较好。

（2）专制型。父母给孩子的温暖、培养、慈祥、同情较少,对孩子过多地干预和禁止,对孩子态度简单粗暴,甚至不通情理,不尊重孩子的需要,对孩子的合理要求不予满足,不支持孩子的爱好、兴趣,更不允许孩子对父母的决定和规则有不同的意见。这类家庭中培养的孩子或是变得顺从、缺乏生气,创造性受到压抑,无主动性、情绪不安,甚至带有神经质,不喜欢与同伴交往,忧虑,退缩,怀疑;或是变得自我中心和胆大妄为,在家长面前和背后言行不一。

（3）放任型。父母对孩子的态度一般是关怀过度、百依百顺、宠爱娇惯;或是消极的、不关心、不信任、缺乏交谈,忽视孩子的要求;或只看到孩子的错误和缺点,对孩子否定过多;或任其自然发展。这类家庭培养的孩子,往往形成好吃懒做、生活不能自理、胆小怯懦、蛮横胡闹、自私自利、没有礼貌、清高孤傲、自命不凡、害怕困难、意志薄弱、缺乏独立性等许多不良品质;但也可能使孩子发展成自主、少依赖、创造性强等性格特点。

（三）幼儿同伴关系的发展

1. 同伴关系的含义

同伴关系是指年龄相同或相近的幼儿之间共同活动并相互协作的关系,或者主要指同龄人或心理发展水平相当的个体之间在交往过程中建立和发展起来的一种人际关系。

2. 幼儿同伴关系发展的阶段特征

（1）2岁前幼儿同伴交往的特点:物体中心阶段、简单相互作用阶段、互补的相互作用阶段。

（2）2～3岁幼儿同伴交往中独自游戏比较多,并逐步增加语言交流和共同合作行为。

（3）3岁后幼儿同伴关系的发展表现为:3岁左右,游戏中的交往主要是非社会性的,幼儿以独自游戏或平行游戏为主,幼儿彼此之间没有联系,各玩各的;4岁左右,联系性游戏逐渐增多,并逐渐成为主要游戏形式;5岁以后,合作性游戏开始发展,同伴交往的主动性和协调性逐渐发展。

3. 同伴关系的影响因素

（1）幼儿自身因素。受欢迎幼儿气质类型一般表现为胆汁质、多血质,他们与人交往时热情大方,愿意与人交流、沟通,这是被人接纳的首要条件。此类幼儿在集体中完成各项任务是游刃有余的，更易在同伴中建立威信。

（2）家长的因素。积极的亲子关系有利于幼儿的人际交往。幼儿与父母之间形成强烈的忠诚和依恋。他们相互依恋、相互信任，这是建立人际关系的第一步，也是最关键的一步。家庭和谐的人际关系为孩子树立了正面模仿的良好的榜样。

（3）教师的因素。受欢迎的幼儿与教师的关系是亲密的，教师常对该类幼儿作出积极的评价。幼儿年龄较小，道德判断水平极其有限，他们的评价往往依赖于成人的评价。教师肯定的幼儿，在同伴交往中的地位相对较高。

（4）社会的因素。作为幼儿生活的大背景——社会，对幼儿的人际关系、同伴交往起到了潜移默化的作用。首先，社会风气影响幼儿人际交往的方式；其次，大众传媒影响幼儿的情感特征，改变幼儿的社会认知。

4. 良好同伴关系建立的策略

（1）利用生活中的自然情景，帮助幼儿建立和谐的同伴关系。在生活中，教师可以利用一些自然发生的情景，帮助幼儿寻找游戏伙伴，鼓励幼儿多结交新朋友，促使幼儿之间建立起平等友好的关系。

（2）教给幼儿必要的社会交往知识和技能。教师要重视培养幼儿的亲社会行为，注意矫正幼儿的攻击性行为。教师可以运用移情训练法、角色扮演法等来培养幼儿的亲社会行为。

（3）通过游戏活动培养幼儿交往的兴趣和能力。在游戏中，幼儿在与同伴的共同活动中，体验着同伴交往的愉悦，并学会共处、学会合作。

（4）积极争取家长配合，保持家园教育的一致性。教师引导家长积极参与幼儿的同伴交往，为幼儿创造同伴交往的机会，培养幼儿的亲社会行为和交往技能。

四、幼儿社会性行为的发展

社会性行为指人们在交往活动中对他人或某一事件表现出的态度、言语和行为反应。它在交往中产生，并指向交往中的另一方。

根据动机和目的不同，社会性行为可以分为亲社会行为（积极的社会行为）和反社会行为（消极的社会行为）两大类。

第二章　认识足球

　　足球是世界上公认的第一大运动，据不完全统计，世界上经常参加比赛的球队约80万支，登记注册的运动员约4000万人，其中职业运动员约10万人，全球有狂热足球迷达28亿人，世界杯期间观看人数达100亿人次，全球从事足球产业的人数达1亿人，其影响遍及全球。

　　足球运动是一项古老的体育活动，源远流长。现代足球运动起源于英国，从英国走向欧洲，从欧洲走向世界——现代足球已经成为世界上最受欢迎的体育项目。足球最早起源于我国古代的一种球类游戏"蹴鞠"，后来经过阿拉伯人传到欧洲，发展成现代足球。所以说，足球的故乡是中国。

　　1958年7月，当时的巴西体育协会主席阿维兰热来中国时曾表示，足球起源于中国。

　　1985年，在中国举办的首届"柯达杯"世界少年足球锦标赛开幕式上，当时的国际足联主席阿维兰热在致辞中表示，足球运动起源于这里，并且有2000多年的历史，这是无可争议的。当时担任国际足联技术委员会主任的布拉特表示，足球起源于中国，后来通过战争传播到了西方。

　　2001年，当时的国际足联主席布拉特在亚洲足联举办的教练员训练班上所作的《国际足球发展史报告》中，再一次强调："足球发源于中国。"

　　2002年3月16日，球王贝利到中国访问。受中国旅游总局的委托，徐州师范大学的体育史学者刘秉果教授在长城脚下为贝利先生安排了一场汉代蹴鞠表演，引起了贝利先生的极大兴趣，贝利先生和中国足球队前主教练米卢蒂诺维奇先生一起加入"表演"。

　　2004年2月4日，当时的国际足联副秘书长热罗姆·项帕涅在伦敦举行的新闻发布会上正式宣布："虽然不少国家认为自己是足球发源地，但历史学家以确切的证据表明，足球起源于中国的蹴鞠。"

　　2004年5月8日，当时的国际足联主席布拉特前往吉隆坡参加亚足联成立50周年庆典活动，他在接见中国代表团时明确表示，经过专家考证，足球运动起源于中国古代的蹴鞠，并向中国足协颁发了"足球运动起源于中国"的象征性奖杯。他同时希望，借2004年中国亚洲杯足球赛之机，隆重宣传这一概念。

2004年7月15日，在北京举行的第三届中国国际足球博览会开幕式上，当时的国际足联主席布拉特宣布中国是足球的故乡。

2005年5月20日，在瑞士苏黎世举行的国际足联百年庆典闭幕式上，当时的国际足联主席布拉特先生为足球起源地临淄颁发了"足球起源地证书"。当时的国际足联秘书长乌斯·林茨题词：因为我的名字叫林茨，所以我对足球起源于淄博临淄更感到骄傲，感谢中国为世界创造了足球。

第一节　足球比赛

考虑幼儿的身体发育特点以及场地的局限，五人制足球成为校园足球发展的重要方向。五人制足球比赛作为足球比赛的一个分支，具有场地小、得分高、触球和射门机会多以及攻守转换快等特点，因此在许多非正式比赛中被大量应用，尤其是在少儿比赛中。

一、比赛场地

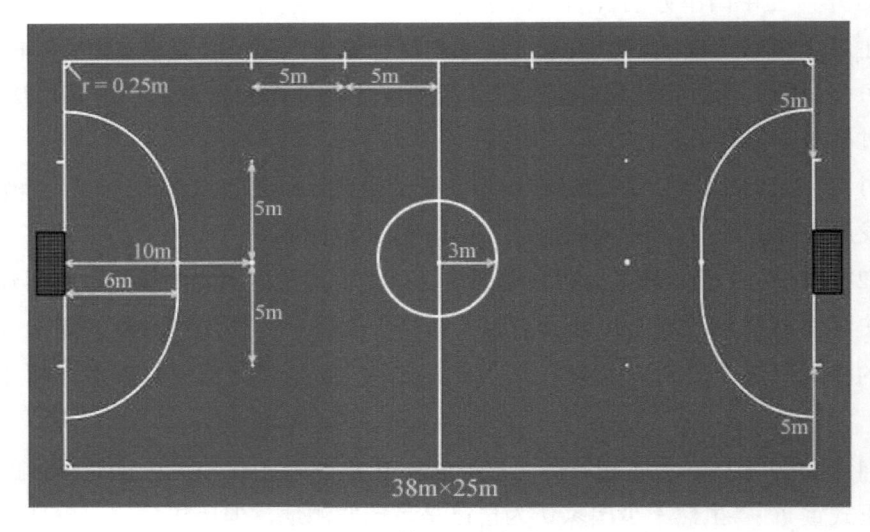

五人制场地尺寸图

1. 场地面积

比赛场地必须是长方形，边线的长度必须长于球门线的长度。一般长、宽如下：

长度：25～42 米。

宽度：15～25 米。

国际比赛的长、宽如下：

长度：38～42米。

宽度：18～22米。

2. 场地标记

所有的界线宽度为8厘米。球场中央点应标示在中线的正中央。以中央点为圆心，3米为半径，画一圆圈是中圈。

3. 罚球区

在球场两端依照下列规定各画一罚球区：以两球门柱为圆心，6米为半径，向场内各画一个四分之一圆弧。圆弧由球门线画至从球门柱外侧与球门线垂直的假想线。两圆弧的上端画一条平行于球门线的3.16米连接线。两圆弧与连接线及球门线围绕的区域是罚球区。

4. 罚球点

从两球门柱之间的中点，垂直于球门向场内量6米设置一个罚球点，该罚球点在罚球区的线上。

5. 角球弧

以球场四角为圆心，25厘米为半径，在球场四角内各画一个四分之一圆弧线。

6. 球门

球门应设在球门线的中央。两根球门柱（从门柱内缘丈量）距离3米，从球门横梁下缘至地面距离2米，两根门柱及横梁的宽度与厚度同为8厘米。球门的设置必须具有安全性，并有防止翻倒的装置。球门后面须悬挂球网，并被撑起有足够的空间。

7. 比赛用球

全区比赛用球为4号球（基层比赛根据主办单位规程规定比赛用球）。

二、比赛规则

1. 替换队员

比赛中，无论比赛进行中还是死球状态下，队员在任何时候都可以进行替补交换，而且不用通知裁判员。替换队员时，必须遵守以下规定：

（1）每场比赛开始前30分钟，各队教练员必须提交上场的5名队员和5名替补队员名单。比赛替补席每队7个座席，其中官员2席、替补运动员5席，其他人员不得入座。

（2）除特殊情况（如队员受伤）外，离场队员须由本方换人区离场。

（3）上场队员必须在离场队员完全越出边线后，方能从本方换人区进场。此刻，替补队员即成为场上队员，而被替换下场的队员则变成替补队员。

（4）替补队员无论上场与否，裁判员均有权对其行使职权。

（5）被替换的队员可以再次上场参加该场比赛。

2. 更换守门员

（1）比赛中，任何替补队员都可以替换守门员。

（2）替换守门员可以随时进行，不需要考虑是否在死球状态下，也不需要通知裁判组，和其他队员的换人程序一致。

（3）如果场上队员和守门员互换位置，则必须在死球时通知场上裁判员方可进行。

（4）场上队员或替补队员替换场上守门员时，必须穿着守门员的服装，且背后的比赛号码必须还是自己原来的号码。

3. 出示红牌后的队员补充

在比赛中，当场上有队员被红牌罚出场，那么，只有经过场外助理裁判的允许，替补队员才可以在其同伴被罚出场两分钟后，从本方换人区补充入场。但有下列条件：

（1）如果场上人数多的一方在两分钟时间内攻入对方一球，则人数少的一方可即刻补充一名队员上场，不必满足两分钟的惩罚时间。

（2）但如果人数少的一方在两分钟时间内攻入对方一球，或者人数相等的情况下，某队攻入对方一球，则人数不变，比赛继续直至两分钟的惩罚时间结束。

4. 暂停的使用

（1）每队在每半场有一次 1 分钟暂停的权利。

（2）如果比赛过程中有球队申请暂停，那么，半场比赛结束的时间则进行顺延，每一次暂停顺延 1 分钟。

5. 中圈开球不能够直接得分

6. 没有越位

7. 不设累计犯规

8. 铲球犯规

无论是场上队员还是守门员，在与对方争抢过程中，从正面或背后铲对方的脚下球，无论铲到球与否；或者从对手的侧面进行铲球时，带有危险性或猛烈性的动作，无论铲到球与否，都应判罚直接任意球的犯规。

9. 干扰守门员

比赛进行中，队员在无球状态下，在对方守门员的身前阻碍其在本方罚球区内的移动，应判罚间接任意球的犯规。

10. 守门员接回传球

分区赛和总决赛按照国际足联最新制定的《五人制竞赛规则》执行，即经过守门员传出的球未经过对方队员触及，该守门员在本方半场再次触及同伴故意传给他的球，则应被判罚间接任意球的犯规（若守门员在禁区外用手触球，则判罚直接任意球）。

11. 四秒钟规定

守门员在本方半场，用手或脚触及球或者倒地扑救球后控制球的时间超过4秒，将被判罚间接任意球的犯规；运动员在发角球、任意球、界外球的时间超过4秒，都应判罚犯规，由对方踢间接任意球或由对方重新踢界外球。4秒的计时裁判员应从防守队员退出5米之后开始读秒；防守队员如果拒不退出5米或者在球发出之前重新进入5米并干扰到对方的发球，则应受到裁判员的黄牌警告。

12. 球门球

发球门球必须是守门员用手发球，直接发进球门不算得分（活球可以用脚踢，进门得分有效）。守门员发球门球的时间不得超过4秒，否则也将被判罚间接任意球。

13. 界外球

界外球用脚踢，直接踢进球门不算得分；踢界外球时，脚不可以完全进场；球必须放稳在出界的地点，球可以压线，也可以在线外不超过25厘米的地方，但不能够完全放在场内。

14. 球点球

踢点球决定胜负：当需要踢点球决定胜负时，所有符合资格的场上队员和替补队员都必须参与踢点球，其他要求和十一人制足球比赛的规定一致。首轮双方各出5名队员轮流踢点球，如果在5轮结束后仍没有分出胜负，则进行1+1决胜，直至分出胜负为止。踢点球决胜时，双方人数必须对等。

15. 换人区

换人区设在本方替补席前方，为5米宽的区域，且距离中线5米。上下半场双方交换替补席。

16. 比赛终止

在比赛开始前，如果任何一队上场队员少于3人则比赛不能开始。在比赛中，任何一队在场上队员人数少于3人（包括守门员），比赛将被终止，比赛结果由组委会裁定。

17. 停赛和纪律处罚

（1）在比赛期间，一名运动员累积三张黄牌自动停赛一场，累积一张红牌自动停赛一场（纪律处罚按处罚决定执行）。

（2）凡在比赛期间发生严重暴力行为的个人和队伍，组委会将视情节，取消其个人参赛资格，或取消球队成绩。

（3）比赛中的违规、违纪行为和事件，由组委会根据比赛监督、裁判员的报告或其他视频材料等，依据《中国足球协会纪律准则》作出处理，并报中国足球协会纪律委员会备案。

第二节　足球比赛的编排与组织

组织比赛的步骤包括制定比赛的组织工作方案、制定竞赛规程、制定比赛工作计划。

一、比赛组织方案

（1）比赛的名称、目的和任务。

（2）比赛的规模：根据比赛的目的和任务来确定，主要包括主办单位、承办单位、比赛的地点和日期、参加单位和参加人数等。

（3）比赛的组织机构：包括组织形式、工作人员名额、组织委员会下设的工作部门及负责人；争取校长与班主任的支持与配合。

二、比赛程序

（1）比赛名称、时间、地点。

（2）竞赛办法与竞赛要求，参加对象与人数。

（3）奖励办法。

三、校内比赛工作计划

（1）编排比赛秩序及编印秩序册。

（2）审查参赛人员的资格。

（3）组织裁判员学习（理论与实践、常态化）。

（4）召开领队会议（比赛纪律、服装颜色）。

（5）检查场地、器材。

（6）绘制各种表格，包括上场队员单、替换队员单、比赛结果单、裁判员报告、比赛积分表（含比分、净胜球、总进球、红黄牌、积分、名次）等。

四、赛制

1. 淘汰制

（1）淘汰制的定义：淘汰制是指逐步淘汰失败者，使胜者按预定比赛表进入下一轮比赛，最后决出有限名次的一种比赛。

（2）淘汰制的分类：淘汰制主要包括单淘汰制和双淘汰制。

单淘汰制：比赛过程中失败一次即被淘汰的方法为单淘汰制。

双淘汰制：比赛过程中失败两次即被淘汰的方法为双淘汰制。

（3）淘汰制的特点：节省时间，常用于队多、期限短或经费有限的比赛；因锻炼的机会少，有一定的偶然性。

2. 循环制

循环制的分类：循环制主要包括单循环、双循环和分组循环。

单循环：是所有的参赛队均能相遇一次，最后按各队在比赛中胜负场数、得分多少排列名次；单循环比赛场数的计算方法为 $X=N（N-1）/2$。

双循环：是所有的参赛队均能相遇两次，最后按各队在比赛中胜负场数、得分多少排列名次。

分组循环：是把参赛队分为若干组，分别进行单循环比赛。在小组排定名次后，再进行第二阶段的比赛。

3. 混合制

（1）混合制的定义：混合制是指同时采用两种或两种以上的竞赛制度进行比赛。实际比赛中通常把比赛分为两个阶段，前一阶段采用循环制，后一个阶段采用淘汰制；或前一阶段采用淘汰制，后一阶段采用循环制。编排方法采用各赛制的编排方法，较为经常采用的是先循环后淘汰的混合制，如世界杯。

（2）混合制比赛的编排方法。

交叉赛：如第一阶段分 A、B 两组进行单循环比赛，决出各组的名次。第二阶段淘汰赛时，可将两组的第一、二名进行交叉赛。

同名次赛：第一阶段可分 A、B 两组进行单循环赛，决出各组名次。第二阶段淘汰赛时，两组的第一名比赛，胜者为第一名，负者为第二名，两组的第二名决定出第三、四名，以此类推。如果第一阶段是分成4个组循环赛时，先由4个组的第一名进行半决赛，然后胜队之间进行决赛，负队之间进行附加赛，决出第一至第四名。

第三章　幼儿身体素质

第一节　跑动

幼儿的跑动可分为快慢速跑、折返跑、短距离跑、中长距离跑、冲刺跑、接力跑、障碍跑等多种类型。在跑动过程中，可以锻炼幼儿的骨骼，矫正幼儿的颈部、肩部、脊椎等身体部位，改善幼儿新陈代谢、增大肺活量、增强肺功能；也可以有效地提高幼儿体耐力、腿部爆发性、敏捷性；还可以锻炼幼儿的躲闪能力、平衡能力等。

第二节　跳跃

幼儿的跳跃方式可以分为简单的跳高与跳远，包括双脚原地起跳、助跑起跳、蛙跳、双脚连续向前跳、单脚连续向前跳、障碍跳跃、跳绳等。在跳跃运动中，可以锻炼幼儿身体动作的协调性、灵活性以及身体控制力，提高幼儿腿部爆发力，促进幼儿的灵活性、机敏性，以及幼儿运动机能的发展；也可以锻炼幼儿身体的平衡能力、伸展能力，促进其神经、肌肉及骨骼的协调发展。

第三节　灵敏

灵敏素质是指在各种突然变换的条件下，能够迅速、准确、协调地改变身体运动的空间位置和运动方向，以适应变化着的外环境的能力。幼儿阶段是灵敏素质发展的关键时期，培养灵敏素质的最佳时期是青春期前。灵敏素质的生理学基础是在中枢神经系统的指挥下，将身体各种能力，包括力量、速度、协调性、柔韧性等综合地表现出来。神经系统是人体发育最早和最快的系统，而幼儿具有较优越的发展神经系统的条件。

第四节　协调

幼儿动作协调能力的发展贯穿幼儿运动能力发展的始终，它不仅受幼儿神经发育是否成熟的限制，同时也对幼儿神经发育和发展具有重要的促进作用。幼儿的动作协调能力是幼儿运动能力发展的基础，其健康、顺利发展为幼儿运动能力的发展提供了条件。作为所有体能类运动项目的重要素质，幼儿动作协调能力并不是单一的运动素质，而是将人体运动能力资源予以整合之后表现出来的综合运动素质。幼儿动作协调能力的发展能有力地推动幼儿神经的发育与成熟，并进而促进幼儿的语言、智力、情感等能力的发展。

幼儿动作协调能力指幼儿的身体或身体不同部位在时间、空间、肌肉做功与技术节奏等方面，具有把握时空与节奏特征、用力强度，同时或依次准确配合以便适当地完成动作的能力。它主要包含大脑皮层神经系统兴奋与抑制转换的灵活性、力量素质、柔韧素质和节奏感。

第五节　力量

力量素质是指人体神经肌肉系统在工作时克服或对抗阻力的能力。根据5～12岁儿童身体素质发展概况，不难发现，力量素质与整体身体素质情况的关系密不可分，这一阶段是儿童力量素质的第一个快速发展时期。在5～12岁的力量素质发育阶段，主要是由于身体各个部分的肌肉发育推动力量素质的飞速发展，肌肉在这一阶段随着骨骼的发育而不断增长，因此肌肉发育的方向主要表现为纵向发展，横向肌肉发展情况不显著。由于肌肉具有伴随骨骼共同发展的特征，因此这一阶段肌肉力量的动力性增强，同时大的肌肉群发展速度远高于小的肌肉群发展速度，大肌肉群力量发展较为突出。

第六节　PDA 基础体能测试

PDA测评体系根据《3～6岁儿童健康发展指南》要求，坚持"遵循幼儿的发展规律和学习特点""关注幼儿身心全面和谐发展""尊重幼儿发展的个体差异"三大原则，由"基础测试"和"运动测试"两部分组成，共八大基础测试项目、八大运动测试主题，每个运动测试主题设置3个难度级别，以适应不同年龄阶段幼儿发展的个体差异，动态监测评估幼儿运动能力成长轨迹，用3年完成一份完整的"小球员综合报告"。

一、基础测试

PDA 基础测试项目							
测试器材							
	身高测量仪	体脂测量仪	体重测量仪	肺活量测量仪	坐位体前屈测量仪	视力表	米尺
数量	1	1	1	1	1	1	2

基础测试	身高	难度：★
测试器材	身高测量仪 1 个	
测试规则	被测量者赤脚，"立正"姿势站在身高测量仪的底板上，脚跟、骶骨部及两肩胛间紧靠在身高测量仪的立柱上。测量者站在被测量人的左右均可，将被测量人的头部调整到耳屏上缘与眼眶下缘的最低点齐平，再移动身高测量仪的水平板至被测量人的头顶，使其松紧度适当，即可测量出身高	
测试要求	测量 1 次，以厘米为单位，具体到整数，如 121 厘米	

基础测试	体重	难度：★
测试器材	体重测量仪 1 个	
测试规则	被测量者赤脚轻装站在体重测量仪上，根据测量仪显示的数字，即可测量出体重	
测试要求	测量 1 次，以千克为单位，具体到小数点后一位，如 22.5 千克	

基础测试	臂展	难度：★
测试器材	米尺 1 个	
测试规则	用米尺测量两臂侧向最大限度地水平伸展时两中指指尖点之间的直线距离	
测试要求	测量 1 次，以厘米为单位，具体到整数，如 121 厘米	

基础测试	胸围	难度：★
测试器材	米尺 1 个	
测试规则	将米尺放在胸前位置测量围绕身体一周的距离	
测试要求	测量 1 次，以厘米为单位，具体到整数，如 35 厘米	

（续表）

基础测试	肺活量	难度：★
测试器材	肺活量测量仪 1 个	
测试规则	尽力吸气后，再尽力朝肺活量测量仪呼出全部气体	
测试要求	测量 1 次，以毫升为单位，具体到整数，如 751 毫升	

基础测试	视力	难度：★
测试器材	视力表 1 个	
测试规则	被测量者站在距视力表 5 米的位置，两眼分别检查，先查右眼，后查左眼。查一眼时，须以遮板将另一眼完全遮住，但勿压迫眼球。检查时，测量者从上至下任意提问"E"字形视标开口的方向，记录被测量者所能看清的最小一行视力读数，即为该眼的远视力。倘若被测量者对某行标记看得清的数多于看不清的，那么该行视力读数作为被测眼的远视力，否则将上一行作为被测眼的远视力	
测试要求	左右眼分别测量 1 次，国际标准对数视力表上视力的范围是 0.1～2.0，相对应的对数视力范围为 4.0～5.3	

基础测试	坐位体前屈	难度：★
测试器材	坐位体前屈测量仪 1 个	
测试规则	受试者坐在连接于箱体的软垫上，两腿伸直，不可弯曲，脚跟并拢，脚尖分开约 10～15 厘米，踩在测量计垂直平板上，两手并拢。两臂和手伸直，渐渐使上体前屈，用两手中指尖轻轻推动标尺上的游标前滑（不得有突然前伸动作），直到不能继续前伸时为止。测试计的脚蹬纵板内沿平面为 0 点，向内为负值，向前为正值	
测试要求	测量 1 次，以厘米为单位，取小数点后一位。如为正值则在数值前加"+"符号，负值则加"—"符号。	

基础测试	体脂率	难度：★
测试器材	体脂测量仪 1 个	
测试规则	被测量者赤脚轻装站在体脂测量仪上，根据测量仪显示的结果，即可测量出身体肌肉和脂肪的比例	
测试要求	体脂率 =（脂肪重量 / 体重）×100%。测量 1 次，具体到 1%，如 40 岁以下的成年人，男性体脂的正常范围是 14%～20%，而女性稍高一些，为 17%～24%	

二、运动测试

PDA 运动测试项目										
测试器材											
	低弹足球	沙包	哑铃	圆形垫/标志盘	标志杆	跳栏	球门	海绵垫	秒表	米尺
最小单位	10	3	10	4	9	4	3	2	1	1
最大单位	20	4		19					6	8

助跑	超级快递	难度：★
测试意义	了解受测者的直线速度和折返跑动水平	
测试器材	2个定位点（圆形垫/标志盘），沙包1个，秒表1个，米尺1个	
场地布置	起点A，折返点B，A与B之间相距10米。在A点放置1个沙包	
游戏规则	学生手拿沙包从A点出发，到B点放下沙包折返并返回A点完成测试	
测试要求	途中沙包掉落重新测试。沙包放在圆形垫以外需要重新测试。测量完成时长。测量2次，以秒为单位，具体到小数点后一位，如9.16秒，记9.2秒	

助跑	超级出租车	难度：★★
测试意义	了解受测者急停、急转的跑动能力	
测试器材	3个定位点（圆形垫/标志盘），沙包2个，秒表1个，米尺1个	
场地布置	起点A，转弯点B，终点C，A与B、B与C各相距10米。在A点放置2个沙包	
游戏规则	学生手拿2个沙包从A点出发；到B点放下1个沙包；转向90度，前往C点；在C点放下第二个沙包，结束测试	
测试要求	途中沙包掉落重新测试。沙包放在圆形垫以外需要重新测试。测量完成时长。测量2次，以秒为单位，具体到小数点后一位，如9.16秒，记9.2秒	

助跑	超级飞侠	难度：★★★
测试意义	了解受测者急转急停、多次变向的能力	
测试器材	4个定位点（圆形垫/标志盘），沙包3个，秒表1个，米尺1个	
场地布置	起点A，转弯点B，折返点C、D，每个点相距5米。B点放置3个沙包	

(续表)

助跑	超级飞侠	难度：★★★
游戏规则	学生跑步从 A 点出发，到 B 点后捡起第一个沙包，转弯跑向 C 点，将沙包放在 C 点；从 C 点返回 B 点，捡起第二个沙包，跑向 D 点，将沙包放在 D 点；返回 B 点，捡起第三个沙包，跑回 A 点将沙包放在 A 点，测试结束	
测试要求	途中沙包掉落重新测试。沙包放在圆形垫以外需要重新测试。跑错路线建议重测。测量完成时长。测量 2 次，以秒为单位，具体到小数点后一位，如 9.16 秒，记 9.2 秒	

跳跃	跳跃小溪	难度：★
测试意义	了解受测者双脚（连续）跳跃的能力	
测试器材	起始线 2 条，4 个直径 24 厘米的圆形垫，秒表 1 个，米尺 1 个	
场地布置	起点 A，折返点 B，相距 10 米，中间布置 4 个圆形垫，布置如图	
游戏规则	从起点 A 出发，连续双脚跳跃 2 次（垫 1+2），跑动调整后，再完成连续双脚跳跃 2 次（垫 3+4）；到达 B 点后折返，原路返回，并完成同样的跳跃动作，结束测试	
测试要求	在跳跃某一点时，未站稳或失误而导致脚踩出圆形垫，不需要从起点出发，重新跳跃该点即可。在跳跃某一点时，非双脚起跳，不需要从起点出发，重新跳跃该点即可。测量完成时长。测量 2 次，以秒为单位，具体到小数点后一位，如 9.16 秒，记 9.2 秒	

跳跃	跨越石块	难度：★★
测试意义	了解受测者双脚（连续）跳高的能力	
测试器材	起始线 2 条，4 个高 15 厘米的跳栏，秒表 1 个，米尺 1 个	
场地布置	起点 A，折返点 B，相距 10 米，中间布置 4 个跳栏，布置如图	
游戏规则	从起点 A 出发，连续双脚跳跃 2 次（栏 1+2），跑动调整后，再完成连续双脚跳跃 2 次（栏 3+4）；到达 B 点后折返，原路返回，并完成同样的跳跃动作，结束测试	
测试要求	在跳跃某一个跳栏时，若非双脚起跳，不需要回到起点，只需要重新跳跃该跳栏即可。如果跳跃过程中将跳栏碰倒，则需要重新回到起点。测量完成时长。测量 2 次，以秒为单位，具体到小数点后一位，如 9.16 秒，记 9.2 秒	

跳跃	跨越石子	难度：★★★
测试意义	了解受测者单脚（连续）跳跃的能力。	
测试器材	起始线 2 条，4 个直径 24 厘米的圆形垫，秒表 1 个，米尺 1 个	
场地布置	起点 A，折返点 B，相距 10 米，中间布置 4 个圆形垫，布置如图	
游戏规则	从起点 A 出发，连续单脚跳跃 2 次（垫 1+2），跑动调整后，换脚，再完成连续单脚跳跃 2 次（垫 3+4）；到达 B 点后折返，原路返回，并完成同样的跳跃动作，结束测试	A 3m 1m 3m 1m 2m B
测试要求	跳跃过程中，如果出现除指定脚以外的身体部位着地，则需要重新测试。跳跃过程中，如果跳出指定跳垫，则只需要补跳该点即可。测量完成时长。测量 2 次，以秒为单位，具体到小数点后一位，如 9.16 秒，记 9.2 秒	

敏捷	穿越森林	难度：★
测试意义	了解受测者单脚（连续）跳跃的能力	
测试器材	起始线 2 条，9 个高 1.5 米的标志杆，秒表 1 个，米尺 1 个	
场地布置	起点 A，终点 B，相距 10 米；中间布置 9 个标志杆，每个间隔 1 米	
游戏规则	学生从 A 点出发，依次跳过 9 个标志杆，抵达 B 点	A 1m B / 1m
测试要求	穿越过程中，如果接触标志杆则继续进行。如果将标志杆碰倒则需要重新测试。测量完成时长。测量 2 次，以秒为单位，具体到小数点后一位，如 9.16 秒，记 9.2 秒	

敏捷	螃蟹历险	难度：★★
测试意义	了解受测者折线绕障碍跑的敏捷能力	
测试器材	起始线 2 条，9 个高 1.5 米的标志杆，秒表 1 个，米尺 1 个	
场地布置	起点 A，终点 B，相距 10 米；中间布置 9 个标志杆，如图布置	
游戏规则	学生从 A 点出发，依次绕过 9 个标志杆，抵达 B 点；学生需要使用侧滑步（螃蟹步）前行	A B 1m / 1m 1m
测试要求	穿越过程中，如果接触标志杆则继续进行。如果将标志杆碰倒则需要重新测试。穿越过程中，如果跳过了某个标志杆，需要重新测试。测量完成时长。测量 2 次，以秒为单位，具体到小数点后一位，如 9.16 秒，记 9.2 秒	

敏捷	翻山越岭	难度：★★★
测试意义	了解受测者正反向折返绕障碍跑的敏捷能力	
测试器材	起始线 2 条，3 个高 1.5 米的标志杆，秒表 1 个，米尺 1 个	
场地布置	起点 A，终点 B，相距 10 米。折返点 C 距起点 A 5 米。加速点 D 与起点 A 的垂直距离为 2.5 米。折返点 E，距离加速点 D 5 米	
游戏规则	学生从 A 点跑步出发，抵达 C 点后背向倒退至 D 点；从 D 点加速至 E 点，背向倒退回 C 点，从 C 点加速至 B 完成测试	
测试要求	穿越过程中，如果接触标志杆则继续进行。如果将标志杆碰倒则需要重新测试。穿越过程中，未倒退进行则成绩无效，需要重新测试。测量完成时长。测量 2 次，以秒为单位，具体到小数点后一位，如 9.16 秒，记 9.2 秒	

平衡	隐形飞机	难度：★
测试意义	了解受测者单脚平衡的能力	
测试器材	1 个直径 24 厘米的圆形垫，秒表 1 个，米尺 1 个	
场地布置	圆形垫 1 个	
游戏规则	学生单脚站立，双手自然打开，开始计时；左右腿各测试 2 次	
测试要求	除站立脚外，学生躯干任何一部分着地，则测试结束。测量坚持时长。测量 2 次，以秒为单位，具体到小数点后一位，如 9.16 秒，记 9.2 秒	

平衡	隐形火箭	难度：★★
测试意义	了解受测者无辅助的单脚平衡能力	
测试器材	1 个直径 24 厘米的圆形垫，秒表 1 个，米尺 1 个	
场地布置	圆形垫 1 个	
游戏规则	学生单脚站立，双手抱膝，开始计时；左右腿各测试 2 次	
测试要求	除站立脚外，学生躯干任何一部分着地，则测试结束。测试过程中，如果双手打开或单手离开膝盖，则需要重新测试。测量坚持时长。测量 2 次，以秒为单位，具体到小数点后一位，如 9.16 秒，记 9.2 秒	

平衡	运送卫星	难度：★★★
测试意义	了解受测者有限制的单脚平衡能力	
测试器材	1个直径24厘米的圆形垫，秒表1个，米尺1个	
场地布置	圆形垫1个	
游戏规则	学生单脚站立，双手抱膝，沙包放置在头顶，开始计时；左右腿各测试2次	
测试要求	除站立脚外，学生躯干任何一部分着地或头顶沙包落地，则测试结束。测试过程中，如果出现手扶沙包情况，则需要重新测试。测量坚持时长。测量2次，以秒为单位，具体到小数点后一位，如9.16秒，记9.2秒	

协调	鳄鱼上岸	难度：★
测试意义	了解受测者爬行的全身协调能力	
测试器材	2个定位点（圆形垫/标志盘），秒表1个，米尺1个	
场地布置	起点A，终点B，相距6米	
游戏规则	学生从A点自由爬行（身体至少4点着地），抵达B点后测试结束	
测试要求	爬行过程中，允许原地休息，但不能起身走路或跑步前进，否则需要重新测试。测量完成时长。测量2次，以秒为单位，具体到小数点后一位，如9.16秒，记9.2秒	

协调	小熊捕鱼	难度：★★
测试意义	了解受测者爬行的手脚协调能力	
测试器材	2个定位点（圆形垫/标志盘），秒表1个，米尺1个	
场地布置	起点A，终点B，相距6米	
游戏规则	学生从A点四肢爬行（只能双手双脚4点接触地面），抵达B点后测试结束	
测试要求	爬行过程中，允许原地休息，但不能使用双手双脚以外身体部位接触地面前进，否则需要重新测试。测量完成时长。测量2次，以秒为单位，具体到小数点后一位，如9.16秒，记9.2秒	

协调	小猴抓桃	难度：★★★
测试意义	了解受测者多方向爬行的手脚协调能力	
测试器材	4个定位点（圆形垫/标志盘），秒表1个，米尺1个	
场地布置	起点/终点A，转向点B、C、D，距离均为3米	

(续表)

协调	小猴抓桃	难度：★★★
游戏规则	学生从 A 点四肢爬行至 B，从 B 横向爬行至 C，从 C 倒退爬行至 D，从 D 横向爬行返回 A，测试结束	
测试要求	爬行过程中，允许原地休息，但不能使用双手双脚以外身体部位接触地面前进，否则需要重新测试。横向或倒退爬行过程中，不能将身体方向改为正爬，否则需要重新测试。测量完成时长。测量 2 次，以秒为单位，具体到小数点后一位，如 9.16 秒，记 9.2 秒	

力量	水果收纳	难度：★
测试意义	了解受测者提放重物的力量水平	
测试器材	10 个 1 千克的沙包/哑铃，1 个大型海绵箱（高度为 75 厘米），秒表 1 个，米尺 1 个	
场地布置	平坦场地上放置 10 个 1 千克的沙包/哑铃，相距 0.5 米位置放置 1 个大型海绵箱	
游戏规则	学生将 1 千克的沙包/哑铃从地面搬起放置在大型海绵箱上；每次拿 1 个；10 个沙包/哑铃搬运完毕测试结束	
测试要求	搬抬过程中，注意安全。搬抬过程中，重物如果落地，学生需要重新捡起，继续测试即可。测量完成时长。测量 2 次，以秒为单位，具体到小数点后一位，如 9.16 秒，记 9.2 秒	

力量	水果搬运	难度：★★
测试意义	了解受测者长距离提放重物的力量水平	
测试器材	10 个 1 千克的沙包/哑铃，1 个大型海绵箱（高度为 75 厘米），秒表 1 个，米尺 1 个	
场地布置	10 个 1 千克的沙包/哑铃；起点 A，终点 B，中间间隔 5 米；B 点放置海绵箱	
游戏规则	学生将沙包/哑铃从 A 点搬运至 B 点；学生每次拿 2 个沙包/哑铃；10 个沙包/哑铃全部放在 B 点海绵箱上，测试结束；搬抬过程中，注意安全	
测试要求	搬抬过程中，重物如果落地，学生需要重新捡起，继续测试即可。测量完成时长。测量 2 次，以秒为单位，具体到小数点后一位，如 9.16 秒，记 9.2 秒	

力量	水果运输	难度：★★★
测试意义	了解受测者长距离提放重物和攀爬的力量水平	

（续表）

力量	水果运输	难度：★★★
测试器材	10个1千克的沙包/哑铃，2个大型海绵箱（高度为75厘米），秒表1个，米尺1个	
场地布置	10个1千克的沙包/哑铃；起点A，终点B，中间间隔5米；大型海绵箱2个，其中1个置于A点和B点中间，一个放于B点处用于放沙包/哑铃	
游戏规则	学生从A点出发，将沙包/哑铃放到中间的海绵箱上，并翻越中间的海绵箱；翻越过后重新拿起沙包/哑铃，并搬运至B点；完成搬运后，快速跑回至A点，继续测试。学生每次拿2个沙包/哑铃，完成全部10个沙包/哑铃的搬运，测试结束。搬抬过程中，注意安全	
测试要求	搬抬过程中，重物如果落地，学生需要重新捡起，继续测试即可。搬运过程中，如果学生没有翻越海绵箱，而是绕过，则需要回到海绵箱重新翻越，继续进行测试。测量完成时长。测量2次，以秒为单位，具体到小数点后一位，如9.16秒，记9.2秒	

物体控制手	珍贵鸡蛋	难度：★
测试意义	了解受测者手接球的物体控制能力	
测试器材	10个3号低弹足球，1个圆形垫（定位点），米尺1个	
场地布置	3号足球10个。教师抛球点与学生距离1米	
游戏规则	教师跪地双手抛球给学生，学生需要双手接住来球；教师需待孩子的注意力返回后再继续抛球；10个足球抛完则测试结束	
测试要求	教师在抛球过程中，如果球抛得远离学生从而导致学生无法接到球，则该球不计算，需要重新抛球。计算成功接球个数。测量2次，以个数为单位，具体到整数位，如1个、2个、3个	

物体控制手	鸡蛋进筐	难度：★★
测试意义	了解受测者手接球和抛球的物体控制能力	
测试器材	10个3号低弹足球，1个球门，1个圆形垫（定位点），米尺1个	
场地布置	10个3号足球，1个球门。教师抛球点与学生距离2米，球门距离学生2米	
游戏规则	教师跪地双手抛球给学生，学生需要双手接住来球；学生接到球后将球双手抛向或者滚向球门；教师需待学生的注意力返回后再继续抛球；10个足球抛完则测试结束	

(续表)

物体控制手	鸡蛋进筐	难度：★★
测试要求	教师在抛球过程中，如果球抛得远离学生从而导致学生无法接到球，则该球不计算，需要重新抛球。学生在抛球时，如果站在抛球区外，则成绩无效，需要重新到抛球区抛球，计算成功进球个数。测量2次，以个数为单位，具体到整数位，如1个、2个、3个	

物体控制手	小鸡回家	难度：★★★
测试意义	了解受测者在不同距离手接球和抛球的物体控制能力	
测试器材	9个3号低弹足球，3个球门，3个圆形垫（定位点），米尺1个	
场地布置	9个3号足球，3个球门，教师抛球点距离学生分别为1米、2米、3米	
游戏规则	教师双手抛球给学生，学生需要双手接住来球；学生接到球后将球双手抛向或者滚向面前的球门；每个点进行3次，学生完成后移动至下一个点位继续测试；教师需待学生的注意力返回后再继续抛球；完成3个点位，共9次接抛球后测试结束	
测试要求	教师在抛球过程中，如果球抛得远离学生从而导致学生无法接到球，则该球不计算，需要重新抛球。学生在抛球时，如果站在抛球区外，则成绩无效，需要重新到抛球区抛球，计算成功进球个数。测量2次，以个数为单位，具体到整数位，如1个、2个、3个	

物体控制脚	停住小车	难度：★
测试意义	了解受测者脚接球的物体控制能力	
测试器材	10个3号低弹足球，画出半径1米的停球区，米尺1个	
场地布置	10个3号低弹足球，教师发球点与学生距离2米	
游戏规则	教师滚动足球缓慢进入学生停球区（半径1米）；学生需在停球区内用脚底将球踩停，超出区域踩停的不计成绩；教师需待学生的注意力返回后再继续发球；10个足球全部接完后测试结束	
测试要求	教师在传球过程中，如果速度过快或者角度过偏而导致学生无法停住来球，则重新进行该球的停球。教师传球无误，但停球位置在停球区外，则该球无效。计算成功踩停球数量。测量2次，以个数为单位，具体到整数位，如1个、2个、3个	

物体控制脚	倒车入库	难度：★★
测试意义	了解受测者脚接球和踢球的物体控制能力	
测试器材	10个3号低弹足球，2个球门，画出半径1米的停球区，米尺1个	
场地布置	3号足球10个，2个球门，教师发球点与学生的距离为2米，球门距学生2米	
游戏规则	教师滚动足球缓慢进入学生停球区（半径1米）；学生需在停球区内用脚底将球踩停，超出区域踩停的不计成绩；学生在停球完毕后直接将球踢向球门1；教师需待学生的注意力返回后再继续发球；前5个足球学生需踢向球门1，后5个足球踢向球门2；10个足球全部接踢完后测试结束	
测试要求	教师在传球过程中，如果速度过快或者角度过偏而导致学生无法停住来球，则重新进行该球的停球。教师传球无误，但停球位置在停球区外，则该球成绩无效。如果学生在踢球时在射门区域外，则需要回到射门区域重新进行该次射门，否则该球成绩无效。计算成功进球数量。测量2次，以个数为单位，具体到整数位，如1个、2个、3个	

物体控制脚	炮兵发射	难度：★★★
测试意义	了解受测者在不同距离脚接球和踢球的物体控制能力	
测试器材	9个3号低弹足球，3个球门，画出3个半径1米的停球区，米尺1个	
场地布置	9个3号低弹足球；3个球门；教师发球点与学生的距离分别为2米、3米、4米	
游戏规则	教师滚动足球缓慢进入学生停球区A；学生需在停球区内用脚底将球踩停，超出区域踩停的不计成绩；学生在停球完毕后将球带向B区；学生在区域B完成射门并等待；教师将球滚动给学生，学生在B区内停球；学生带球前往区域C并完成射门，在区域C等待；教师将球滚动给学生，学生停球后带球前往区域A并完成射门，完成第一轮测试；一共进行3轮，全部完成即测试结束	
测试要求	教师在传球过程中，如果速度过快或者角度过偏而导致学生无法停住来球，则重新进行该球的停球。教师传球无误，但停球位置在停球区外，则该球成绩无效。如果学生在踢球时在射门区域外，则需要回到射门区域重新进行该次射门，否则该球成绩无效。学生在各个射门区域之间的控球不能使用手来辅助，如果用手触球则该球成绩无效，继续完成后面的足球，但不需要重新开始。计算成功进球数量。测量2次，以个数为单位，具体到整数位，如1个、2个、3个	

第四章　幼儿足球基础技术

第一节　球性技术

球性是足球运动中最根本的元素，也是学习和把握好足球技能的前提条件。在足球练习中，好的球性是指人体能够比较正确地感觉到球的高度、速度、弹性及运动方向。球性的好坏，直接影响足球技能的掌握。

第二节　运球技术

运球技术动作方法很多，但每一种动作过程都是由跑动和推拨球这两个环节结合在一起而组成的。运球的跑动具有步幅小、频率快、重心低的基本特征，有助于队员调整身体与球的位置，适应运球急停、变速和变向等的需要。运球技术按照脚接触球的部位分为脚背正面运球、脚背内侧运球、脚背外侧运球和脚内侧运球四种。运球一般是由支撑脚踏地后蹬、运球脚前摆触球和运球脚踏地支撑三个阶段组成。

1. 支撑脚踏地后蹬

踏地后蹬的目的：一是推动人体重心前移；二是支撑身体平衡使运球脚能离地提起完成推拨球动作。支撑脚尽量缩短支撑时间，积极后蹬前摆，可以加快跑动速度。

2. 运球脚前摆触球

前摆触球的目的：一是给球作用力使球产生位移；二是不断调节触球力量、部位、方向和时间，更好地控制运球路线，协调其与跑运速度的关系。

3. 运球脚踏地支撑

踏地支撑的目的：一是运球脚在完成推拨动作后，立即踏地保持身体平衡；二是运球脚由踏地支撑转换到后蹬，同样是为了使人的身体产生位移。

在运球过程中，支撑脚踏地后蹬是决定跑动速度的主要环节，运球脚前摆触球是控制球运行的关键。

第三节　踢球技术

踢球是指队员有目的地用脚的某一部位将球踢向预定目标的动作，踢球技术是足球比赛中运用比较多的技术手段，其表现形式为传球和射门两种。踢球的方法有很多，根据脚的接触部位不同，可分为脚内侧踢球、脚背正面踢球、脚背内侧踢球、脚背外侧踢球、脚尖踢球及脚跟踢球等。

踢球技术的动作结构是：助跑、支撑脚站位、踢球腿摆动、踢球脚触球、随前动作等五个技术环节。

1. 助跑

助跑是指踢球前的几步跑动。它的作用在于调整人与球的方向、距离，以便在踢球时使支撑脚能够处于所需要的正确位置，从而增加击球的力量。助跑最后一步要大一些，这为踢球腿的充分摆动、增大摆腿速度、制动身体的前冲和提高击球的准确性创造了条件。助跑分为直线助跑和斜线助跑，助跑的方向和出球的方向相同的叫直线助跑，助跑的方向和击球的方向交叉的叫斜线助跑。

2. 支撑脚站位

支撑脚的位置要以踢球腿的摆动能达到最大的摆幅、发挥最大的速度和有利于踢球脚准确地接触球的合适部位为原则。支撑脚的位置一般是由所使用的踢球方法（脚法）来决定。凡采用的踢法需要踩在球的侧方的，一般距离球 10～15 厘米；凡采用的踢法需要踩在球侧后方的，一般距离球 25～30 厘米。踢活动球时，更要掌握好支撑脚的位置。因支撑脚落地时球仍在继续运行之中，要把踢球腿后摆的时间计算在内。如追踢向前滚动的球时，支撑脚落地的位置要稍靠前，这样才能与球保持合适的距离。支撑脚要积极踏地以制动身体的前冲力量，膝关节要微屈，以维持身体的平衡和保证充分地摆腿与自如地踢球。因此，支撑脚实际上起着固定支点的作用。

3. 踢球腿摆动

击球力量的大小，由多方面的因素决定，而主要取决于踢球腿的摆动，它是踢球力量的主要来源。摆幅大、摆速快，踢出去的球力量就大，球的运行速度就快，运行距离就远。踢球腿的摆动是在支撑脚跨步时（助跑最后一步）顺势向后摆起的。在支撑脚着地的同时以髋关节为轴，大腿带动小腿由后向前摆。当膝关节摆到接近球的垂直上方的刹那间，小腿加速前摆击球。

4. 踢球脚触球

一般来说，用脚的某一部位击球的后中部，作用力通过球心，平直出球。当踢各种活动来球时，应准确判断来球的速度、方向，根据出球目标，合理选择踢球脚以及脚与球的部位。

在现代足球比赛中，运动员已广泛地采用了弧线球（香蕉球）踢法。这种踢法主要运用脚背内侧或外侧击球，击球的作用力不通过球心，使球产生旋转，并沿着一定弧线运行。这种球具有一定的隐蔽性。此外，也可以用正脚背抽踢前旋球。

5. 随前动作

踢球后随着腿的前摆和送髋，使身体重心向前移动，这样既易控制出球方向和加大踢球力量，又能缓和因踢球腿急速前摆而产生的前冲惯性，以维持身体的平衡。踢球后的随前动作还便于与下一个动作衔接。

在上述五个环节中，支撑脚的站位、踢球腿的摆动、踢球脚触球是主要因素。

第四节　接球技术

接球是指队员运用身体的有效部位，将运行中的球有目的地接控在所需位置上的动作方法，是队员有效获得足球的主要手段。

接球技术的动作结构是：判断选位、接球前的支撑、触球动作、接球后跟进。接球的部位有很多种，包括脚底接球、脚内侧接球、脚背正面接球、脚背外侧接球、大腿接球、胸部接球、腹部接球及头部接球等。

1. 判断选位

队员在接球前，要准确判断来球路线、落点、速度等，并且要注意观察临近队友和对手的情况，在此基础上及时、合理地移动选位，占据有利的接球位置。

2. 接球前的支撑

稳固的支撑是接好球的保证。接球效果的好坏，取决于支撑脚的位置和支撑的稳定性。支撑脚的位置是指支撑脚与接球点的方位和距离。合理的支撑距离，有助于接球动作的顺利完成，而支撑脚的合理方位，则有助于队员将球控制在所需的位置上，并能尽快地转入下一步行动。因此，接球时支撑腿的膝关节应适度弯曲，身体重心略降，以加强支撑的稳定性。而支撑脚的选位则应根据接球的方法和目的来确定。

3. 触球动作

接球的根本问题是削弱来球的冲力，削弱来球冲力通常可采用缓冲或改变球运行路线的方法。接球部位触球时间越长，对球的缓冲作用越好。

4. 接球后跟进

接球后身体重心随球快速移动是迅速衔接控球动作的技术关键。接球动作开始时，重心位置落在支撑脚上，以保证接球动作的稳定性。但随动作发展，应有意识地将重心向接球方向移动，接球动作完成后，重心应在球运行的方向上及时移动，从而使身体的运动方向与球的运行方向一致，保证身体能尽快地移动到控制球或支配球的位置上。

第五节　头顶球技术

头顶球是指队员有目的地用前额将球击向预定目标的动作手段。头顶球的击球位置高，是争取时间和空间的主要技术手段。顶球技术的动作结构是：移动选位、身体的摆动、头触球、触球后的身体平衡。

1. 移动选位

由于头顶球技术是用来处理运行的空中球的一种技术，因此要想能处理好来球，首要条件是对来球的速度、运行轨迹做出正确判断，选好击球点，并及时到达顶球位置或起跳位置，同时还应考虑到自己的弹跳能力和比赛当时双方的情况，只有充分地估计了这些情况后的选位，才能保证完成顶球动作。

2. 身体的摆动

身体的摆动是由身体许多部位的肌肉协调用力来完成的，其摆动顺序是由下而上，这样才可以使击球部位获得最大的速度。这一环节是顶球力量的主要来源，但球所受力的大小并不完全取决于用力的大小，还受到头触球环节的准确与否及来球速度的大小等影响。顶出球的方向并非按照垂直碰撞的反射方向顶回，而是多与垂直反射方向成一定角度，为了准确地将球击到预定目标，必须在身体摆动时就考虑到来球方向与将球顶出方向间的关系，使身体摆动发挥出最大的作用。

3. 头触球

这一环节的主要任务是保证顶出球的准确性。它有两层含义：一是用头的哪一部位接触球，二是用头的一定部位接触球的哪一位置。比赛中的大多数情况不是将球顶回，而是与来球方向成一定角度，并将球顶到一定距离的预定目标，因此要主动用力。在头触球时，必须使身体摆动所获得的速度与由接触部位造成的反射方向一致并指向预定目标，有时由于比赛情况无法保证身体摆动所获得的速度与由接触部位造成的反射方向一致，则必须使这两个不同的力（或速度）的合力（合速度）方向指向预定目标。

4. 触球后的身体平衡

顶球者在触球后维持身体平衡的主要因素：一是两臂合理摆动，二是脚步的移动，三是落地时屈膝、踝，四是来球的冲力。顶球者应根据不同的来球和顶球方法，恰当协调四者关系，维持身体平衡。腰腹肌肉用力、对球的精确判断、控制击球部位是顶球运用的关键。

由于幼儿尚处于骨骼和大脑发育不完全阶段，为了幼儿的健康和安全着想，一般采用顶气球或软橡胶足球进行启蒙的练习。

第六节　防守技术

防守技术是指防守队员对持球的进攻队员所运用的一系列防守技巧。它可分为抢、断、堵、铲、争顶五大类，每类都具有不同的技巧特征，适合运用于不同的场合，这些防守技术构成全队防守的基础。

防守技术运用的一般顺序：第一选择是断截球；第二选择是盯堵，限制持球队员转身；第三选择是抢夺球；第四选择是正面阻缓；第五选择是采用铲球破坏技术。由于足球比赛场上情况十分复杂，防守技术的运用也要视实际情况随机应变，灵活运用。

无论是采用哪种防守技术，在具体的运用中都会不同程度地涉及接近、角度、距离这三个要素。

1. 接近

接近是指防守队员跑向持球队员的一段距离。接近的速度要尽可能地快，但又要稍有控制，留有余地。如果断截传球十分有把握，则必须十分果断而快速；当对手背身接球时，也应全速逼上，紧逼对手，以限制其转身；如果对手已经拿好球，或当防守队员欲上前紧逼时，进攻队员有可能将球控制好。这时，开始接近的速度要尽可能快，但最后几步必须稍加控制，放慢一点，以便进攻队员在最后一瞬间突然带球快速摆脱时，能够及时随之变换方向，争取有效地防守。

2. 角度

角度是指以球和守方球门中点连接的直线为基准的迎上盯抢的方向（角度）。一般来说，接近的角度同球与本方球门中点连接线是一致的。但要分清以下几种情况：（1）如果能够很有把握断截传给所盯进攻队员的来球，则应准确无误地选好切入传球路线的断球点。（2）如果在对手接控球的一瞬间，能够迎上去紧逼持球者，逼上的角度应正对持球者，并尽可能阻止对手转身。接近对手的角度应力争做到：尽快站于同队队员组成的防守线上，尽快贴近持球队员。如果随便跑上，直奔持球队员，有可能给对手造成射门、传球或运球的机会。如果能兼顾上面提及的因素，以一定的弧度跑入"线"上，将有利于防守与抢球。

3. 距离

距离是防守队员与持球进攻队员之间的距离，取决于是阻止射球、传球还是运球。如果是封堵射门和传球，距离应比防堵运球更贴近对手。从兼顾各种情况而言，最好与对手保持约 1.5 米的距离，这样既可封堵对手向前的活动，又可限制他的活动空间，达到紧逼盯人的目的。

虽然在足球运动的培养中不宜过早地专业化，但在防守技术的启蒙阶段，需要进行跑位上的防守练习。

第七节　守门员技术

足球比赛的矛盾焦点是射门进球与限制射门进球。守门员是全队防守的最后一道防线，他要运用各种技战术手段，镇守比他身体面积大的球门，具有一定难度。比赛中，守门员要积极而稳健地防守，特别是当门前出现一些必进的球时，如果在守门员勇敢、机敏甚至舍身扑救下化险为夷，必然会大大激发全队的士气和战斗力；相反，如果由于守门员的失常或微小的失误，则也可能使全队奋力拼搏的成果毁于一旦。

现代足球守门员除守住球门不失球外，还需扩大防区，充分利用规则赋予他的在本方罚球区内可用手触球的特权，封锁和控制本方罚球区的空间，起着"最后一名后卫"的作用。同时，守门员处在本队防守的最后位置，便于对于全场攻守情况进行观察和分析，所以守门员往往既是本队防守的组织者、协调者，又是本队进攻的始发者。

根据守门员在攻守阶段不同的技术需要，可将守门员的技术动作分为准备姿势、移动、接球、扑接球、拳击球、托球、发球。

虽然幼儿在足球运动的培养中不宜过早地专业化，但可以对启蒙阶段的守门员进行技术动作练习。

第八节　幼儿足球技术特点与动作要领

一、球性技术动作

1. 原地揉球

用一只脚踩住足球，做绕圈踏揉动作，在动作过程中要注意抬头，双手自然张开，保持平衡。

2. 原地脚掌踩球

双脚自然分开站立,用一只脚的前掌轻触足球,膝盖抬高,摆臂,保持平衡。

3. 双脚内侧拨球

两脚分开自然站立,将球放在两脚之间,抬起右脚向左侧拨动足球,再抬起左脚向右侧拨动足球,如此反复,加快频率。

4. 向前推球

先将右脚伸直,用脚背正面推球向前;换左脚重复此动作。

5. 外跨拨球

右脚轻推足球向前滚动,右脚从足球左后方外跨绕过足球,落在足球的右后方,用左脚的外脚背向左前方拨球。

6. 横向连续拉球

右脚在前左脚在后,身体自然站立,右脚轻踩足球向左侧拉动,身体向左横向移动,不断拉球向左横向移动。

7. 脚内侧扣球

向前带球,右脚内侧将球扣停,完成变向。

8.脚背正面颠球

两腿分开自然站立,身体稍前倾,将足球置于脚前一步距离,左脚置于足球后面,右脚向后拉动足球,将球挑起,用正脚背连续颠球。

二、运球技术动作

1.脚内侧运球

运球时,支撑脚始终在足球的侧前方,肩部指向运球方向,支撑腿膝关节微屈,重心放在支撑脚上,运球脚脚跟提起,脚尖稍外展,用脚内侧推球前进,运球脚及时落地支撑。

2. 脚背外侧运球

运球时，脚跟提起，膝关节微屈，脚背绷直，脚尖内旋迈步向前，脚背外侧拨球前进。

3. 脚背正面运球

运球时，身体保持正常跑动姿势，上体稍前倾，步幅不宜过大，运球脚提起，膝关节微屈，髋关节前送，提踵，脚尖向内旋转，使脚背正面正对运球方向，在运球脚落地前用脚背外侧推球后中部将球推送前进。

三、踢球技术动作

1. 脚内侧踢球

左脚支撑在球的左侧，膝关节微屈，在传球脚向前摆动过程中屈膝外转，小腿加速前摆，脚尖稍翘起，脚掌与地面平行，踝关节紧张且脚型固定，用脚内侧击球的后中部。

2. 脚背正面踢球

踢球时,大腿带动小腿前摆,脚背绷直,踢球的正中部,击球后,踢球脚顺势前摆落地。

四、接球技术动作

1. 脚掌踩停球

支撑脚站在足球的侧后方,膝关节微屈,脚尖正对足球,同时停球脚提起,膝关节自然弯曲,脚尖翘起高过脚跟,踝关节放松,用脚前掌触球的中上部。

2. 脚内侧接球

支撑脚脚尖正对来球，膝关节微屈，同侧肩正对来球，接球腿提膝腿外展，脚尖微翘，脚底基本与地面平行，脚内侧正对来球并前迎，当脚内侧与球接触的一瞬间迅速后撤，把球接在脚下。

五、守门员技术动作

1. 上手抛球

牢牢抓住球，向后倾斜身体，用右手抛球时，将身体重心转移至右腿，用左手保持平衡，右臂完全展开，从头顶抡臂将球抛出，同时，将身体重心转移至左腿，朝球的方向做后续随球动作。

2. 上手接球

接球时，两手自然张开，拇指相对，食指与拇指成桃形，要接触球的后中部，触球部位以手指为主，手掌上端轻微触球（掌心不能触球）。在接球的一刹那，两手要有缓冲动作，将球牢牢接在手中。

3. 下手抛球

右臂后摆，钟摆式摆臂，双膝弯曲，以一定的速度摆动手臂，将球沿地面滚出去。

4. 下手接球

两腿向侧前方开立，双膝微屈，上体前倾，手臂下垂，掌心对准来球方向，两手接球底部，接球后将球抱至胸前。

5. 扑球

在扑左侧低球时，右脚用力蹬地，左腿屈膝向左跨出一步，身体向左倒，倒地时左脚先着地，依次是左小腿、大腿、臀部、上体和手臂外侧。在倒地同时两臂向球伸出，左手掌心正对来球，右手在左手前上方，两拇指靠近，两手腕稍向内屈，手触球后把球收回胸前，然后翻身站起。

第九节　幼儿身体素质练习特点与动作要领

一、绳梯

1. 进二退一
向前跑两格退一格。
2. 开合跳
往前跳一下，双脚落在一格的两侧，再往前跳一下，双脚落在格子里。
3. 高抬腿跑
一脚一格，一侧脚迈入一格时，另一侧腿做高抬腿。
4. 单腿进出
站在绳梯的一侧，面向正前方，一脚伸进一格内，再收回来，另一只脚一直在绳梯外侧，向前跑动。
5. 单侧前后
站在绳梯一侧，身体面向绳梯，与绳梯平行，一只脚迈入一格内另一只脚紧跟着迈进去，然后一只脚向后面迈出来另一只脚也跟着迈出来。
6. 快速跑
面向正前方，以右脚为例，右脚迈入第一格，左脚也进来，如此循环向前快速跑。

7. 蹦跳

双脚跳进第一个格，然后再跳进第二个格，以此类推。

8. 两次蹦跳

双脚在第一个格跳两下，然后跳进第二个格里跳两下，以此类推。

9. 单格跳飞机

两脚起跳，分立在第一个格子两侧，然后左脚或右脚跳进第一个格子，立住，再两脚起跳，分立在第二个格子两侧，接着左脚或右脚跳进第二个格子，以此类推。

10. 前后交叉跳

两脚分立在一个格子两侧，然后双脚起跳前后交叉落在绳梯的横线上，接着再两脚起跳分立在格子两侧，左右脚依次前后互换，以此类推。

11. 左右交叉跑

站在绳梯一侧，外侧脚迈入一格内，紧跟着另一只脚迈到绳梯另一侧，然后绳梯外侧的脚迈入前方的格子里，另一只脚迈到绳梯另一侧，以此类推。

12. 跳飞机

单脚跳两个格，然后双脚分立在第三根短线上，接着换脚再跳两格，双脚分立在第五根短线上，以此类推。

13. 左右扭胯

站在与绳梯平行方向，以右脚为例，右脚跳在第一个格子的长边，左脚在后侧，再左脚跳在第二个格子的长边，右脚在后侧，一前一后，以此类推。

14. 外侧腿后跨（前）

站在绳梯一侧，以左脚为例，左脚迈入第一个格子，右脚从左腿后方到绳梯另一侧，然后左脚紧接着出来，再将右脚迈入第二个格子，左脚从右腿后方到第二个格子的另一侧，紧接着右脚也出来，以此类推。

15. 外侧腿后跨（后）

背站在绳梯一侧，以左脚为例，左脚迈入第一个格子，右脚从左腿后方到绳梯另一侧，然后左脚紧接着出来，再将右脚迈入第二个格子，左脚从右腿后方到第二个格子的另一侧，紧接着右脚也出来，以此类推。

16. "Z"字形跳

站在绳梯一侧，双脚从左侧跳进第一个小格，再双脚跳出来到第一个小格的右侧，再双脚跳进第二个格子，再跳到第二个格子左侧，以此类推。

17. 双脚侧面跑

站在与绳梯平行一面，右脚进入第一个格，然后撤出来，左脚进入第一个格，然后左脚撤出来，之后，右脚进入第二个格，然后撤出来，左脚进入第二个格，以此类推。

18. 滑雪步

双脚同时跳起，右脚跳进第一个格里，左脚在第一个格左侧，然后左脚跳进第二个格子里，右脚在第二个格子的右侧，以此类推，交替向前。

19. 后滑雪步

背对着绳梯，双脚同时向后跳，右脚跳进第一个格子里，左脚在第一个格左侧，然后左脚跳进第二个格子里，右脚在第二个格子的右侧，以此类推，交替向前。

20. 拳击步

站在绳梯一侧，以右脚为例，向上跳起，右脚跳进第一格里，然后再一跳，右脚出来，再一跳，右脚在第二个格里，以此类推。

21. 九十度旋转

站在绳梯一侧，面向正前方，向上跳起，在空中旋转九十度，左脚落在第二格，右脚在第一格，起跳旋转九十度，身体面向正前方，落在第二格侧面，再起跳旋转九十度，左脚落在第二格，右脚落在第三格，以此类推。

22. 跳三退一

双脚向前跳三个格子之后，向后退跳一个格子，然后再跳三个，退一个，以此类推。

23. 一百八十度旋转

双脚起跳，左脚跳在第一格里，然后原地起跳旋转一百八十度，右脚在第一格里，以此类推。

二、小栏架

1. 高抬腿跑

身体朝前，一步一栏，高抬腿跑。

2. 侧身高抬腿跑

身体面朝一侧，左脚为例，左脚高抬腿踏进一个栏架，紧接着右脚高抬腿踏进第一个栏架，同时左脚高抬腿踏进第二个栏架，以此类推。

3. 收腹跳

身体朝前，摆臂，双脚起跳，跳过小栏架，双脚落地，以此类推。

4. 侧身收腹跳

身体面朝一侧，摆臂，双脚起跳，跳过小栏架，双脚落地。

5. 单脚收腹跳

身体朝前，单脚起跳，单脚落地，以此类推。

6. 侧身单脚收腹跳

身体朝向一侧，单脚起跳，单脚落地。

7. 跳一退一

身体朝前，双脚向前跳过第一个小栏架，双脚向后跳过第一个小栏架，然后双脚向前跳过第一个小栏架，再向前跳过第二个小栏架，再向后跳过第二个小栏架，以此类推。

第五章　幼儿足球运动性损伤与防治

第一节　幼儿足球运动性损伤的成因

一、思想上重视不够，缺乏必要的运动损伤知识

由于教师、教练员对安全教育没有足够的重视，在足球教学、足球训练与比赛中没有积极采取各种有效的预防措施；同时，幼儿由于年龄较小，缺乏必要的运动损伤知识，容易导致运动性损伤。在发生运动性损伤后，没有及时休息或治疗，还会导致损伤不断加重。

二、足球教学、训练与比赛活动安排不当

在进行足球运动前做好充分的准备活动，有利于进一步提高中枢神经系统的兴奋性，增强各系统组织器官的功能活动，可以使人体功能从相对静止状态过渡到紧张的活动状态。缺乏准备活动或准备活动不合理，是造成足球运动性损伤的首要因素。其主要表现在以下几个方面：

（1）未做准备活动或准备活动不充分。在人体神经系统和各组织器官的功能活动没有充分动员起来的情况下，就进行紧张的足球运动。由于肌肉的力量、弹性和伸展性较差，身体缺乏必要的协调性，因而容易发生足球运动性损伤。

（2）准备活动量过大，或准备活动的内容与运动的内容结合得不好，或缺乏专项准备活动，运动中负担较重部位的组织器官功能没有得到充分的改善，因休息而消退的条件反射性联系尚未恢复。

（3）准备活动离正式运动的时间太长，或准备活动的运动量过大，已经出现疲劳。在进行足球运动时，准备活动所产生的生理作用逐渐减弱或消失，幼儿身体的功能水平不但不能处于最佳状态，反而有所下降。此时，如果参加足球运动就容易导致运动性损伤。

（4）在准备活动过程中没有坚持循序渐进的原则，违背了人体功能活动的规律，如一开始速度过快、用力过猛等，容易导致运动性损伤，如肌肉拉伤和关节扭伤等。

（5）运动量过大，运动量安排不当，尤其是运动量过于集中，使局部负担量过大，是足球运动训练中导致运动性损伤的主要原因。

三、技术动作错误或不规范

不遵循人体解剖学规律，违背人体解剖学特点、组织器官结构功能及运动时的力学原理，出现运动技术动作的错误，也是发生运动性损伤的原因之一。幼儿在足球运动中，对于足球技术的认知不清晰，这种情况经常出现在刚参加足球训练、学习新动作的幼儿身上。因此，需要教师、教练员具有很强的专业能力。

四、运动负荷过大

在安排足球运动时，要对幼儿的生理特点进行周密的考虑。运动负荷的安排超过了幼儿可以承受的生理负担量，特别是局部负担过大，容易引起微细损伤，尤其是在幼儿身体骨骼发育不完全时，日积月累逐渐发展为劳损。这是足球训练中造成运动性损伤的主要原因。当一节足球训练课的几项内容搭配不合理、同时都对幼儿身体的某一部位有较大的负担量时，或在足球训练时急于求成、训练方法单一，都会引起局部负担量过大而造成运动性损伤。

五、组织方法和管理不当

在组织足球教学、训练过程中，没有遵循循序渐进、因人而异、区别对待、分类指导的原则；当幼儿过多时，教师缺乏正确示范和耐心细致的教育，幼儿缺乏必要的保护措施及自我保护能力；组织纪律要求和管理不严，允许有伤病的幼儿参加剧烈运动等，这些都可成为足球运动性损伤的原因。

六、场地、器材设备、服装不符合要求

运动场地设施不良，如场地不平、有碎石杂物、跑道太硬太滑、坑沿高出地面、踏跳板与地面不平齐等；体育运动器械维护不良或年久失修，表面不光滑或有裂缝；器械安装不牢固或放置位置欠妥；运动器械的高低、大小或重量不符合锻炼者或幼儿的年龄、性别、生理特点，缺乏必要的防护用具（如护腕、护踝、护膝、护腰等），运动时的服装和鞋袜不符合运动卫生要求等，都是足球运动性损伤发生的原因。

七、不良气候的影响

如果气温过高，湿度过大，就容易发生疲劳、中暑甚至虚脱；如气温过低，则容易发生冻伤，或因肌肉僵硬，身体协调性降低而引起肌肉韧带损伤。潮湿、高热天气易引起大量出汗，导致幼儿电解质代谢紊乱，发生肌肉痉挛。光线不足、能见度差影响视力，容易使幼儿的兴奋性降低、反应迟钝，进而发生运动性损伤。

第二节 幼儿足球运动性损伤的种类及部位

一、幼儿足球运动性损伤的种类

幼儿足球运动中，常见的损伤类型有擦伤、拉伤、扭伤、挫伤、脱位、骨折等，以擦伤、拉伤、扭伤最为常见，强大的外力冲撞等还会造成骨折、休克、开放性损伤、内脏损伤等类型的运动伤害。发生率最高的是皮肤擦伤，擦伤为皮肤外伤，多为轻度受伤，对幼儿学习生活、训练的影响不大。对幼儿影响较大的足球运动损伤是关节扭伤、挫伤、拉伤、脱位及骨折，这类损伤一般短期难以康复，严重地影响日常学习、生活与训练。

二、幼儿足球运动性损伤的部位

踝、膝关节是人体载荷最重的关节部位，在足球运动过程中，跑动、跳跃、传球、射门等各种动作都要用到踝、膝关节。幼儿处于身体生长的发育期，各骨骼增长、四肢肌肉会以纵向发育为主，肌肉力量较为薄弱。幼儿期关节周边肌肉力量不足，在运动中又暴露出关节稳定性差的弱点，使得踝、膝关节成为幼儿进行足球运动时最易产生运动损伤的部位。人体韧带损伤排在首位的部位是踝关节韧带，踝关节几乎承受身体的全部重量，在急停、突然变向、落地缓冲时要承受更大的力量。同时，踝关节主要由韧带和肌腱固定，没有强有力的肌肉作为支撑，因此极易出现扭伤、挫伤。踝关节的内侧副韧带数量较外侧副韧带多，因此踝关节的损伤以外侧韧带的损伤为主，如果不及时或不彻底地治疗，将造成踝关节反复扭伤，最终影响关节活动功能。

第三节 幼儿足球运动性损伤的预防

预防是避免运动性损伤的最根本办法。对于减少运动性损伤的发生，避免伤害事故，保证运动训练和比赛正常进行,都具有积极的意义。运动性损伤的预防原则和具体措施如下。

一、加强思想教育

平时要牢固树立"安全第一"的思想,加强足球教学、训练及比赛的安全教育,认真贯彻以预防为主的方针,克服麻痹思想,发扬良好的体育道德风尚。

二、合理安排足球教学、训练和比赛

要根据运动者的年龄、性别、健康状况和运动技术水平,对技术动作的重点和难点,特别是对易发生损伤的技术动作要做到心中有数,并采取相应的预防措施。在训练工作中,要加强全面训练和基本技术教学,特别要加强身体素质的训练,正确掌握基本技术。身体素质不好的幼儿不宜从事专项训练,这是减少运动损伤的重要环节。在足球教学工作中,要选用适合幼儿身心特点的各种教学方法,全面提高幼儿的身体素质;加强基本技术教学,使幼儿正确掌握足球动作要领,发展幼儿的活动能力,尤其要注意幼儿的运动量。幼儿不宜过早进行专项训练,不宜参加过多的比赛,或过早追求出成绩。即使是运动成绩较好的幼儿,也应在全面训练的基础上结合专项训练,不宜过早地或片面地进行专项训练。

合理安排运动量,要避免单一的教学与训练方法,防止局部运动器官负荷过大,对幼儿要遵循循序渐进、因人而异、个别对待的原则,逐渐完成从分解动作到完整动作的教学,要严格按照幼儿的身体情况来决定足球活动的强度。

三、认真做好足球运动前的准备活动

在进行足球教学、训练和比赛前,应根据教学内容、个人身体情况、气候条件等来确定准备活动的内容。一般情况下,准备活动以幼儿身体感到发热、微微出汗为宜。

四、加强保护和自我保护

在足球运动中的适当保护或帮助,可以增加幼儿完成技术动作的信心,避免意外事故的发生,幼儿肌肉力量弱、判断和控制力量差,在进行技术动作练习时,教师或教练员应在旁边多注意观察,做好保护的准备。教幼儿学会正确使用各种防护用具(如护腕、护膝、护掌、护踝等)可以减少损伤的发生。

五、加强管理，树立牢固的安全意识

要认真做好运动场地、器械设备和个人防护用具的管理和安全卫生检查，及时维修损坏的场地设备。禁止穿着不合适的服装和鞋子参加运动。平时要加强对体育健身运动和体育保健知识的宣传和教育，增强自我保健意识，牢固树立体育卫生的观念。

第六章　幼儿足球课程教学设计

第一节　幼儿足球课程教学设计原则

一、健康第一原则

体育作为一种特殊的育化方式，承载着人类对健康的永恒追求。青少年是体育教学的重要目标群体，他们的健康状况更是关系到民族的未来。当前，我国各级学校都明确提出了"健康第一"的指导原则，提出要将学生的身体健康放在一切教育工作的首要位置，通过体育教学和体育锻炼，实现学生在身体、心理和社会适应能力方面的全面提高。现代学前儿童教育理论指出，幼儿阶段正处在人体形态、机能的最初生长发育阶段，为使他们更健康地生长发育并为未来的健康发展奠定良好而坚实的基础，此时不仅需要为他们提供良好的饮食和卫生保健，还需要积极地开展以身体锻炼为手段的各种体育活动。科学合理的体育活动不仅能有效增进幼儿身心的健康发展，而且也有利于为他们终身的健康打下良好的基础。为此，我们在开设幼儿足球课程的工作中，一定要紧紧抓住对促进幼儿健康最直接、最有效的教学方法，把足球运动作为幼儿健康发展服务的最直接、最重要的手段。

二、因材施教原则

全面了解幼儿的学习能力、性格特点、兴趣爱好等情况，是教师因材施教的前提条件。教师只有详细了解幼儿的情况，才能为每个幼儿量身制订符合他们学习需求的教学方案，才能真正提高因材施教实效。这就需要教师在日常足球教学中投入更多情感与精力，详细了解幼儿的爱好及性格等，然后依据一定的标准将幼儿合理分配到一定的小组开展教学活动。总之，幼儿期是个性形成与发展的关键时期，施教是确保幼儿个性充分发展的有效方式。因此，在幼儿教学中，教师应全面了解幼儿特点，并不断提高自身教学技能，有针对性地选择恰当的教学方式组织教学活动，尽可能促进全体幼儿个性的最优化发展。

三、直观性原则

直观性原则是指教师在向幼儿传授知识技能时，应当通过实物或教具材料，让幼儿获得直接具体的感知。直观性原则在幼儿园教育教学活动中有特殊意义，因为幼儿生活经验贫乏、思维具体形象，他们主要通过直接感知认识周围事物，形成表象并发展为概念。在足球教学活动中运用直观性原则，能使足球活动进行得生动、活泼，进而激起幼儿对足球运动的兴趣，加深幼儿的印象，有助于理解和形成具体概念发展能力，取得良好的足球课程效果。

四、趣味性原则

趣味性原则是指教师结合幼儿的身心特点，培养幼儿对于足球运动的兴趣，启发幼儿参与足球活动，运用各种教学手段，采用多种教学组织形式，科学地组织足球课程教学，使幼儿了解足球运动的相关知识和锻炼价值，充分体验足球运动乐趣的一种幼儿足球课程设计原则。在足球活动过程中，教师运用幽默生动的语言、灵活的教学技巧、直观形象的表演以及富有感染力的演讲等，来最大限度地增加课堂活力、激发幼儿的参与兴趣、增强学习效果、锻炼以及提升幼儿的身体机能，让幼儿体验与伙伴共同游戏的乐趣，培养幼儿的良好的竞争意识，是幼儿教育教学的一项重要任务。

五、主体性原则

幼儿期是个体主动性发展的良好时期，在足球活动中，除了必要的示范外，应注意引导幼儿自主地进行探索和思考，要鼓励并指导幼儿自主地尝试。如果幼儿仅仅是被动地做教师要求他们做的事，那么即使他们学会了做什么，也不懂得为什么要这样做，更不了解如何去学，长此以往，就会影响幼儿自主性的发展。因此，在足球活动中，教师要以发展幼儿的主动性为重要任务，使幼儿成为足球活动中的探索者，在足球游戏过程中，改变幼儿机械模仿的学习模式，鼓励幼儿边思考边自主探索。

六、安全性原则

运动对于幼儿的身体发育和心理成熟有着非常重要的作用，然而幼儿因为年龄小，运动器官还没有完全发育成熟，同时身体协调能力较差，所以运动机能并没有发展完善，很容易受伤。作为幼儿足球教练员，应该想办法解决幼儿足球运动中的不安全因素，既能让幼儿能在足球运动中体验到足球的乐趣，又能保证其不受伤。足球运动应该让它发挥其应有的价值，增强幼儿动作的协调性和灵活性，加快幼儿自护能力的形成和养成。幼儿足球教学中贯彻安全性原则的要求如下。

1. 运动时间适量，强度适当

幼儿的骨骼和肌肉，以及运动神经都没有发育完善，如果足球运动时间过长、运动强度过大，就会超出幼儿的身体承受负荷，可能会造成一些意外的伤害。若是时间过短，并且几乎没有运动强度，又起不到促进儿童的身心发育的作用。因此，要合理安排运动时间，控制运动强度。

2. 教学内容灵活多样，活动动静结合

身心发育处于初期阶段的幼儿，精神不易集中，若在足球运动中长时间重复某一内容则效果不好，容易引起大脑神经细胞的疲劳。幼儿足球活动应尽量多变换教学内容，整节足球课程的效果才会好。幼儿体力持续性差，肌肉容易疲劳，同时新陈代谢旺盛，也比较容易恢复，因此在设计足球教学课程中，只需要动静得当，就可以让幼儿保持一个较好的活动状态。

3. 教学动作的正确性

幼儿的肌肉力量和耐力都比较差，如果在进行足球运动中动作不正确，很容易引起疲劳，造成一些意外损伤，幼儿年龄越小，这个特点越明显，同时幼儿处在生长发育期，骨骼、肌肉及各系统的可塑性较强，因此在安排幼儿进行足球运动时，一定要确保动作的正确性，否则可能会引起不正常的发育。

4. 树立安全意识

在幼儿足球运动中，因为幼儿运动机能不完善，加上幼儿在活动中自我安全保护意识和能力比较欠缺，很容易出现各种磕碰等现象，造成不同程度的伤害。为了更好地保护幼儿的身体健康和安全，帮助幼儿在活动中树立安全意识很重要。作为幼儿足球教练员，应该在足球教学中以幼儿为中心，既要照顾到顽皮好动的，又要鼓励胆小的幼儿参与到活动中来。可以在活动前提出具体要求，也可以让幼儿自己说说应注意些什么，帮助幼儿在头脑中树立安全意识。

5. 安全使用运动器械

在幼儿足球运动中，借助运动器械锻炼，可以让幼儿的身体发育更好。在很多足球运动中，幼儿使用足球器材，可以更好地帮助幼儿锻炼身体的协调性。不过幼儿足球器械的使用也有潜在的危险性，幼儿足球教练员必须帮助幼儿树立安全使用足球器械的意识，才能更好地发挥足球器械在幼儿足球运动中的作用。作为幼儿足球教练员，在足球教学开始之前要告诉幼儿不正确使用器械可能带来的危险，让幼儿有心理预防意识。同时，幼儿足球教练要及时消除使用足球器械的隐患，这也是幼儿足球教练员的基本工作职责。器械经过幼儿不断地使用，不论在坚硬程度上还是在结构上，都会有损坏的现象，所以幼儿足球教练员要及时、定期检查器械，防止幼儿在运动时发生意外。

第二节 幼儿足球课程学年教学计划

在幼儿足球课程中引入经典名著《西游记》和游戏元素，将《西游记》、游戏与足球有效结合，开展含有《西游记》元素的幼儿足球游戏运动，提高幼儿对足球的兴趣，促进幼儿的身心健康发展。

幼儿足球课程学年教学计划针对3个年级，其侧重点也有所不同，课程分为3个年级段，每个年级两个学期，每个学期16个学时。教学内容包括身体素质、技术、战术、理论知识等。

一、幼儿足球课程学年教学计划（小班）

班级	教学内容	学时安排																总学时
		1	2	3	4	5	6	7	8	9	10	11	12	13	14	15	16	
小班（第一学期）	身体素质		√			√			√			√			√			5
	球性	√	√		√	√												4
	运球							√	√									2
	踢球										√	√						2
	接球													√	√			2
	守门员技术															√		1
	比赛			√			√			√			√			√		5
	理论知识																	

班级	教学内容	学时安排																总学时
		1	2	3	4	5	6	7	8	9	10	11	12	13	14	15	16	
小班（第二学期）	身体素质		√			√			√			√			√			5
	球性	√	√		√	√												4
	运球							√	√									2
	踢球										√	√						2
	接球													√	√			2
	守门员技术															√		1
	比赛			√			√			√			√			√		5
	理论知识																	

二、幼儿足球课程学年教学计划（中班）

班级	教学内容	\	\	\	\	\	\	\	\	\	\	\	\	\	\	\	\	总学时
		1	2	3	4	5	6	7	8	9	10	11	12	13	14	15	16	
中班（第一学期）	身体素质		√			√			√			√			√			5
	球性	√	√	√														3
	运球				√	√	√	√	√									5
	踢球								√	√	√	√						4
	接球												√	√	√			3
	守门员技术															√	√	2
	1V1	√	√			√		√				√			√		√	8
	2V2				√					√			√					3
	比赛			√			√			√			√		√			5
	理论知识																	

班级	教学内容	\	\	\	\	\	\	\	\	\	\	\	\	\	\	\	\	总学时
		1	2	3	4	5	6	7	8	9	10	11	12	13	14	15	16	
中班（第二学期）	身体素质		√			√			√			√			√			5
	球性	√	√	√														3
	运球					√	√	√	√									5
	踢球								√	√	√	√						4
	接球												√		√			2
	守门员技术															√	√	2
	1V1	√	√			√		√			√				√		√	8
	2V2				√			√					√					3
	比赛				√		√			√			√			√		5
	理论知识																	

三、幼儿足球课程学年教学计划（大班）

班级	教学内容	\	\	\	\	\	\	\	\	\	\	\	\	\	\	\	\	总学时
		1	2	3	4	5	6	7	8	9	10	11	12	13	14	15	16	
大班（第一学期）	身体素质		√			√			√			√			√			5
	球性	√	√	√	√													4
	运球						√	√	√		√							4
	踢球									√	√							2
	接球											√						1

（续表）

班级	教学内容	学时安排																总学时
		1	2	3	4	5	6	7	8	9	10	11	12	13	14	15	16	
大班（第一学期）	头顶球												√					1
	抢断球													√				1
	封堵														√			1
	守门员技术															√	√	2
	1V1	√			√			√				√			√			5
	2V2		√			√			√		√			√		√		6
	比赛			√			√			√			√			√		5
	理论知识																	

班级	教学内容	学时安排																总学时
		1	2	3	4	5	6	7	8	9	10	11	12	13	14	15	16	
大班（第二学期）	身体素质	√		√			√			√			√					5
	球性	√	√	√	√													4
	运球					√	√	√	√									4
	踢球									√	√							2
	接球											√						1
	头顶球												√					1
	抢断球													√				1
	封堵														√			1
	守门员技术															√	√	2
	1V1	√			√			√	√			√			√			6
	2V2		√			√				√			√			√		5
	比赛			√			√			√			√			√		5
	理论知识																	

第三节　幼儿足球课程教学内容

小班幼儿课程每节课为20分钟，足球课程设计了2个环节，通常是热身游戏结合足球技术；虽然幼儿阶段不需要专业化，但还是设定了每3周1个足球比赛，让幼儿在比赛中运用自己所学习的成果；课程中所有的教学环节都是结合游戏，让幼儿在游戏中参与足球运动，体验足球带来的快乐。中班和大班课程每节课为30分钟，设计了3个环节，热身游戏、足球技术和足球战术。在4～6岁的年龄阶段，适量地增加对抗，有利于幼儿的身心和谐发展。

一、小班足球课程教学内容

1. 小班（第一学期）

时间	教学主题	教学内容
第一周	美猴王出世	揉球、踩球
第二周	拜师学艺	拨球、推球
第三周	龙宫寻宝	比赛
第四周	官封弼马温	拉球
第五周	官封齐天大圣	跨球
第六周	掌管蟠桃园	比赛
第七周	大闹蟠桃会	脚背外侧运球
第八周	众神捉悟空	脚背外侧运球
第九周	大战二郎神	比赛
第十周	西天请如来	脚内侧踢球
第十一周	如来捉悟空	脚内侧踢球
第十二周	困囚五行山	比赛
第十三周	唐三藏取经	脚掌踩停球
第十四周	悟空拜师	脚掌踩停球
第十五周	悟空打老虎	比赛
第十六周	悟空戴金箍	下手接球、下手抛球

2. 小班（第二学期）

时间	教学主题	教学内容
第一周	智收白龙马	揉球、踩球
第二周	祸起观音院	拨球、推球
第三周	恶僧盗袈裟	比赛
第四周	制服黑熊怪	拉球、跨球
第五周	云栈洞捉妖	脚背外侧运球
第六周	猪八戒拜师	比赛
第七周	黄风岭遇险	脚背外侧运球
第八周	大战黄风怪	脚背外侧运球
第九周	悟净拜师	比赛
第十周	横渡流沙河	脚内侧踢球
第十一周	偷吃人参果	脚内侧踢球
第十二周	观音救仙树	比赛
第十三周	三打白骨精	脚掌踩停球
第十四周	赶走孙悟空	脚掌踩停球
第十五周	误入波月洞	比赛
第十六周	唐僧变老虎	下手接球、下手抛球

二、中班足球课程教学内容

1. 中班（第一学期）

时间	教学主题	教学内容
第一周	智激美猴王	揉球、踩球
第二周	大战黄袍怪	推球、拨球
第三周	平顶山遇险	拉球、跨球
第四周	智斗金银角	脚内侧运球
第五周	夺宝莲花洞	脚背外侧运球
第六周	老国王托梦	脚背外侧运球
第七周	除妖乌鸡国	脚背外侧运球
第八周	悟空遇怪婴	脚内侧踢球

（续表）

时间	教学主题	教学内容
第九周	大战红孩儿	脚内侧踢球
第十周	观音智收红孩儿	脚背正面踢球
第十一周	黑水河遇险	脚背正面踢球
第十二周	黑水河捉妖	脚掌踩停球
第十三周	三清观戏妖	脚内侧接球
第十四周	求雨斗法	脚内侧接球
第十五周	猜物争胜	下手接球、下手抛球
第十六周	大圣降三妖	上手接球

2. 中班（第二学期）

时间	教学主题	教学内容
第一周	夜阻通天河	揉球、踩球
第二周	陈家庄遇妖	推球、拨球
第三周	唐三藏被捉	拉球、跨球
第四周	观音收金鱼	脚内侧运球
第五周	唐僧遇妖魔	脚背外侧运球
第六周	悟空请救兵	脚背外侧运球
第七周	苦斗青牛怪	脚背外侧运球
第八周	老君收青牛怪	脚内侧踢球
第九周	子母河奇遇	脚内侧踢球
第十周	女儿国招夫	脚背正面踢球
第十一周	勇斗蝎子精	脚背正面踢球
第十二周	落伽山诉苦	脚掌踩停球
第十三周	真假美猴王	脚内侧接球
第十四周	佛祖识猕猴	脚内侧接球
第十五周	被困火焰山	下手接球、下手抛球
第十六周	三借芭蕉扇	上手接抛球

三、大班足球课程教学内容

1. 大班（第一学期）

时间	教学主题	教学内容
第一周	大战牛魔王	揉球、踩球
第二周	金光寺失宝	推球、拨球
第三周	扫塔辨奇冤	跨球、拉球
第四周	大战九头虫	扣球、挑球
第五周	金光寺归宝	脚内侧运球
第六周	荆棘岭遇险	脚背外侧运球
第七周	误入小雷音	脚背正面运球
第八周	大战黄眉怪	脚背正面运球
第九周	弥勒收妖童	脚内侧踢球
第十周	瓜田捉妖王	脚背正面踢球
第十一周	悟空成名医	脚内侧接球
第十二周	巧取紫金铃	头顶球
第十三周	麒麟山降妖	抢球、断球
第十四周	盘丝洞遇险	封堵
第十五周	苦斗多目怪	下手接球、下手抛球、扑球
第十六周	毗蓝婆降妖	上手接球、上手抛球

2. 大班（第二学期）

时间	教学主题	教学内容
第一周	悟空戏小钻风	揉球、踩球
第二周	宝瓶收悟空	推球、拨球
第三周	一夜光头城	跨球、拉球
第四周	大闹连环洞	扣球、挑球
第五周	凤仙郡求雨	脚内侧运球
第六周	三人喜收徒	脚背外侧运球
第七周	黄狮偷兵器	脚背正面运球
第八周	火烧豹头山	脚背正面运球
第九周	大战九头狮	脚内侧踢球
第十周	大闹玄英洞	脚背正面踢球
第十一周	火眼金睛辨真假	脚内侧接球

(续表)

时间	教学主题	教学内容
第十二周	嫦娥收玉兔	头顶球
第十三周	地灵县遇匪	抢球、断球
第十四周	无字真经	封堵
第十五周	灵山取真经	下手接球、下手抛球、扑球
第十六周	取经回大唐	上手接球、上手抛球

第四节 幼儿足球课程教案

一、小班足球课程教案

1. 小班（第一学期）

教学主题	美猴王出世
教学内容	揉球、踩球
教学目标	1. 让幼儿初步了解揉球、踩球的动作要领，认识足球； 2. 让幼儿初步掌握揉球、踩球的足球技术，提高幼儿身体协调性； 3. 培养幼儿克服困难、勇敢的意志品质
教学班级	小班
教学学期	第一学期
教学周次	第一周
教学人数	12 人
教学时长	20 分钟
教学器材	足球 12 个、标志盘 12 个、标志服 12 件

导入：大家听过《西游记》吗？想知道《西游记》里都发生了怎样的故事吗？今天，教练就给大家来讲美猴王出世，想知道发生了什么吗？跟教练一起来探索吧

故事导入：在东胜神洲有个傲来国，傲来国的海上有个花果山，山上奇花异草，宛如仙境，山顶上有一块仙石，每天吸收日月精华，有一天，仙石突然裂开，蹦出来一个小石猴

热身游戏导入：想知道小石猴都干了什么事情吗？让我们先玩一个热身小游戏，游戏的名字叫作"我是小石猴"

场地	15 米 ×15 米
器材	标志盘 4 个
时间	7 分钟

（续表）

内容组织	场地布置	指导要点
场地：教练与幼儿队列排的间距为10米 内容：教练员背对着大家开始数数，在这期间，幼儿要从起点跑向对面的终点，当听见教练员喊出"火眼金睛"时，大家都要在原地摆出小猴子的样子，并喊出"我是小石猴"，保持不动，如果动了，则需要重新回到起点，如此循环，最先到达终点的获胜 变化：可以让幼儿喊"火眼金睛"		1. 抬头观察； 2. 注意安全

故事导入：几百年来，这只小石猴与花果山的百兽为伴，每天爬树、喝泉水、吃野果。一年夏天，石猴与一群猴子到山洞中洗澡，有只猴子说："这水不知道哪里来的，我们不如去上游找找源头？"所有的猴子都爬到了山顶，就看到了一个瀑布，有一只猴子说："谁能去水后面看到里面是什么，并且安全回来的话，我们都拜它为王。""让我去，让我去"，小石猴在一旁喊到，只见它紧闭双目，纵身一跃，跳进了水幕之中。进入瀑布后，小石猴发现里面有一架铁板桥，石桌、石碗俱全，正中间有一个石碑，上面写着"花果山福地，水帘洞洞天"。小石猴看到了非常开心，跳出来跟大家说："里面非常好，大家一起搬进去吧。"所有的猴子都跟着一起跳进了水帘洞里，并拜小石猴为猴王，称为"美猴王"

技术游戏导入：大家想要跟小石猴一样勇敢吗？让我们跟小石猴一起"勇闯水帘洞"吧

场地	20米×20米
器材	足球12个、标志盘12个
时间	10分钟

内容组织	场地布置	指导要点
场地：幼儿围成半径8米的圆 内容：教练员让幼儿一人一球，各自站在标志盘旁边，做原地揉球、原地踩球，再做行进间的踩球。教练员站在圆圈中心就是水帘洞，幼儿要做行进间踩球到教练员那里，而在这途中，幼儿要闯过很多的难关，当听见教练员说"坐下"时，幼儿就要将球坐在屁股底下，保持不动，听见"抱住"的时候，幼儿就要将球抱在怀里，原地不动，听见教练员哨声后，继续用脚行进间踩球，先碰到教练员的幼儿获胜 变化：原地揉球、原地踩球、行进间踩球、连续运球；个人比赛后可进行团队协作接力赛		1. 抬头观察； 2. 脚触球的部位； 3. 身体重心的变化

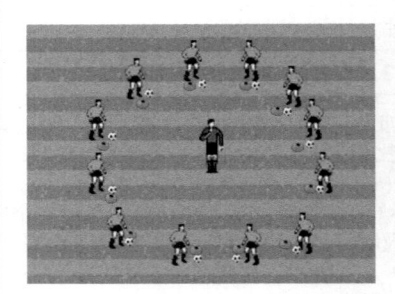

场地	10米×10米
器材	标志盘4个
时间	3分钟

(续表)

内容组织	场地布置	指导要点
场地：幼儿围成半径4米的圆 内容：听教练的指令，拉伸放松		1. 认真放松； 2. 听教练指令
小结		

教学主题	拜师学艺
教学内容	拨球、推球
教学目标	1. 让幼儿了解拨球、推球的技术动作要领； 2. 让幼儿掌握并运用拨球、推球的技术动作； 3. 培养幼儿顽强拼搏的精神
教学班级	小班
教学学期	第一学期
教学周次	第二周
教学人数	12人
教学时长	20分钟
教学器材	足球8个、标志盘9个、标志桶4个、标志服12件

课程导入：大家都喜欢美猴王孙悟空吧，想知道美猴王的本领是怎么来的吗？今天，教练就给大家来讲美猴王拜师学艺，想知道发生了什么吗？跟教练一起来探索吧

故事导入：美猴王一心想学长生不老术，于是告别同伴踏上了求艺之路，一路上艰苦跋涉，独自坐着木筏漂洋过海，来到了雾隐山拜见须菩提祖师，学习才艺

热身游戏导入：想知道美猴王是如何漂洋过海的吗？让我们先玩一个小游戏，游戏的名字叫作"漂洋过海"

场地	15米×15米
器材	足球3个、标志盘9个
时间	7分钟

(续表)

内容组织	场地布置	指导要点
场地：两标志盘的距离为6米 内容：幼儿两人一组，进行接力，每组一名幼儿双脚双手着地，用爬的形式，用一只手带球绕过标志桶（划着"船桨"渡海），然后将球交给本组的下一名幼儿。幼儿熟悉游戏后，可进行接力比赛		1. 躯干力量； 2. 身体协调

故事导入：一天，悟空得到须菩提祖师暗指。晚上三更时，悟空找到须菩提祖师说："现在这里只有弟子一人，请师父大发慈悲，传授我长生的方法吧，我会永远记得师父的大恩大德！"于是须菩提祖师传授了口诀。悟空一点就通，记住了口诀，每天努力修炼

技术游戏导入：想知道悟空腾云驾雾时筋斗云的口诀是什么吗？接下来让我们一起玩个游戏，游戏的名字叫作"筋斗云快来"

场地	15米×15米
器材	足球4个、标志桶4个
时间	10分钟

内容组织	场地布置	指导要点
场地：15米×15米，每组幼儿队伍相距6米 内容：幼儿分为4组，每组3名，幼儿相对站在各队的标志盘旁后。教练说筋斗云便是开始，拿球的幼儿将运着"筋斗云"到对面，将"筋斗云"接力运给下一名幼儿，下一名幼儿收到"筋斗云"，遇到障碍后，需要绕过障碍，再将"筋斗云"接力运给下一名幼儿，以此类推 变化：当幼儿熟悉如何运"筋斗云"后，4组幼儿各自协作进行接力赛		1. 抬头观察； 2. 降低重心； 3. 注意力度

场地	10米×10米
器材	标志盘4个
时间	3分钟

第六章 幼儿足球课程教学设计

(续表)

内容组织	场地布置	指导要点
场地：幼儿围成半径 4 米的圆 内容：听教练的指令，拉伸放松		1. 认真放松； 2. 听教练指令
小结		

教学主题	龙宫寻宝
教学内容	比赛
教学目标	1. 让幼儿了解足球运动中比赛的重要性； 2. 让幼儿掌握足球运动中的足球比赛规则； 3. 培养幼儿形成积极的体育态度，提高幼儿分析问题和解决问题的能力
教学班级	小班
教学学期	第一学期
教学周次	第三周
教学人数	12 人
教学时长	20 分钟
教学器材	足球 9 个、标志盘 9 个、标志服 12 件、球门 2 个、标志服 12 件

课程导入：悟空学了一身本领，现在只想回到花果山看望自己的族群。可回到花果山后又发生了什么呢？快和教练一起探索吧

故事导入：悟空学艺后拜别师父，一个筋斗云，不一会儿就回到了花果山，却发现花果山破烂不堪，早已被混世魔王占领，看着魔王如此残害自己的族群，悟空按捺不住自己的怒火，决定与魔王大战一场

热身游戏导入：想知道悟空是怎样制服魔王的吗？让我们先玩一个热身小游戏，游戏的名字叫作"大战魔王"

场地	15 米 ×15 米
器材	足球 9 个、标志盘 8 个
时间	7 分钟

(续表)

内容组织	场地布置	指导要点
场地：15 米 ×15 米 内容：9 名幼儿在规定区域内带球，保护自己的足球，3 名幼儿扮演魔王，将有球幼儿脚下的球踢出区域，被踢走球的幼儿到场地外做 3 个蹲起，再上场 变化：增加魔王数量		1. 注意观察； 2. 注意安全

故事导入：有老猴提议，可以去东边的龙宫找宝物作武器。悟空听了立刻驾起筋斗云飞向龙宫。悟空挑选了许多宝物，都觉得不合适，直到发现大禹曾经治水留下的铁柱，上面刻着"如意金箍棒"五个字，重达一万三千五百斤，悟空念着咒语，金箍棒就可长可短，令他爱不释手，悟空随后又向其他三海龙王索要了一副铠甲，穿戴好铠甲后，悟空挥舞着金箍棒，从龙宫一路打了出去

技术游戏导入：此时的龙宫里，悟空在和四海龙王战斗着，是四海龙王更胜一筹，还是悟空更胜一筹呢？接下来让我们进行一场"强强对决"吧

场地	25 米 ×15 米
器材	足球 1 个、球门 2 个
时间	10 分钟

内容组织	场地布置	指导要点
场地：25 米 ×15 米 内容：按照五人制规则进行比赛		1. 多观察； 2. 注意安全

场地	10 米 ×10 米
器材	标志盘 4 个
时间	3 分钟

第六章 幼儿足球课程教学设计

(续表)

内容组织	场地布置	指导要点
场地：幼儿围成半径 4 米的圆 内容：听教练的指令，拉伸放松		1. 认真放松； 2. 听教练指令
小结		

教学主题	官封弼马温
教学内容	拉球
教学目标	1. 让幼儿了解拉球的技术动作要领； 2. 让幼儿掌握并运用拉球的技术动作； 3. 培养幼儿顽强拼搏的精神
教学班级	小班
教学学期	第一学期
教学周次	第四周
教学人数	12 人
教学时长	20 分钟
教学器材	足球 12 个、标志桶 4 个、标志服 12 件、敏捷圈 4 个
课程导入：悟空大闹龙宫后，东海龙王马上来到天庭告状。玉帝正要派大将下凡间捉拿悟空时，太白金星却启奏玉帝，说自己想到了更好的办法，想知道太白金星是用什么灵巧妙招来降伏悟空的吗？快和教练一起探索吧	
故事导入：悟空乃天地生成，如今经过修炼，很难降服，倒不如降下一道招安的圣旨，宣他到上界做官，在天上看管着他，也不必劳师动众，两败俱伤	
热身游戏导入：太白金星领了圣旨，驾着祥云来到了花果山水帘洞，想知道玉帝封了悟空什么官职吗？接下来跟这教练一块来玩个游戏吧！游戏的名字叫作"我来当官"	
场地	10 米 ×10 米
器材	足球 1 个、标志盘 4 个
时间	7 分钟

(续表)

内容组织	场地布置	指导要点
场地：幼儿围成半径 2 米的圆 内容：所有幼儿编号后围成半径 2 米的圆圈，在圆圈内间隔 1 米站位。中间的幼儿手持足球随机喊出几号当大官，然后将球抛向空中，该编号幼儿要快速反应将球接住，以此类推，再将球抛出由被叫到编号的幼儿接住 变化：所有幼儿在圆圈内按照顺时针慢跑，并按上述规则接球		1. 注意观察； 2. 反应能力； 3. 注意安全

故事导入：自从玉帝封悟空为弼马温后，悟空便欢欢喜喜地去上任了。他到了御马监，就把监丞、监副、力士等大小官员都召集起来，每天尽心尽力，工作十分认真。那些马被养得膘肥体壮，跑起来也是越来越快了

游戏导入技术：我们都知道放马容易，但把马叫回来却很难，让我们看看神通广大的孙悟空是如何叫马儿回来的吧。接下来让我们玩个游戏，游戏的名字叫作"小马回家"

场地	20 米×20 米
器材	足球 12 个、标志桶 4 个、敏捷圈 4 个
时间	10 分钟

内容组织	场地布置	指导要点
场地：两队间距 5 米 内容：幼儿分为两组，教练员吹哨后，第一名幼儿出发，从敏捷圈运出足球（马儿），向左或向右拉球绕过标志桶，将球运到敏捷圈内，回到队尾，下一名幼儿出发 变化：接力赛，哪组最先召唤回所有的马儿，哪组获胜		1. 动作连贯； 2. 注意安全

场地	10 米×10 米
器材	标志盘 4 个
时间	3 分钟

(续表)

内容组织	场地布置	指导要点
场地：幼儿围成半径 4 米的圆 内容：听教练的指令，拉伸放松		1. 认真放松； 2. 听教练指令
小结		

教学主题	官封齐天大圣
教学内容	跨球
教学目标	1. 让幼儿初步了解跨球的技术动作要领； 2. 让幼儿初步掌握跨球的技术动作； 3. 培养幼儿积极进取、勇敢顽强的精神
教学班级	小班
教学学期	第一学期
教学周次	第五周
教学人数	12 人
教学时长	20 分钟
教学器材	足球 12 个、标志盘 16 个、标志桶 8 个、标志杆 4 个、标志服 12 件

课程导入：今天，教练给大家来讲悟空官封齐天大圣。想知道发生了什么吗？跟教练一起来探索吧

故事导入：悟空听说弼马温是个很小的官，生气地回到了花果山。托塔李天王和三太子领着众将都没能将悟空抓回天庭，只好返回天宫，向玉帝报告了战况。玉帝听说悟空要做"齐天大圣"才肯罢休，惊讶地说："这个妖猴竟然如此狂妄！"大家正在议论时，太白金星又上前启奏说："那个妖猴不懂规矩，又神通广大，一时难以降伏，您不如大发恩慈，再次招安，就封他个'齐天大圣'。"

热身游戏导入：想知道悟空为什么被封为"齐天大圣"吗？接下来让教练带大家做一个身体素质的热身游戏，叫作"谁是齐天大圣"

场地	30 米 ×20 米
器材	标志盘 4 个、标志桶 8 个、标志杆 4 个
时间	7 分钟

（续表）

内容组织	场地布置	指导要点
场地：起点到终点的距离为15米 内容：教练员将幼儿分为两组，6个人一组，进行速度接力比拼。以哨声为信号，按规定线路绕过所有标志物后，返回起点。（返回时不需要绕标志物）。跑动距离在20～25米，幼儿在跑动中需保持高速，到达终点后返回与下一人击掌，下一个出发。完成得快的队伍将得到"齐天大圣"的称号 变化：侧滑步通过		1. 在通过时保持高速； 2. 保持呼吸； 3. 注意急停急转

故事导入：悟空和太白金星一起驾着祥云来到天宫，面见玉帝。玉帝对悟空说："今天就封你为'齐天大圣'，这可是个大官，以后你可不能再胡来了。"悟空也谢了恩。玉帝就派人在蟠桃园右边修建了一座齐天大圣府，府内还设立安静和宁神两司。悟空欢欢喜喜地住进了齐天大圣府，终于称心如意

技术游戏导入：大家知道孙悟空入住齐天大圣府后，都做了什么吗？让我们一起看看悟空欢乐的"齐天大圣府"生活吧

场地	20米×15米
器材	足球12个、标志盘16个
时间	10分钟

内容组织	场地布置	指导要点
场地：长20米、宽15米 内容：教练员在场地内画出房子的形状，幼儿一人一球站在该区域内。幼儿进行原地左脚跨球、原地右脚跨球、原地左右脚交替跨球。熟悉后根据教练员的指示，在区域内运球。教练员喊"1"代表左脚跨球、喊"2"代表右脚跨球、喊"3"代表双脚交替跨球 变化：在游戏中增加防守者		1 抬头观察； 2 降低重心

场地	10米×10米
器材	标志盘4个
时间	3分钟

(续表)

内容组织	场地布置	指导要点
场地：幼儿围成半径 4 米的圆 内容：听教练的指令，拉伸放松		1. 认真放松； 2. 听教练指令
小结		

教学主题	掌管蟠桃园
教学内容	比赛
教学目标	1. 让幼儿初步了解足球比赛，认识足球； 2. 让幼儿初步掌握足球比赛的足球技术； 3. 培养幼儿遵守体育游戏、展示或比赛规则，相互尊重，诚实守信，公平竞争的意识和行为
教学班级	小班
教学学期	第一学期
教学周次	第六周
教学人数	12 人
教学时长	20 分钟
教学器材	足球 1 个、标志盘 15 个、标志桶 2 个、标志服 12 件

课程导入：孙悟空被封为齐天大圣后，掌管了蟠桃园，大家想知道后来发生了什么吗？跟教练一起来探索吧

故事导入：有一天早朝，有人向玉帝上奏："齐天大圣每天到处游逛，恐怕会惹事。"玉帝想了想，就派悟空前去管理蟠桃园。大圣高高兴兴地来到蟠桃园上任。园中土地、锄树力士、运水力士、修桃力士、打扫力士带他进了园里。悟空问土地园里有多少桃树，土地说："有三千六百棵，前面的一千二百棵三千年一熟，人吃了能延年益寿；中间的一千二百棵六千年一熟，人吃了能长生不老；后面的一千二百棵九千年一熟，人吃了能和天地同寿。"悟空查点了数目，然后回到府中。从此，悟空每三五日就来园中查看，不再到处游玩
热身游戏导入：大家想知道他们是怎样采摘蟠桃的吗？教练带大家玩一个热身小游戏，名字叫作"智采大蟠桃"

场地	20 米 ×20 米
器材	标志盘 15 个、标志桶 2 个
时间	7 分钟

内容组织	场地布置	指导要点
场地：两排最远距离为15米 内容：教练员将幼儿分为两组，6人一组，分别在两个标志桶后准备，听到哨声后派一人出发，去抢夺标志盘，回到起点后与下个人击掌才能出发。第一排标志盘距离起点9米，拿到一个加2分；第二排标志盘距离起点12米，拿到一个加3分；第三排标志盘距离起点15米，拿到一个加5分，最后加分多的队伍获胜 变化：相对增加或减少绿、蓝、红标志盘的数量		1. 抬头观察； 2. 注意安全

故事导入：有一天，悟空看见枝头的桃子一大半都已经熟了，他便对土地、力士和齐天府的仙吏们说："你们都到门外伺候，我要休息一会儿。"众仙离开了后，悟空就爬上大树，挑选已经熟透的大桃，吃了个饱。过了二三日，悟空又去想办法偷桃吃，十分快活

技术游戏导入：如果众仙发现孙悟空偷吃蟠桃，肯定会和孙悟空大打出手。那我们今天就分为孙悟空队和众仙队，进行一场"争霸赛"吧

场地	25米×15米
器材	足球1个、球门2个
时间	10分钟

内容组织	场地布置	指导要点
场地：25米×15米 内容：按照五人制规则进行比赛		1. 注意抬头观察； 2. 注意队员配合

场地	10米×10米
器材	标志盘4个
时间	3分钟

(续表)

内容组织	场地布置	指导要点
场地：幼儿围成半径4米的圆 内容：听教练的指令，拉伸放松		1. 认真放松； 2. 听教练指令
小结		

教学主题	大闹蟠桃会
教学内容	脚背外侧运球
教学目标	1. 让幼儿初步了解脚背外侧运球的技术动作要领； 2. 让幼儿初步掌握脚背外侧运球的技术动作； 3. 培养幼儿积极进取、勇敢顽强的精神
教学班级	小班
教学学期	第一学期
教学周次	第七周
教学人数	12人
教学时长	20分钟
教学器材	足球21个、标志盘18个、标志桶3个、标志服12件

课程导入：今天我们继续上节课的内容，大家听说过孙悟空大闹蟠桃会的故事吗？今天教练就带领大家来探索一下吧

故事导入：有一天，王母娘娘估计蟠桃将熟，打算在瑶池举办"蟠桃大会"，就派七仙女去蟠桃园摘桃。七仙女来到蟠桃园门口说："我们奉王母的命令，前来摘桃设宴。"七仙女在前面树上、中间树上分别摘了些，但到后面九千年一熟的树上时，却发现一个熟的桃子都没有

热身游戏导入：原来，熟的桃子都已经被孙悟空吃完了，大家想知道孙悟空是怎么吃到鲜美的熟仙桃的吗？现在教练带大家玩一个游戏，叫作"谁会吃仙桃"

场地	30米×20米
器材	标志盘18个
时间	7分钟

(续表)

内容组织	场地布置	指导要点
场地：组与组之间间距 3 米 内容：将幼儿分为两人一组，共 6 组。一组有 3 种不同颜色的标志盘，两人分别站在标志盘两侧，教练给出指令，如鼻子、耳朵、眼睛、屁股，最后喊出标志盘（蟠桃）的颜色。幼儿按照教练的指令用手触摸相应位置，最后拿到正确颜色标志盘的幼儿获胜 变化：增加标志盘，加速说出指令速度		1. 抬头观察； 2. 注意安全

故事导入：悟空又在"蟠桃大会"上喝光了仙酒，喝多后走到了兜率天宫。他吓了一跳，心想："兜率宫是太上老君住的地方，我怎么到这儿来了。"又一想"也好！我早就想来看望老君，一直没有时间，正好今天看看他。"于是走进去，没见到老君。原来老君正和燃灯古佛在三层高阁朱陵丹台上讲道。悟空到了丹房，看见丹炉中烧着熊熊大火，炉旁放着五个葫芦，葫芦里装着炼好的金丹。悟空大喜，心想："这可是宝贝，今天有缘，我吃几丸尝尝。"悟空把金丹从葫芦里倒出来，一口气全都吃了。吃完心想："这下我闯了大祸，要是惊动了玉帝可不得了。"想到这儿就逃回花果山去了

技术游戏导入：大家知道孙悟空是怎么偷吃到金丹的吗？现在教练就带大家做个技术小游戏"巧运金丹"

场地	30 米 ×20 米
器材	足球 21 个、标志盘 12 个、标志桶 3 个
时间	10 分钟

内容组织	场地布置	指导要点
场地：标志桶与标志盘的距离为 10 米 内容：将幼儿分为 4 人一组，共 3 组。幼儿站在标志桶后，听到教练指令后单脚脚背外侧带球出发，到达标志盘的位置抱起一颗球，运球返回后，将球停到下一个幼儿脚下，击掌后再出发。率先将球（仙丹）运完的队伍获胜 变化：双脚交替脚背外侧运球		1. 注意脚型； 2. 降低重心

场地	10 米 ×10 米
器材	无
时间	3 分钟

(续表)

内容组织	场地布置	指导要点
场地：幼儿围成半径 4 米的圆 内容：听教练的指令，拉伸放松		1. 认真放松； 2. 听教练指令
小结		

教学主题	众神捉悟空
教学内容	脚背外侧运球
教学目标	1. 让幼儿掌握脚背外侧运球的技术动作要领； 2. 让幼儿掌握并熟练运用脚背外侧运球的技术动作； 3. 培养幼儿积极进取、勇敢顽强的精神
教学班级	小班
教学学期	第一学期
教学周次	第八周
教学人数	12 人
教学时长	20 分钟
教学器材	足球 2 个、标志盘 4 个、标志服 12 件、标示桶 4 个、标志杆 2 个、球门 1 个、小栏架 4 个、敏捷圈 2 个

课程导入：今天，教练就给大家来讲众神捉孙悟空，想知道发生了什么吗？跟教练一起来探索吧

故事导入：上节课我们知道，悟空管理蟠桃园，吃尽园中大桃，又赴瑶池，喝光仙酒，还吃光了太上老君葫芦内的金丹。悟空逃回花果山后，玉帝令托塔李天王率天兵去捉拿悟空，众神经过苦战，仍无法捉拿悟空，狼狈地逃回了天庭

热身游戏导入：玉帝派了天兵天将去捉拿孙悟空。让我们来体验一下悟空是如何躲避天兵天将的追击的吧

场地	15 米 × 15 米
器材	足球 2 个、标志盘 4 个、球门 1 个、小栏架 4 个、敏捷圈 2 个
时间	7 分钟

内容组织	场地布置	指导要点
场地：器材间距1米 内容：将幼儿分为两组，每组第一名幼儿（孙悟空）出发，跳过小跨栏（李天王），利用假动作绕过标志盘，单双脚跳过敏捷圈（听从教练员指令），将球用脚内侧推入球门，然后把球放在指定地点，迅速跑到排尾站好，教练员吹哨，下一人出发		1. 抬头观察； 2. 注意安全； 3. 假动作

故事导入：玉帝听说悟空惹下的祸端后大怒，立刻召集托塔天王李靖、哪吒三太子、二十八宿、九曜星君、五方揭谛、四值功曹以及十万天兵到花果山设下十八架天罗地网，把花果山围得水泄不通。九曜星君首先出战，被悟空用金箍棒打得逃回大本营。托塔天王李靖的二儿子惠岸奉师父之命前来捉拿悟空，二人打得火花四溅，地动山摇，惠岸与悟空大战五十六个回合，最终不敌悟空，落荒而逃

技术游戏导入：悟空出道以来，犯下许多错误，如偷吃蟠桃、喝光仙酒、偷吃仙丹，惹得众人大怒，玉帝下令捉拿悟空。托塔李天王为首，带领众神去捉拿悟空，最后无功而返。让我们通过游戏来体验悟空是如何克服困难、挑战强敌的吧

场地	15米×15米
器材	足球2个、标志桶4个、标志杆2个、敏捷圈2个
时间	10分钟

内容组织	场地布置	指导要点
场地：器材间距1米 内容：将幼儿分为两队，当教练员口哨声响起，幼儿利用脚外侧运球通过标志桶，接下来利用假动作通过标志杆，在运用脚外侧运球绕敏捷圈一圈，运球回来与队友击掌后，下一人出发，最快的小组获得"最强悟空"称号		1. 脚外侧运球的技术动作； 2. 身体协调性

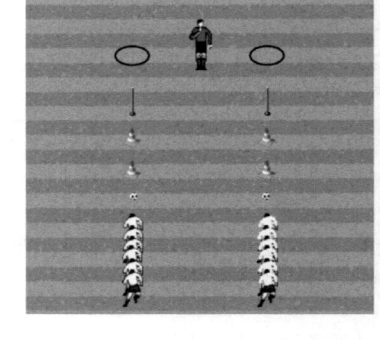

场地	10米×10米
器材	标志盘4个
时间	3分钟

(续表)

内容组织	场地布置	指导要点
场地：幼儿围成半径 4 米的圆 内容：听教练的指令，拉伸放松		1. 认真放松； 2. 听教练指令
小结		

教学主题	大战二郎神
教学内容	比赛
教学目标	1. 让幼儿了解足球运动中比赛的重要性； 2. 让幼儿掌握足球运动中的足球比赛规则； 3. 培养幼儿形成积极的体育态度，提高幼儿分析问题和解决问题的能力
教学班级	小班
教学学期	第一学期
教学周次	第九周
教学人数	12 人
教学时长	20 分钟
教学器材	足球 12 个、标志盘 12 个、标志服 12 件、球门 2 个

课程导入：通过上节课的练习，我们知道，众神捉拿悟空无果。接下来玉帝会派谁来捉拿悟空呢？让我们一起探索吧

故事导入：玉帝派李靖带天兵天将去捉拿孙悟空，却被悟空打得落花流水。于是，玉帝又派二郎神前去。二郎神与悟空大战三百回合未分胜负。于是二人开始比试变化的本领，悟空多次变化都被二郎神识破

热身游戏导入：大家对西游记都有所了解，深知悟空是个爱闯祸的行者，总被天庭追打。那么今天，让我们通过游戏来大战二郎神吧

场地	10 米 ×10 米
器材	足球 12 个、标志盘 12 个
时间	7 分钟

(续表)

内容组织	场地布置	指导要点
场地：半径5米的圆 内容：将队员分为两队（分别代表孙悟空和二郎神），将两队队员分别按1至6编号并按顺序站在各自的起点标识盘边上，中间放置12个足球。教练喊出一个数字，相对应编号的孙悟空跑出来拿一个足球，带回自己在圈上的标志盘的位置。与此同时，相对应编号的二郎神也一起跑向中间带走一个球，并从自己的标志盘处出发，绕圈外带球，直带球一圈再回到中间足球放置点。当二郎神抵达足球区域时，游戏结束，孙悟空清点自己的足球数量，教练喊出下一个数字，然后游戏再次开始。最后记下拿走足球的数量总和，团队角色互换		1.抬头观察； 2.注意安全

故事导入：悟空和二郎神难分胜负，于是太上老君趁悟空不备，用金刚琢将悟空打晕，梅山六兄弟一拥而上，这才将悟空擒获

技术游戏导入：让我们进行一个比赛吧，获胜的一方获得"天兵"的称号，失败的一方获得"行者"的称号

场地	25米×15米
器材	足球1个、球门2个
时间	10分钟

内容组织	场地布置	指导要点
场地：25米×15米 内容：按照五人制规则进行比赛		1.注意安全； 2.提示幼儿要观察； 3.学会三个比赛规则

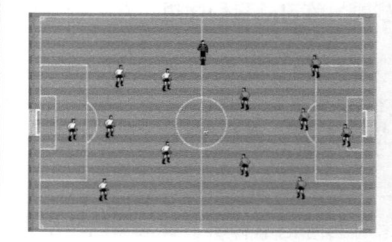

场地	10米×10米
器材	标志盘4个
时间	3分钟

(续表)

内容组织	场地布置	指导要点
场地：幼儿围成半径 4 米的圆 内容：听教练的指令，拉伸放松		1. 认真放松； 2. 听教练指令
小结		

教学主题	西天请如来
教学内容	脚内侧踢球
教学目标	1. 让幼儿掌握脚内侧踢球的技术动作要领； 2. 让幼儿掌握并熟练运用脚内侧踢球的技术动作； 3. 培养幼儿积极进取、勇敢顽强的精神
教学班级	小班
教学学期	第一学期
教学周次	第十周
教学人数	12 人
教学时长	20 分钟
教学器材	足球 12 个、标志盘 14 个、标志服 12 件、敏捷圈 2 个、小栏架 4 个、球门 1 个

课程导入：上节课我们都知道悟空被太上老君抓住了，想知道后来发生了什么吗？接下来一起跟教练探索吧

故事导入：悟空被捉拿之后，不管是被雷劈、斧头砍，还是被火烧都不行。于是太上老君想用八卦炉把悟空烧成灰烬。可悟空不但没有被烧成灰烬，还练就了一双火眼金睛

热身游戏导入：下面让我们一起亲身体会一下悟空的经历，进行一个勇闯刀山火海的环节吧

场地	20 米 ×20 米
器材	足球 12 个、标志盘 4 个、敏捷圈 2 个、小栏架 4 个、球门 1 个
时间	7 分钟

(续表)

内容组织	场地布置	指导要点
场地：器材间隔2米 内容：将幼儿分为两组，幼儿站在距离小栏架5米处，第一名幼儿运用脚内侧踢球的方法，将球穿过小栏架，代表悟空越过高山；将球穿过标志盘，代表悟空躲避雷的攻击；将球踢进敏捷圈内，代表悟空跨过火海；最后完成射门，代表悟空成功避开追击。第二名幼儿要迅速跑向第一名幼儿踢出球的停止点，运用脚内侧踢球，将球向前推进，以此类推，最先将球踢进球门的一队获胜，失败方向上跳两次		1. 协调移动； 2. 相互配合； 3. 抬头观察

故事导入：眼看太上老君也拿孙悟空没有办法，众神把悟空围在一处，乱嚷乱斗。玉帝遂传旨让游奕灵官同翊圣真君上西方请如来降伏孙悟空

技术游戏导入：如来前来捉拿悟空，看看悟空是如何做的吧！让我们一起进行幸运对对碰吧

场地	20米×20米
器材	足球12个、标志盘14个
时间	10分钟

内容组织	场地布置	指导要点
场地：标志盘间距5米 内容：将幼儿分为6组，每人一个足球，当教练员的哨声响起，幼儿用脚内侧踢球，将球踢给对面的幼儿，如果两球相撞或没接住算失误，幼儿双方将球接好算成功。当教练结束哨响起时，结束踢球，各组说出成功的次数，次数最少的一组被抓回天庭，胜利的小组成功回到花果山		1. 熟练技术动作； 2. 传球准确性

场地	10米×10米
器材	标志盘4个
时间	3分钟

内容组织	场地布置	指导要点
场地：幼儿围成半径4米的圆 内容：听教练的指令，拉伸放松		1. 认真放松； 2. 听教练指令

(续表)

小结	

教学主题	如来捉悟空
教学内容	脚内侧踢球
教学目标	1.让幼儿初步了解脚内侧踢球的动作要领； 2.让幼儿初步掌握脚内侧踢球的足球技术； 3.培养幼儿积极进取、勇敢顽强的精神
教学班级	小班
教学学期	第一学期
教学周次	第十一周
教学人数	12 人
教学时长	20 分钟
教学器材	足球 12 个、敏捷圈 24 个、标志盘 4 个、标志桶 6 个、标志服 12 件

课程导入：大家都知道孙悟空很厉害对吧，但是还有比孙悟空更厉害的人，大家知道是谁吗？今天，教练就给大家来讲如来捉悟空，想知道发生了什么吗？跟教练一起来探索吧

故事导入：游奕灵官和翊圣真君奉旨直奔灵山胜境雷音宝刹前，对如来讲述了妖猴大闹天宫的经过，说："玉帝特派我二人请如来救驾。"如来听了，对众位菩萨说："你们在这里稳坐法堂，等我救驾回来。"

热身游戏导入：游奕灵官和翊圣真君被派去找如来佛祖，让我们和他们一起"腾云驾雾"去找如来吧

场地	15 米×15 米
器材	足球 12 个、敏捷圈 24 个
时间	7 分钟

内容组织	场地布置	指导要点
场地：两种的颜色敏捷圈间的距离的 10 米 内容：两种颜色的敏捷圈代表不同的地方，红色代表灵山，黄色代表雷音宝刹，教练员带着幼儿在区域内活动，教练员随机喊出一种颜色，幼儿要根据颜色迅速跑到对应的敏捷圈里 变化：带球到敏捷圈里		1.集中注意力； 2.注意安全

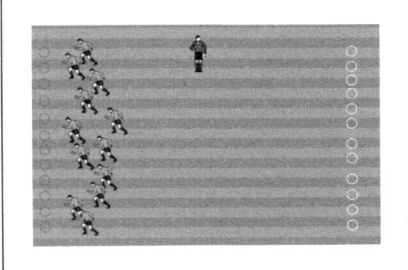

（续表）

故事导入：如来带着阿傩、迦叶来到灵霄门外。这里喊声震天，还在打斗。佛祖传下法旨："叫雷将停战，等我问这大圣。"悟空现出原身，一脸怒气地走到如来面前说："你是从哪儿来的善士，敢来问我？"如来笑着说："我是西方极乐世界的释迦牟尼，阿弥陀佛。你是个成精的猴子，怎么敢夺玉皇上帝的尊位？"悟空说："常言说得好：'皇帝轮流做，明年到我家。'他这位置应该让我坐坐了！"佛祖说："你有什么本领，敢说这样的大话？"悟空说："我有七十二般变化，会驾筋斗云，一个筋斗就有十万八千里。"佛祖说："既然你有本事，我就和你打个赌，如果你能一筋斗跳出我的手掌，就算你赢，我就请玉帝把天宫让给你；如果跳不出我的手掌，你还回去做妖仙。"

技术游戏导入：想知道如来能否捉住悟空吗？让我们一起作个"捉悟空"的游戏吧

场地	15米×15米
器材	足球12个、标志盘4个、标志桶6个
时间	10分钟

内容组织	场地布置	指导要点
场地：标志盘距标志桶5米 内容：将幼儿分为两组，一人一球，站在起点位置，听到教练员哨声后，第一名幼儿出发，用手将足球砸到标志桶，记下自己砸到的数量并去捡球回到队尾，同时教练员将砸倒的标志桶扶起来，吹哨后下一名幼儿才可以出发，以此类推。最后砸倒标志桶最多的小组获胜，成功地帮助了如来 变化：将手抛球改为脚内侧踢球、增加标志桶的数量、调远标志盘与标志桶之间的距离	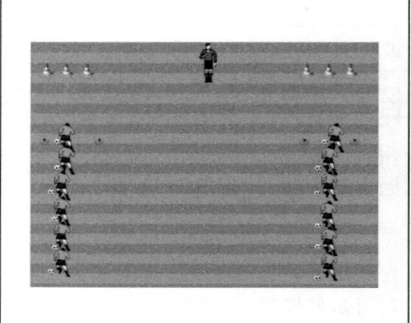	1. 集中注意力； 2. 注意动作

场地	10米×10米
器材	标志盘4个
时间	3分钟

内容组织	场地布置	指导要点
场地：幼儿围成半径4米的圆 内容：听教练的指令，拉伸放松	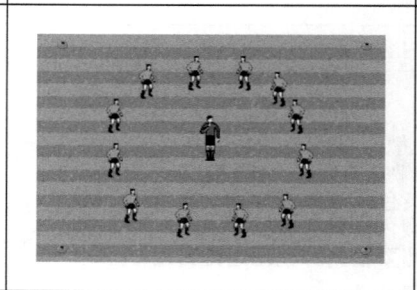	1. 认真放松； 2. 听教练口令

小结	

第六章 幼儿足球课程教学设计

教学主题	困囚五行山
教学内容	比赛
教学目标	1. 让幼儿开始初步了解足球比赛； 2. 通过比赛激发幼儿对足球的兴趣； 3. 培养幼儿积极进取、勇敢顽强的精神
教学班级	小班
教学学期	第一学期
教学周次	第十二周
教学人数	12 人
教学时长	20 分钟
教学器材	足球 8 个、标志盘 12 个、标志桶 4 个、标志服 12 件、球门 2 个、小栏架 4 个、体能棒 2 个
课程导入：大闹天宫的孙悟空终于被一位强者制服了。今天，教练就给大家来讲困囚五行山的故事吧	

故事导入：悟空心里偷笑，心想如来的手掌方圆还不满一尺，怎么可能跳不出去，便说："你说话算数？"佛祖说："当然算数！"佛祖伸开右手，大小和荷叶差不多。悟空收起金箍棒往上一跳，站在佛祖手心里，说了声："我出去了！"然后一个筋斗就无影无踪了。悟空一直没有停下，觉得自己走得很远了，忽然前面出现了五根肉红色的柱子，外面祥云袅袅，他心想："这里一定是天的尽头了。我在这里留个记号，以免如来不认账。"悟空从身上拔下一根毫毛，变成一支笔，在中间的柱子上写下"齐天大圣，到此一游"几个大字，为了多留一项证据，他又在第一根柱子下面撒了一泡尿，然后驾着筋斗云回到了原地，得意地说"我已经从你的手掌中跳出去了，你快让玉帝把天宫让给我。"如来骂他说："你这个尿精猴子！你还没有离开我的手掌呢！"大圣说："你想不认账，那可不行。我到了天尽头，看见五根柱子，在那里留了记号，你敢和我去看看吗？"如来说："不用去了，你低头看看自己做的记号吧。"悟空低头一看，佛祖右手的中指上写着"齐天大圣，到此一游"几个字，大指丫里还能闻到猴尿的臊气。悟空吓了一跳，心想："怎么会有这样的事！"就想逃走。佛祖却把手掌一翻，五指变成金、木、水、火、土五座山，名为"五行山"，将悟空重重地压在下面

热身游戏导入：悟空被如来压倒在五指山下了，让我们先玩一个热身小游戏，游戏的名字就叫作"镇压孙悟空"

场地	15 米 ×15 米
器材	标志盘 12 个、标志桶 4 个、小栏架 4 个、体能棒 2 个、标志服 12 件
时间	7 分钟

内容组织	场地布置	指导要点
场地：标志盘距体能棒 10 米 内容：幼儿平均分成两组，标志盘平均分成两部分。小栏架、标志桶为障碍物，标志盘代表五指山，体能棒代表孙悟空。两组幼儿分别站在两部分标志盘后，听到教练鸣哨，每队幼儿依次捡起一个标志盘，跳过小栏架，绕过标志桶，将手中的标志盘（五指山）套在体能棒（孙悟空）上。完成的幼儿回来与下一位幼儿击掌，下一位幼儿出发，最先完成的组获胜 变化：可以增加障碍物数量；拉长障碍物之间的距离		1. 集中注意力； 2. 注意安全

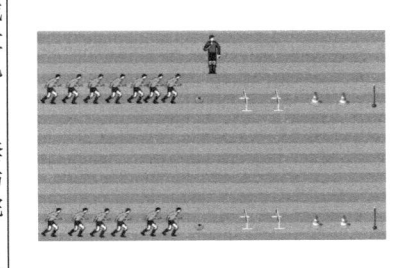

（续表）

\multicolumn{2}{l}{故事导入：既然捉住了悟空，玉帝和王母娘娘便邀请了如来佛祖，又叫了各路神仙一同庆祝。这时，有个天兵跑来说："那妖猴从山下伸出头来了。"佛祖说："不碍事。"只见他从袖子里拿出一张帖子，上面写着"唵、嘛、呢、叭、咪、吽"六个大字，贴到五行山的山顶。悟空除了脑袋，再也不能活动半分}	
\multicolumn{2}{l}{技术游戏导入：接下来，我们进行一场紧张刺激的比赛。获胜的队伍会得到一张帖子，将帖子贴到五指山上彻底地封印孙悟空！大家有信心吗？让我们开始吧}
场地	25 米 ×15 米
器材	足球 1 个、球门 2 个
时间	10 分钟

内容组织	场地布置	指导要点
场地：25 米 ×15 米 内容：按照五人制规则进行比赛		1. 多观察； 2. 注意安全

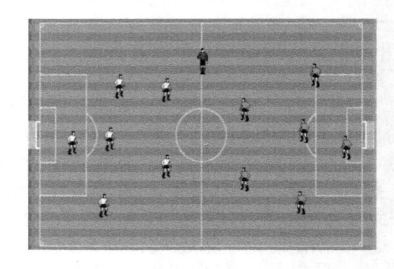

场地	10 米 ×10 米
器材	标志盘 4 个
时间	3 分钟

内容组织	场地布置	指导要点
场地：幼儿围成半径 4 米的圆 内容：听教练的指令，拉伸放松		1. 认真放松； 2. 听教练口令
小结		

教学主题	唐三藏取经
教学内容	脚掌踩停球
教学目标	1. 让幼儿初步了解脚掌踩停球的动作要领； 2. 让幼儿初步掌握脚掌踩停球的足球技术； 3. 培养幼儿积极进取、勇敢顽强的精神
教学班级	小班
教学学期	第一学期
教学周次	第十三周
教学人数	12 人
教学时长	20 分钟
教学器材	足球 2 个、标志盘 12 个、标志桶 4 个、小栏架 2 个、敏捷圈 4 个、体能棒 2 个、标志服 12 件

课程导入：在悟空被镇压的五百年间，世间发生了许许多多的变化。唐太宗听从观音菩萨的指引派出玄奘法师（唐僧）前往西天取经，大家知道取经路上都发生了什么故事吗？跟教练一起来探索吧

故事导入：唐僧从长安出发，一路自有官员接待。走了约有一月，来到大唐边界。这一天，唐僧起早了，便和两个随从摸黑前行。路过山岭之时，竟然一起掉进一个大坑。这时，只见狂风滚滚，围上来数十个妖怪，为首的一个虎背熊腰，青面獠牙，直吓得三人魂飞魄散，丝毫不敢动弹

热身游戏导入：妖怪到底会不会抓到唐僧呢？让我们先玩一个热身小游戏，游戏的名字叫作"极限追逃"

场地	15 米 ×15 米
器材	标志盘 6 个、标志桶 4 个
时间	7 分钟

内容组织	场地布置	指导要点
场地：标志桶间距 10 米 内容：在区域内，当听到教练鸣哨后，幼儿（唐僧）自由跑动，教练（妖怪）则在场地内依次捡起散布在场上的标志盘，当所有标志盘被捡起后，教练（妖怪）喊出"我要抓人了"，幼儿（唐僧）需迅速跑到标志桶后躲避教练（妖怪）的追击。没有被教练（妖怪）抓到的幼儿（唐僧）即为逃脱成功 变化：幼儿需要跑到教练员指定的标志桶		1. 集中注意力； 2. 注意安全； 3. 多观察

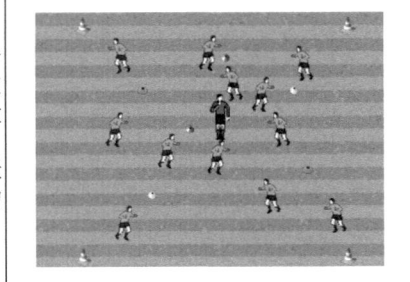

故事导入：这次，唐僧被太白金星变的老人救了出来。他走到一座大山前突然听到有人喊："师父快来救我呀！"善良的唐僧走了过去，原来是悟空在叫喊。悟空对唐僧说："前些日子，观音菩萨说去东土寻找取经人，让我保他去西天取经，功成之后自有好处。故而日夜盼望师父前来。"唐僧闻言大喜："我要如何才能救你出来？"悟空说："山顶上有个帖子，你去揭下来，俺老孙自己就出来了。"唐僧艰难地爬到山顶，果真看到一块帖子，上面有"唵、嘛、呢、叭、咪、吽"六个大字，闪闪发光

（续表）

技术游戏导入：大家想要帮助唐僧吗？让我们一起出力来"解救孙悟空"吧		
场地	15米×15米	
器材	足球2个、标志盘12个、小栏架2个、敏捷圈4个、体能棒2个	
时间	10分钟	
内容组织	场地布置	指导要点
场地：黄色敏捷圈距体能棍10米 内容：将幼儿分成两组，站到黄色敏捷圈后，每个体能棒上套6个标志盘。当教练鸣哨后两队各派出一名幼儿（唐僧），将球从黄色敏捷圈运出，运到红色敏捷圈里用脚掌踩停，跳过小栏架（山）从体能棒上取下一个标志盘（封印悟空的帖子）后并原路返回，用脚掌将球踩停到黄色敏捷圈后下一个人出发。最先拿回6个标志盘（帖子）的队伍成功解救孙悟空 变化：加长黄、红敏捷圈之间的距离、增加小栏架数量		1. 集中注意力； 2. 注意动作
场地	10米×10米	
器材	标志盘4个	
时间	3分钟	
内容组织	场地布置	指导要点
场地：幼儿围成半径4米的圆 内容：听教练的指令，拉伸放松		1. 认真放松； 2. 听教练指令
小结		

教学主题	悟空拜师
教学内容	脚掌踩停球
教学目标	1. 让幼儿了解脚掌踩停球的技术动作要领； 2. 让幼儿掌握并运用脚掌踩停球的技术动作； 3. 培养幼儿顽强拼搏的精神
教学班级	小班
教学学期	第一学期
教学周次	第十四周
教学人数	12 人
教学时长	20 分钟
教学器材	足球 15 个、标志盘 6 个、标志桶 12 个、敏捷圈 3 个、标志服 12 件

课程导入：今天，教练就给大家来讲悟空拜师，想知道发生了什么吗？跟教练一起来探索吧

故事导入：爬到山顶的唐僧看见那块帖子，他朝帖子拜了拜说："弟子玄奘，若与神猴有师徒情分，愿能揭下金字；若是无缘，就揭不起。"话音刚落，一阵风吹过，那帖子就自行飞走了。悟空也终于被救了出来

热身游戏导入：被压了五百年的悟空终于重见天日，第一件事就是填饱自己的肚子，五百年来，都只吃一些残羹剩饭，今日出来，必须吃自己最喜欢的食物（桃子）。那么，接下来让我们一起为大圣来收集桃子吧，越多越好哦

场地	15 米 ×15 米
器材	足球 15 个、标志盘 6 个、标志桶 3 个、敏捷圈 3 个
时间	7 分钟

内容组织	场地布置	指导要点
场地：标志盘距敏捷圈 3 米，其它器材间隔 1 米 内容：幼儿分成 3 队站在起跑线后，游戏开始，教练员发出指令后，每个队伍第一人开始出发，把指定区域的"桃子"搬到自己队伍，用时最少的获胜，只有出发的时候需要绕过障碍物，拿到"桃子"后，直接跑回，并与队友击掌，下一人才可出发 变化：在跑的过程中增加障碍物，改变方式，可以变成单足跳或双足跳进行		1.跑动中注意安全； 2.抬头观察

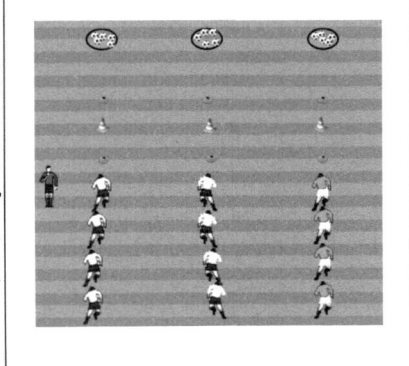

（续表）

| \multicolumn{4}{l}{故事导入：悟空被唐僧救下后，拜唐僧为师，自此，师徒二人踏上了去西天取经之旅} |

场地	15 米 ×15 米		
器材	足球 12 个、标志桶 12 个、标志盘 2 个		
时间	10 分钟		
内容组织		场地布置	指导要点
场地：起点距离标志桶 8 米 内容：结合 123 木头人的游戏，每人一个足球，当教练喊"1、2、3"时，幼儿进行运球；教练喊"定"的时候，幼儿用手将球抱住不动；教练转身后，幼儿可继续运球，谁先运球碰倒标志桶即为胜利 变化：改变停球方式，用脚踩停			1. 在跑动中要注意安全； 2. 集中注意力
场地	10 米 ×10 米		
器材	标志盘 4 个		
时间	3 分钟		
内容组织		场地布置	指导要点
场地：幼儿围成半径 4 米的圆 内容：听教练的指令，拉伸放松			1. 认真放松； 2. 听教练指令
小结			

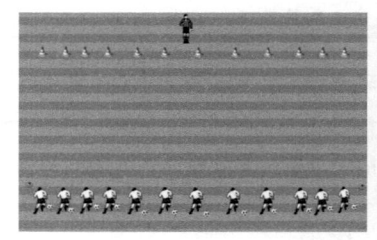

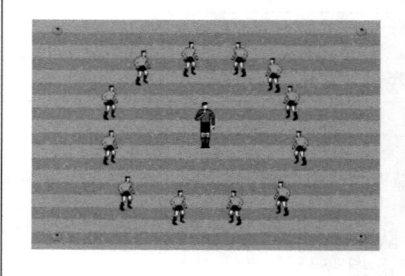

技术游戏导入：悟空的定身术，大家肯定有所耳闻，那么接下来，由教练来扮演一次孙悟空，来施展一下"定身术"

第六章 幼儿足球课程教学设计

教学主题	悟空打老虎
教学内容	比赛
教学目标	1. 让幼儿初步了解足球运动中比赛的重要性； 2. 让幼儿初步掌握足球运动中的足球比赛规则； 3. 培养幼儿形成积极的体育态度，提高幼儿分析问题和解决问题的能力
教学班级	小班
教学学期	第一学期
教学周次	第十五周
教学人数	12 人
教学时长	20 分钟
教学器材	足球 3 个、标志盘 3 个、标志桶 18 个、标志服 12 件、球门 3 个、标志棒 3 个

课程导入：今天，教练就给大家来讲悟空打老虎的故事，想知道发生了什么吗？跟教练一起来探索吧

故事导入：师徒二人没走多远，草丛中突然跳出一只老虎。悟空从耳朵中取出金箍棒，对着老虎狠命一击，老虎当场就死了。悟空还剥了虎皮，做了条皮裙围在腰间

热身游戏导入：悟空打赢老虎不单单是金箍棒的威力，他的拳脚也很厉害，今天我们就来做一回悟空，用我们的本领来打败"老虎"，接下来，让我们一起来"脚踢猛虎"

场地	15 米 ×15 米
器材	足球 3 个、标志盘 3 个、标志桶 18 个、球门 3 个、标志杆 3 个、标志服 12 件
时间	7 分钟

内容组织	场地布置	指导要点
场地：标志盘间距 5 米，起点距球门 8 米，标志棒距球门 3 米 内容：将幼儿分成 3 队，每队 1 个足球，游戏开始时，每队依次派出一人出发，需要将球运到标志杆放稳，然后进行打（老虎），打完（老虎）后需要捡球迅速跑回起点把球交给队友。轮换完以后，哪一组剩的标志桶最少，哪一组获胜，如果中途有一组把标志桶全部击倒，则直接获得胜利		1. 抬头观察； 2. 脚触球的部位； 3. 身体重心的变化

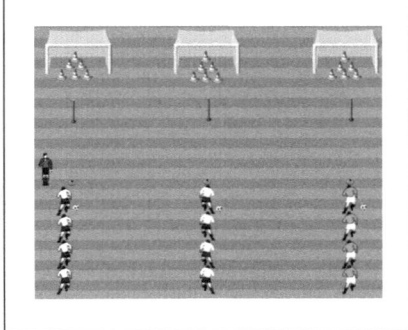

故事导入：师徒继续赶路，遇上了 6 个强盗，挡住二人要抢劫，悟空觉得可笑，说："就你们 6 个蟊贼还敢挡我的路，你们要是懂事，就把以前抢的珠宝拿来和我一起分了。"强盗听了大怒，拿着兵器照悟空头上一顿砍，可悟空一点反应也没有，悟空笑了说："该我打你们了吧。"说罢，便把这些强盗杀得一个不留。唐僧被吓得不轻，说："他们虽是强盗，也不能打死呀，你这样凶残，怎么能做和尚？"悟空受了埋怨，也不高兴说："既然师父说我不能做和尚，那我就不做了。"说罢，悟空纵身一跃，就不见了

（续表）

技术游戏导入：接下来我们进行比赛，让我们把对手当成"强盗"，拿下比赛的胜利吧		
场地	25米×15米	
器材	足球1个、球门2个	
时间	10分钟	
内容组织	场地布置	指导要点
场地：25米×15米 内容：按照五人制规则进行比赛		1. 在跑动中要注意安全； 2. 集中注意力
场地	10米×10米	
器材	标志盘4个	
时间	3分钟	
内容组织	场地布置	指导要点
场地：幼儿围成半径4米的圆 内容：听教练的指令，拉伸放松		1. 认真放松； 2. 听教练指令
小结		

第六章 幼儿足球课程教学设计

教学主题	悟空戴金箍
教学内容	下手接球、下手抛球
教学目标	1. 让幼儿初步了解下手接球、下手抛球的技术动作要领； 2. 让幼儿掌握下手接球、下手抛球的技术动作； 3. 培养幼儿顽强拼搏的精神
教学班级	小班
教学学期	第一学期
教学周次	第十六周
教学人数	12 人
教学时长	20 分钟
教学器材	足球 12 个、标志盘 6 个、标志桶 12 个、标志服 12 件

课程导入：今天，教练就给大家来讲讲悟空戴金箍，想知道发生了什么吗？跟教练一起来探索吧

故事导入：上节我们讲过，悟空受了埋怨，气不过就飞走了。没了悟空，唐僧只好一人赶路，途中遇到了由观音菩萨变成的老太太，她给了唐僧一件法宝，将其变成了嵌金花帽的模样，并传授了一段咒语，让唐僧等悟空回来时把这花帽给他，如若悟空再不听从，便可用这咒语来治他。说罢，便去劝导悟空，让其回来保护唐僧。在菩萨的再三劝说下，悟空回到了唐僧身边。唐僧设法让悟空戴上了花帽，并默默念起了咒语，悟空顿时头疼欲裂。唐僧见状，说："如若今后再乱杀无辜，就不要怪师父念咒了。"悟空听后连忙说道："师父，请您不要再念这个咒了，徒弟愿意听从教诲。"自此，师徒二人又继续出发啦

热身游戏导入：保护唐僧不能只靠悟空一人，更需要团队的合作。接下来，要考验我们的团队之间的配合，所以，我们要做的游戏名字叫作"齐心协力渡难关"

场地	15 米 ×15 米
器材	足球 6 个、标志盘 6 个、标志桶 12 个
时间	7 分钟

内容组织	场地布置	指导要点
场地：起点距终点 10 米 内容：将幼儿分为 3 组，每组 4 人，游戏开始，每组 2 个足球，需要用手抛球的方式进行，每组的前两名幼儿到达终点后，需拿球返回，并与后两名队友击掌，直到所有幼儿完成后，游戏结束。哪一组完成得速度快，哪一组获得胜利 变化：让幼儿手里拿着标志桶，需要用标志桶来传接球		1. 跑动中注意安全； 2. 抬头观察

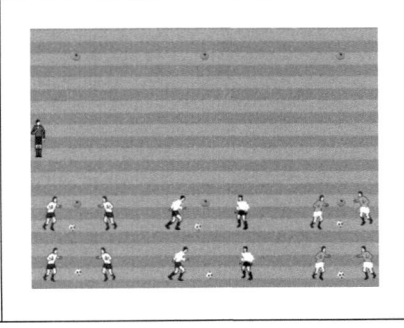

（续表）

故事导入：悟空戴上花帽后，花帽变成了金箍。每每唐僧念紧箍咒，悟空都疼得满地打滚。于是，悟空准备去找观音菩萨帮忙。唐僧说道："这咒就是观音菩萨传给我的，她自己必然也会念，如果她念起来，你不得疼死。"悟空听了感觉也有道理，只好跪下哀告说："师父，请你不要再念了，我也不会再去招惹观音菩萨，我愿意保护师父，再也不反悔。"唐僧说："好，你服侍我，咱们继续赶路吧！"	
技术游戏导入：在取经路上，唐僧都是靠徒弟们的默契与配合克服了种种困难，最后取得了真经，接下来，让我们也做一个"默契大考验"的小练习吧	

场地	15 米 × 15 米
器材	足球 12 个、标志盘 12 个
时间	10 分钟

内容组织	场地布置	指导要点
场地：幼儿之间间隔 3 米，队伍之间间隔 2 米 内容：两人一组进行下手抛球，接球 变化：变化为行进间的抛球方式		1. 注意安全； 2. 抬头观察

场地	10 米 × 10 米
器材	标志盘 4 个
时间	3 分钟

内容组织	场地布置	指导要点
场地：幼儿围成半径 4 米的圆 内容：听教练的指令，拉伸放松		1. 认真放松； 2. 听教练指令

小结	

2. 小班（第二学期）

教学主题	智收白龙马
教学内容	揉球、踩球
教学目标	1. 让幼儿了解揉球、踩球的技术动作要领； 2. 让幼儿掌握并运用揉球、踩球的技术动作； 3. 培养幼儿顽强拼搏的精神
教学班级	小班
教学学期	第二学期
教学周次	第一周
教学人数	12 人
教学时长	20 分钟
教学器材	足球 9 个、标志盘 20 个、标志桶 6 个、敏捷圈 1 个、标志服 12 件

课程导入：悟空保护唐僧西行，师徒二人历经磨难，有一天经过蛇盘山鹰愁涧，想知道他们在这山涧中发生了什么吗？快和教练一起探索吧

故事导入：有一条白龙从涧中钻出来，就要抓唐僧。悟空慌忙丢下行李，把唐僧从马上抱下来就跑。那条龙没有追上，就把唐僧骑的白马吞到肚子里，又潜回了水中

热身游戏导入：悟空岂能饶了这白龙，便要去找白龙要回白马。白马还能回到唐僧身边吗？接下来快和教练玩个游戏吧！游戏的名字叫作"探险寻白龙"

场地	20 米 ×20 米
器材	足球 4 个、标志盘 20 个、敏捷圈 1 个
时间	7 分钟

内容组织	场地布置	指导要点
场地：20 米 ×20 米 内容：将幼儿分为 4 组，每组 3 人，听教练指令，依次以揉球的运球方式绕过标志盘拿到相应颜色的标志盘，再运球回来和下一名幼儿接替 变化：教练将 3 种标志盘的颜色随意说出，每组幼儿按顺序接力寻找		1. 注意观察； 2. 注意安全

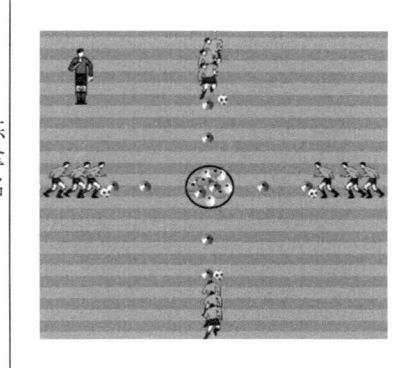

（续表）

\multicolumn{2}{l}{故事导入：吞了白马的小白龙此时正在涧底休息，听见有人在骂他，忍不住就跳了出来。悟空大叫："还我马来！"抡起金箍棒就打了起来。两个人在涧边争斗着！白龙眼看力敌不过，转身逃入了水中，不再出来。悟空看着白龙不再出来，便跳到涧边搅动涧中的水，白龙在深涧中坐不安稳，便又跳出来与悟空打斗，实在抵挡不住，变成了一条水蛇，钻到草里。正当悟空着急之时，观音菩萨来了，说："小白龙，你师父来了！"又对着小白龙吹了口仙气，白龙就变成了一匹白马}
\multicolumn{2}{l}{技术游戏导入：白龙马和悟空一个逃一个追，接下来让我们玩个名称叫"逃离大作战"的游戏吧}
场地	20米×20米
器材	足球9个、标志盘12个、标志桶6个
时间	10分钟

内容组织	场地布置	指导要点
场地：20米×20米 内容：选出12名幼儿。其中9名运球，依次经过标志桶；另3名幼儿负责捕捉。运球的幼儿看到捕捉的幼儿将要靠近时，做踩球的动作，将球踩到脚下，捕捉的幼儿便不能再抓，逃离危险后运球的幼儿继续运球寻找标志桶。当运球的幼儿被抓时，与捕捉的幼儿交换角色		1. 注意安全； 2. 注意观察

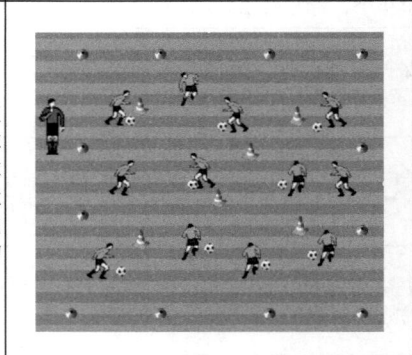

场地	10米×10米
器材	标志盘4个
时间	3分钟

内容组织	场地布置	指导要点
场地：幼儿围成半径4米的圆 内容：听教练的指令，拉伸放松		1. 认真放松； 2. 听教练指令

| 小结 | |

第六章 幼儿足球课程教学设计

教学主题	祸起观音院
教学内容	拨球、推球
教学目标	1. 让幼儿了解拨球、推球的技术动作要领； 2. 让幼儿掌握并运用拨球、推球的技术动作； 3. 培养幼儿顽强拼搏的精神
教学班级	小班
教学学期	第二学期
教学周次	第二周
教学人数	12 人
教学时长	20 分钟
教学器材	足球 12 个、标志盘 12 个、标志桶 4 个、标志服 12 件、小栏架 6 个、敏捷圈 2 个

课程导入：悟空牵着小白龙变成的马来见唐僧，说："师父，我们有马了。"唐僧非常高兴，问道："徒弟，这马反倒比以前更健壮了。在哪里找到的？"悟空对师父说了收服白龙的经过，然后请师父上马，继续走路。途中还发生了什么呢？快和教练一起探索吧

故事导入：又走了两个月，已经是早春了。一天，在太阳快要落山的时候，悟空看见远处有楼台殿阁，对唐僧说："前面不是殿宇，就是寺院。我们去借宿一晚。"师徒二人来到近前，原来是一座观音禅院

热身游戏导入：我们都知道唐僧师徒这两个月历经艰难，我们也快加入其中，和唐僧师徒一起磨炼起来吧！接下来让我们玩个游戏，游戏的名字叫作"路途大作战"

场地	20 米 × 20 米
器材	足球 12 个、标志盘 12 个、小栏架 6 个、敏捷圈 2 个
时间	7 分钟

内容组织	场地布置	指导要点
场地：20 米 × 20 米 内容：将幼儿分为两组，每组 6 人。听教练哨声，每组各派出一名幼儿，跳过小栏杆，绕过标志盘后，将敏捷圈内足球运出一个，绕过标志盘与下一名幼儿接力 变化：两组竞赛，将足球全部运回的一组获胜		1. 注意观察； 2. 注意安全； 3. 动作连贯

故事导入：寺院院主把师徒请进去后，有两个小童搀着一个老僧出来，唐僧师徒从众僧口中得知，老僧已经二百七十岁了。老僧与唐僧一边喝茶一边谈话，问唐僧道："您从天朝上国来，带什么宝贝了吗？要是有，能否给弟子们欣赏一下？"

（续表）

技术游戏导入：当唐僧把袈裟拿出来后，一下子满室红光，众僧人连声夸赞。那老和尚见了这宝贝，走过去对着唐僧跪下，眼中含着泪想向唐僧借回袈裟好好欣赏，唐僧看他这么大年龄，又说得这么可怜，只好同意了。接下来让我们一起玩个游戏，游戏的名字叫作"我来借袈裟"

场地	15 米 ×15 米		
器材	足球 8 个、标志盘 8 个、标志桶 4 个		
时间	10 分钟		
内容组织		场地布置	指导要点
场地：15 米 ×15 米，标志盘间距 10 米 内容：将幼儿分为 4 组，每组 3 人，3 名幼儿手拉手以推球和拨球的方式将足球绕过标志桶后，运到对面的标志盘并运回来 变化：每组增加一个足球，4 组幼儿以竞赛的形式进行，看哪组幼儿最先借到袈裟			1. 注意安全； 2. 抬头观察

场地	10 米 ×10 米		
器材	标志盘 4 个		
时间	3 分钟		
内容组织		场地布置	指导要点
场地：幼儿围成半径 4 米的圆 内容：听教练的指令，拉伸放松			1. 认真放松； 2. 听教练指令
小结			

第六章 幼儿足球课程教学设计

教学主题	恶僧盗袈裟
教学内容	比赛
教学目标	1. 让幼儿了解足球运动中比赛的重要性； 2. 让幼儿掌握足球运动中的足球比赛规则； 3. 培养幼儿形成积极的体育态度，提高幼儿分析问题和解决问题的能力
教学班级	小班
教学学期	第二学期
教学周次	第三周
教学人数	12 人
教学时长	20 分钟
教学器材	足球 12 个、标志盘 3 个、标志桶 9 个、标志服 12 件、球门 2 个、小栏架 6 个、敏捷圈 3 个

课程导入：观音院里有两个小和尚，一个叫广智，一个叫广谋，他们知道老和尚想得到宝贝袈裟，就给老和尚出主意，想知道这两个小和尚出了什么主意吗？快和教练一起探索吧

故事导入：小和尚们与老和尚商量了许久，想了一个计策，准备召集寺院里的和尚每人拿一把干柴，宁可不要禅堂，放起一把火，连马一块儿烧死，就算被外边的人看见，也可以说是他们自己不小心走了火

热身游戏导入：当和尚们准备放火谋害师徒几人时，却没想到悟空变成小蜜蜂早已听见了他们的计谋，师徒几人还能像以前一样化险为夷吗？接下来让我们一起玩个游戏，游戏的名字叫作"无敌金钟罩"

场地	15 米 ×20 米
器材	足球 12 个、标志盘 3 个、标志桶 9 个、小栏架 6 个、敏捷圈 3 个
时间	7 分钟

内容组织	场地布置	指导要点
场地：15 米 ×20 米，标志盘与敏捷圈距离 15 米 内容：将幼儿分为 3 组，每组 4 人，每人一个足球，开始后手拿球跨过小栏架，然后用脚运球绕过标志桶，并将球踩停放进敏捷圈内，放好足球后跑回与下一名幼儿接力。足球全部被运到后"金钟罩"才可完成 变化：进行接力比赛		1. 注意观察； 2. 注意安全； 3. 动作连贯

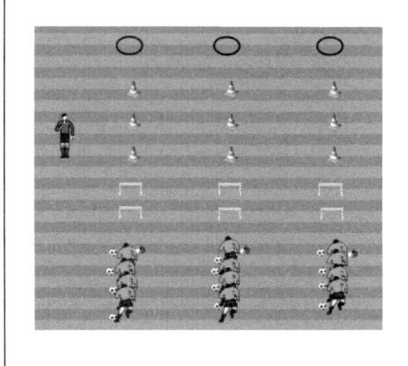

（续表）

故事导入：悟空一个筋斗跳到了南天门里，找到广目天王借避火罩用。天王说："既然有坏人放火，就应该借水去救，借避火罩干什么？"悟空说："要是借了水，火就烧不起来了。我如今借这个罩子，只护住师父，其余就让他烧去！"广目天王笑着说："你这猴子不厚道，只顾自己，不管别人。"但又不敢不借，便把罩子递给了悟空

技术游戏导入：悟空回到禅堂，把唐僧和白马、行李用避火罩都罩住。悟空可以保护好师父吗？还是说和尚们的诡计更胜一筹？接下来让我们进行一场"唐僧保卫战"的比赛吧

场地	25 米 ×15 米
器材	足球 1 个、球门 2 个
时间	10 分钟

内容组织	场地布置	指导要点
场地：25 米 ×15 米 内容：按照五人制规则进行比赛		1. 注意安全； 2. 注意观察

场地	10 米 ×10 米
器材	标志盘 4 个
时间	3 分钟

内容组织	场地布置	指导要点
场地：幼儿围成半径 4 米的圆 内容：听教练的指令，拉伸放松		1. 认真放松； 2. 听教练指令

小结	

教学主题	制服黑熊怪
教学内容	拉球、跨球
教学目标	1. 让幼儿了解拉球、跨球的技术动作要领； 2. 让幼儿掌握并运用拉球、跨球的技术动作； 3. 培养幼儿顽强拼搏的精神
教学班级	小班
教学学期	第二学期
教学周次	第四周
教学人数	12 人
教学时长	20 分钟
教学器材	足球 12 个、标志盘 27 个、标志桶 12 个、敏捷圈 3 个、标志服 12 件

课程导入：在观音院正南二十里有一座黑风山，山中有一个黑风洞，这洞里有一个妖怪正在睡觉，忽然妖怪感觉窗外很亮，起来一看，吃惊地说："看方向是观音院里失了火！这些和尚太不小心了！我去帮他们救火。"妖怪可以帮到和尚们吗？快和教练一起来探索吧

故事导入：这妖怪纵起云头来到观音院，看见前面的殿宇已经被烧没了，后面的房间还没有起火，他到房间里一看，见霞光彩气从桌子上的一个青毡包袱里发出，解开一看是一领袈裟。他就不去救火了，拿着袈裟回到了山中

热身游戏导入：本以为是和尚们拿了袈裟，现在却不翼而飞，接下来让我们玩个游戏，游戏的名字叫作"寻找袈裟"

场地	15 米 ×15 米
器材	足球 3 个、标志盘 27 个、标志桶 3 个
时间	7 分钟

内容组织	场地布置	指导要点
场地：起点距终点 10 米 内容：将幼儿分为 3 组，每组 4 人，两标志盘中间摆放标志桶，幼儿以向左、向右拉球的方式将球运到标志桶并将球停好，接着跑去相应的标志盘区拿回一个标志盘，再跑到标志桶将球以左右拉球的方式将球运回，以此类推，相互接力 变化：3 组竞赛，看哪组最快运回所有的标志盘		1. 注意观察； 2. 动作连贯

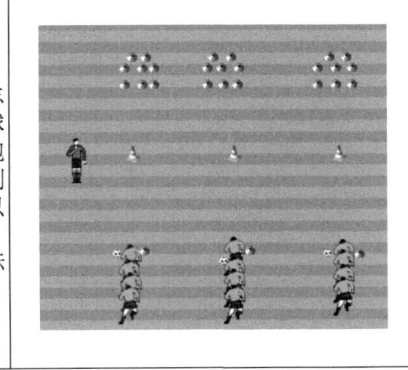

(续表)

故事导入：经过一晚的大火，寺院早已烧得破烂不堪，唐僧在悟空的保护下安然无恙，但在火势蔓延的时候，袈裟被山上黑风洞里的黑熊怪偷走了。悟空知道后心中大怒，便马上来到这黑风洞，要找回本属于师父的袈裟。悟空和那黑熊怪打的不分胜负，只好找观音菩萨帮忙。观音菩萨把佛衣交还给悟空，带着那黑熊怪回了南海		
技术游戏导入：让我们也帮帮悟空打败黑熊怪吧。接下来让我们做个游戏，游戏的名字叫作"封印黑熊怪"		
场地	15米×15米	
器材	足球12个、标志盘3个、标志桶12个、敏捷圈3个	
时间	10分钟	
内容组织	场地布置	指导要点
场地：15米×15米 内容：幼儿每人一个足球，先由教练带着一起练习跨球的动作，练习熟悉后，将幼儿分为3组，每组4人，每名幼儿将球运到一个标志桶时做跨球的动作，一直运过4个标志桶后将足球停到敏捷圈中 变化：接力比赛，4个球都运到敏捷圈中才算成功封印，看哪组小朋友先将黑熊封印	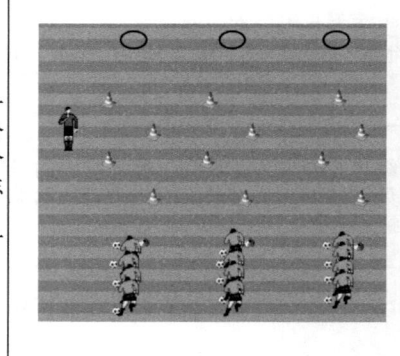	1. 注意安全； 2. 动作连贯； 3. 注意观察
场地	10米×10米	
器材	标志盘4个	
时间	3分钟	
内容组织	场地布置	指导要点
场地：幼儿围成半径4米的圆 内容：听教练的指令，拉伸放松	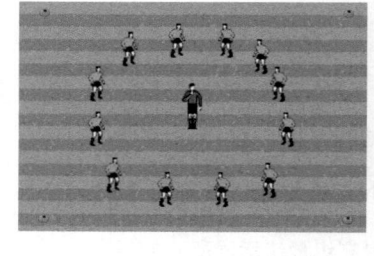	1. 认真放松； 2. 听教练指令
小结		

教学主题	云栈洞捉妖
教学内容	脚背外侧运球
教学目标	1. 让幼儿初步了解脚背外侧运球的技术动作要领； 2. 让幼儿初步掌握脚背外侧运球的技术动作； 3. 培养幼儿积极进取、勇敢顽强、坚持到底的精神
教学班级	小班
教学学期	第二学期
教学周次	第五周
教学人数	12 人
教学时长	20 分钟
教学器材	足球 2 个、标志盘 10 个、标志桶 4 个、小栏架 2 个、敏捷圈 4 个、标志服 12 件

课程导入：今天我们继续上节课的内容，师徒二人收拾好行装继续赶路，走了五六天后，他们来到了乌斯藏国的高老庄，然后发生了什么呢？让老师带大家一起来看看吧

故事导入：唐僧师徒想要找地方借宿，正好遇到四处寻找捉妖师的庄主高太公。高太公说："我有三个女儿，两个大的从小就许了本庄人家，最小的叫翠兰，打算招个养老女婿，和我们一起生活。三年前来了个汉子，模样也还行，自称福陵山人，姓猪，也没有父母兄弟，愿做上门女婿。我就招他进了门。他做事也挺勤快，还有力气，就是有时候会变嘴脸。刚来的时候是个黑胖汉，后来就变成了一个长嘴大耳朵的呆子，脑后还有一溜鬃毛，身体粗糙，头脸和猪一样，让人害怕。饭量大，一顿能吃三五斗米。不过还好，他喜欢吃素，要是再吃荤喝酒，我就养不起了！"三藏说："他能干，吃得多也说得过去。"高太公说："吃还是小事，可是他还会弄风，云来雾去的，我一家和左邻右舍都受够了惊吓。"

热身游戏导入：原来这个妖怪是猪刚鬣，身材高大，身体强壮，还会一些法术，要想捉住他可是一件困难的事。今天教练带大家做一个提高身体素质的小游戏"小小体能王"，让我们一起来帮帮悟空吧

场地	30 米 ×20 米
器材	标志盘 8 个、标志桶 4 个、小栏架 2 个、敏捷圈 4 个
时间	7 分钟

内容组织	场地布置	指导要点
场地：起点距终点 12 米 内容：将幼儿分为 3 组，一组 4 人。第一组幼儿采用侧滑步的方式依次通过所有标志盘。前一个人完成一半时下一个人就能出发。第二组幼儿按照标志桶顺序依次通过，要求靠近标志桶后采用小碎步绕过标志桶。前一个人完成一半时下一个人就能出发。第三组幼儿按顺序单脚跳过敏捷圈，双脚跳过小栏架。前一个人完成一半时下一个人就能出发 变化：3 组按顺时针方向交换		1. 在侧滑步通过时降低重心； 2. 保持呼吸； 3. 注意急停急转

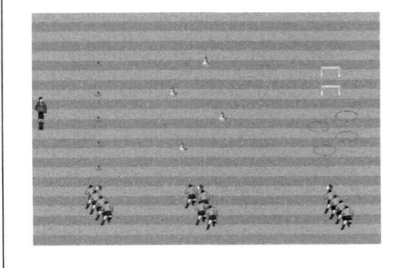

(续表)

故事导入：孙悟空看到猪刚鬣，大喝一声："好你个妖怪，看看我是谁？"那妖怪转过身，一看孙悟空像雷公一样，吓坏了，挣破了衣服，化成一阵狂风逃走了。孙悟空拿着铁棒对着风打了一下，驾着云去追赶。那妖怪在前面跑，悟空在后面追。前面有一座高山，那妖怪现出原身，跑到洞中，取出一柄九齿钉耙，和孙悟空交战。一直打到天快亮了，那妖怪感到两只胳膊都酸麻了，就又化阵狂风，逃回洞里，紧闭洞门。孙悟空看洞门外有一块石碣，上面写着"云栈洞"三个字，于是一顿铁棍，把两扇门都打碎了。那妖怪正在里面气喘呼呼地歇着，听见门被打破，只能拖着耙出来再战	
技术游戏导入：孙悟空和猪刚鬣大战了一夜，一直打到云栈洞也没分出胜负。最后累坏了的猪刚鬣看着被打坏的门也只能再战。今天我们做一个练习游戏，叫作"云栈洞大战之运球高手"，来看看谁是获胜者吧	

场地	20米×20米
器材	足球2个、标志盘10个
时间	10分钟

内容组织	场地布置	指导要点
场地：20米×20米 内容：将幼儿分为2组，一组6人。两组幼儿分别站在指定出发位置，教练下达指令后幼儿单脚脚背外侧运球，顺时针运球依次绕过标志盘，到相同颜色的标志盘后，横传给队友，队友接到球后再出发。全部到达后，速度快的队伍获胜 变化：双脚交替脚背外侧运球		1. 注意脚型； 2. 降低重心

场地	10米×10米
器材	标志盘4个
时间	3分钟

内容组织	场地布置	指导要点
场地：幼儿围成半径4米的圆 内容：听教练的指令，拉伸放松		1. 认真放松； 2. 听教练指令

小结	

教学主题	猪八戒拜师
教学内容	比赛
教学目标	1. 让幼儿初步了解足球比赛，认识足球； 2. 让幼儿能理解参与足球运动、展示或比赛对个人品德塑造的重要性； 3. 培养幼儿在遇到困难时，能克服困难、坚持到底，与同伴一起顽强拼搏
教学班级	小班
教学学期	第二学期
教学周次	第六周
教学人数	12 人
教学时长	20 分钟
教学器材	足球 6 个、标志盘 6 个、标志桶 4 个、标志服 12 件、球门 2 个、敏捷圈 2 个

课程导入：今天我们继续上节课的内容，孙悟空打败猪刚鬣后又发生了什么，就让教练带大家一起看吧

故事导入：原来猪刚鬣也是受了观音菩萨的点化在此等候唐僧的。猪刚鬣先拜了唐僧，又拜悟空，称悟空为师兄。唐僧说："我给你起个法名。"那妖怪说菩萨已给他摩顶受戒，起了个法名叫猪悟能。唐僧很高兴，说："你师兄叫悟空，你叫悟能，倒也合适。"猪刚鬣说："师父，我自从受了菩萨戒行，一直不吃五荤三厌，只吃斋，吃斋还吃不饱。今天见到师父，我可以开斋了吧。"唐僧说："不可以！你既然不吃五荤三厌，我就再给你起个别名，叫八戒。"那猪刚鬣听了也欢喜，说："就听师父的。"

热身游戏导入：猪刚鬣拜师后取名猪悟能，又叫作猪八戒，猪八戒不能吃五荤三厌，只能吃斋，但是吃斋又要吃很多才能吃饱。那教练带大家做一个小游戏叫作"屯粮小能手"，一起来帮帮吃不饱的八戒吧

场地	20 米 ×20 米
器材	足球 6 个、标志盘 6 个、标志桶 4 个、敏捷圈 2 个
时间	7 分钟

内容组织	场地布置	指导要点
场地：起点到终点距离为 13 米 内容：将幼儿分成 2 组，一组 6 人。分别站在红色标志盘后。教练发出开始的指令后，两队各派一人出发，到前面的区域抢夺"粮食"，拿到"粮食"后返回与下一人击掌，下一人出发。拿到一个足球得 2 分，其他的都是 1 分。"粮食"被抢空后，分数高的队伍获胜 变化：脚下带球去抢夺"粮食"		1. 抬头观察； 2. 注意安全

（续表）

故事导入	八戒成功拜师后，师徒三人又走了一个月，出了乌斯藏国国界，看见前面有一座高山。八戒说："这座山叫作浮屠山，有个乌巢禅师在山里修行。"师徒们一边说话，一边进了山。果然很快就遇见了那位禅师，唐僧下马行礼，禅师扶起唐僧，唐僧问禅师西天大雷音寺还有多远。禅师说："还有很远呢！路上虎豹妖魔太多，很难走。不过一定有到的时候。我有一卷《心经》，共二百七十字。只要念了，遇到魔障就不会受到伤害。"唐僧拜伏请教，禅师将经文传给三藏
技术游戏导入	如果妖怪趁三藏还没念《心经》时就把他抓走了，那孙悟空、猪八戒和妖怪之间肯定会有一场大战。接下来我们进行一场足球比赛"保卫唐三藏"吧

场地	25米×15米
器材	足球1个、球门2个
时间	10分钟

内容组织	场地布置	指导要点
场地：25米×15米 内容：按照五人制规则进行比赛		1.注意抬头观察； 2.注意队员配合

场地	10米×10米
器材	标志盘4个
时间	3分钟

内容组织	场地布置	指导要点
场地：幼儿围成半径4米的圆 内容：听教练的指令，拉伸放松		1.认真放松； 2.听教练指令

小结	

教学主题	黄风岭遇险
教学内容	脚背外侧运球
教学目标	1. 让幼儿初步了解脚背外侧运球的技术动作要领； 2. 让幼儿初步掌握脚背外侧运球的技术动作； 3. 培养幼儿积极进取、勇敢顽强、坚持到底的精神
教学班级	小班
教学学期	第二学期
教学周次	第七周
教学人数	12 人
教学时长	20 分钟
教学器材	足球 3 个、标志盘 30 个、标志桶 10 个、标志服 12 件、敏捷圈 3 个

课程导入：唐僧师徒三人继续西行，接下来又会发生怎样的故事呢？让我们一起来看看吧

故事导入：唐僧师徒三人又上路前行。走了半天，前面出现了险峻的高山。还没走到山脚，就起了一阵大风，唐僧被风吹得心惊，八戒扯住孙悟空说："师兄，这风真大，我们找个地方躲一躲。"孙悟空笑着说："兄弟不中用啊！风大时就要躲，如果遇到了妖怪，又会怎么样？等我先抓一把风来闻一闻。"八戒笑着说："师兄真会说谎，风怎么能抓？"孙悟空说："兄弟，你不知，俺老孙会抓风的方法。"

热身游戏导入：大家都知道孙悟空本领高强，但没想到他竟然连风都能抓到。那今天教练就带大家做一个小游戏叫作"武林绝学之'抓风'"

场地	20 米 ×20 米
器材	标志盘 30 个、标志桶 10 个
时间	7 分钟

内容组织	场地布置	指导要点
场地：标志桶之间间隔 1 米，起点到终点的最远距离为 10 米 内容：教练挑选 2 名幼儿作为抓捕者（只能左右移动），剩余幼儿各站在标志桶后，教练发出指令后幼儿出发，向前收取标志盘(代表"风"）。中途被抓捕者碰到后需要返回终点重新出发，一次只能拿取一个标志盘。取回的标志盘放在标志桶上，继续出发。获得标志盘多的幼儿获胜 变化：替换抓捕者，脚下带球进行		1. 抬头观察； 2. 注意安全

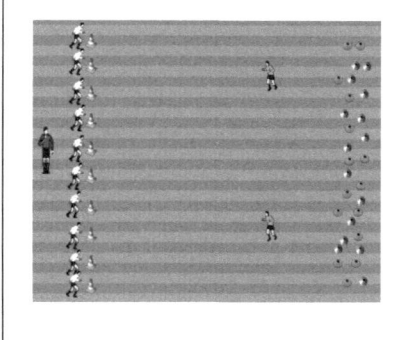

（续表）

故事导入：	悟空和八戒正在说话，山坡下跳出一只猛虎，三藏吓得从马上摔了下来。八戒扔了行李，举着钉耙赶过去就要打。忽然那只猛虎站了起来，变成了妖怪，冲上来就要抓八戒。八戒抡起耙就打。那妖怪回身跑到山坡下面乱石丛里拿出两口刀，转身回来迎战。这时，悟空已经搀起唐僧，说："师父不要怕，先坐一会儿，老孙去帮八戒打倒那妖怪，咱们好走路。"说完，拿着铁棒过来助战。八戒也抖擞精神，那妖怪打不过，转身就跑。悟空和八戒在后面追。那妖怪使了一招金蝉脱壳，现出原身，仍是一只猛虎，又抠着胸膛把皮剥下来，盖在一块石头上，真身化成一阵狂风回到了路口。那唐僧还坐在路口念《心经》呢，妖怪上去就把唐僧抓走了。悟空和八戒，追到山坡下，看见虎皮，发现上当了。两个人赶紧回来，找不到师父，八戒就掉了眼泪，说："这可去哪里找！"悟空急得跳起来说："不要哭！不能挫了锐气。就在这座山里，我们去仔细找找。"

技术游戏导入：师父找不到了，八戒和悟空在黄风岭一直辛苦寻找妖怪的藏身地点，盼望能早点找到师父，那就让我们做一个叫"寻找藏妖洞"的游戏，来帮一帮孙悟空和猪八戒吧

场地	20米×30米
器材	足球3个、标志盘9个、标志桶3个、敏捷圈3个
时间	10分钟

内容组织	场地布置	指导要点
场地：标志桶与标志盘、敏捷圈的距离为7米 内容：将幼儿分为3组，一组4人，每个标志桶后站一队。教练发出指令后，幼儿单脚脚背外侧运球出发，以团队合作的方式收集蓝、绿、红三种颜色的标志盘，（一次只能拿一个，返回后与下一人击掌，下一人出发）收集完成三种颜色的标志盘后，最后一人将球运到敏捷圈内，即代表找到藏妖洞。速度快的一组获胜 变化：双脚交替脚背外侧运球		1. 注意脚型； 2. 降低重心

场地	10米×10米
器材	标志盘4个
时间	3分钟

内容组织	场地布置	指导要点
场地：幼儿围成半径4米的圆 内容：听教练的指令，拉伸放松		1. 认真放松； 2. 听教练指令

小结	

第六章 幼儿足球课程教学设计

教学主题	大战黄风怪
教学内容	脚背外侧运球
教学目标	1. 让幼儿掌握脚背外侧运球的技术动作要领； 2. 让幼儿掌握并熟练运用脚背外侧运球的技术动作； 3. 培养幼儿积极进取、勇敢顽强的精神
教学班级	小班
教学周期	第二学期
教学课次	第八周
教学人数	12 人
教学时长	20 分钟
教学器材	足球 2 个、标志盘 15 个、标志桶 4 个、标志服 12 件、绳梯 2 个、敏捷圈 8 个

课程导入：大家都知道唐僧师徒三人在黄风岭遇险，想知道悟空是如何大战黄风怪的吗？接下来让我们一起探索吧

故事导入：当唐僧带着悟空和八戒来到黄风岭一带时，黄风怪首先派出手下老虎精，用来吓唐僧，并成功引走悟空和八戒。当悟空发现上当后赶回时，唐僧已被黄风怪用黄风带回了黄风洞。悟空和八戒一起去寻找师父

热身游戏导入：悟空来到黄风洞前，变成一只花脚蚊虫，从门缝中进去，与妖怪进行战斗，让我们看看悟空是如何营救师父的吧

场地	20 米 ×20 米
器材	标志桶 4 个、绳梯 2 个、敏捷圈 8 个
时间	7 分钟

内容组织	场地布置	指导要点
场地：队伍间距 2 米 内容：将幼儿分为两组，每组第一名队员出发，双脚跳过敏捷圈，绕过两个标志桶，听从教练指令通过绳梯，通过后迅速跑回，与队友击掌后再出发 变化：单脚跳过敏捷圈		1. 注意假动作； 2. 抬头观察； 3. 协调性和节奏感

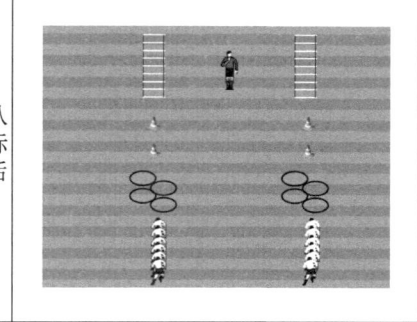

故事导入：双方开始打斗，斗了三十回合，不分胜负。悟空立功心切，拔毫毛变出百十个分身来把黄风怪团团围住。悟空自己上前打黄风怪，被黄风怪照着脸喷了一口黄风，悟空的火眼金睛是短板，被风吹得睁不开眼，败下阵来。悟空也会风系法术，但威力是比不了黄风怪的。悟空眼睛被吹得流泪不止，被护法伽蓝治好了，得知妖怪怕灵吉菩萨。悟空、八戒二人最后在太白金星口中得知了灵吉菩萨的住处，从小须弥山请来灵吉菩萨。灵吉菩萨用飞龙杖降伏黄风怪，使之现出黄毛貂鼠的本相，救出了唐僧

（续表）

技术游戏导入：悟空为救出师父与时间赛跑，救治眼睛，寻找灵吉菩萨，才救出师父。让我们进行一个"救救师父"的游戏环节吧		
场地	20米×20米	
器材	足球2个、标志盘15个	
时间	10分钟	
内容组织	场地布置	指导要点
场地：20米×20米 内容：将幼儿分为两组，每组各派一名幼儿参加游戏，各持一球，按顺时针方向运用脚背外侧开始运球，绕一周后交由下一名幼儿继续运球，直至一名幼儿追上另一名幼儿时，游戏结束，追击成功的一队获胜，成功救出师父		1. 抬头观察； 2. 重心降低； 3. 鼓励幼儿完成游戏
场地	10米×10米	
器材	标志盘4个	
时间	3分钟	
内容组织	场地布置	指导要点
场地：幼儿围成半径4米的圆 内容：听教练的指令，拉伸放松		1. 认真放松； 2. 听教练指令
小结		

教学主题	悟净拜师
教学内容	比赛
教学目标	1. 让幼儿了解足球运动中比赛的重要性； 2. 让幼儿掌握足球运动中的足球比赛规则； 3. 培养幼儿形成积极的体育态度，提高幼儿分析问题和解决问题的能力
教学班级	小班
教学学期	第二学期
教学周次	第九周
教学人数	12 人
教学时长	20 分钟
教学器材	足球 1 个、标志盘 24 个、标志服 12 件、球门 2 个

课程导入：大家都知道唐僧已经收了悟空和八戒为徒，那么想知道下一位徒弟是谁吗？今天就跟着教练一起探索吧

故事导入：唐僧师徒三人，从黄风岭脱险之后，来到流沙河前。河中妖怪欲抢唐僧，八戒、悟空去战，妖怪钻入水中，不肯上岸。悟空不善水战，在水下奈何不了那妖怪，便派八戒下水与之一战，八戒手持九齿钉耙与河妖三次相斗，均不能取胜

热身游戏导入：众所周知，师徒三人要渡过流沙河，河中妖怪却在此阻拦。八戒和悟空与妖怪在水中打斗得非常激烈，让我们一起体验一下战斗的激情，跟着教练一起做个"你追我闪"的游戏吧

场地	20 米×15 米
器材	标志盘 24 个
时间	7 分钟

内容组织	场地布置	指导要点
场地：标志盘间距 50 厘米 内容：将幼儿分为 4 组，每组 3 人，每组一名幼儿追击另外两名幼儿，被追击的幼儿可以以跨跳、绕圈的方式进行躲避，追击的幼儿不能进行跨跳追击，只能利用假动作变向完成追击，被追到的幼儿与追击者互换身份		1. 集中注意力； 2. 注意安全； 3. 利用假动作

故事导入：在与妖怪打斗中，悟空虽智计百出，却也无可奈何。几番战斗无果之下，悟空去求助观音菩萨，菩萨让木叉行者与悟空同去，收服妖怪

（续表）

技术游戏导入：因为妖怪水性很好，悟空、八戒在水下与妖怪作战很是吃亏，悟空、八戒在木叉行者的帮助下打败妖怪。妖怪被收服后，经菩萨点化，拜唐僧为师，并得名"悟净"。让我们进行一个"收服悟净"的比赛吧		
场地	25 米 ×15 米	
器材	足球 1 个、球门 2 个	
时间	10 分钟	
内容组织	场地布置	指导要点
场地：25 米 ×15 米 内容：按照五人制比赛规则进行比赛		1. 注意安全； 2. 抬头观察
场地	10 米 ×10 米	
器材	标志盘 4 个	
时间	3 分钟	
内容组织	场地布置	指导要点
场地：幼儿围成半径 4 米的圆 内容：听教练的指令，拉伸放松		1. 认真放松； 2. 听教练指令
小结		

教学主题	横渡流沙河
教学内容	脚内侧踢球
教学目标	1. 让幼儿掌握脚内侧接球的技术动作要领; 2. 让幼儿掌握并熟练运用脚内侧接球的技术动作; 3. 培养幼儿积极进取、勇敢顽强的精神
教学班级	小班
教学学期	第二学期
教学周次	第十周
教学人数	12 人
教学时长	20
教学器材	足球 2 个、标志盘 14 个、标志桶 4 个、标志服 12 件、小栏架 4 个

课程导入:大家都知道唐僧成功收悟净为徒,那么要他们怎样横跨八百里的流沙河呢?跟着教练一起探索吧

故事导入:悟净取下脖颈上挂着的骷髅,用索子结作九宫格,把菩萨的葫芦安在其中,就这样做出了一艘法船

热身游戏导入:做船需要很多法器,让我们一起帮悟净寻找法器制作小船,一个"寻找宝藏"的小游戏吧

场地	20 米 ×20 米
器材	足球 2 个、标志盘 14 个、标志桶 4 个、小栏架 4 个
时间	7 分钟

内容组织	场地布置	指导要点
场地:起点距终点 7 米 内容:将幼儿分为两组,听从教练员指令(鸭子走、侧步走、加速跑)。每组第一名幼儿出发去寻找法器,每名幼儿一次只能带回一件法器,与下一名幼儿击掌再出发。小船由 1 个足球、2 个标志桶、6 个标志盘组成,看哪组最先为师父做出法船吧 变化:每组增添一个足球,通过运球的方式去寻找法器		1. 抬头观察; 2. 注意团队配合; 3. 相互呼应

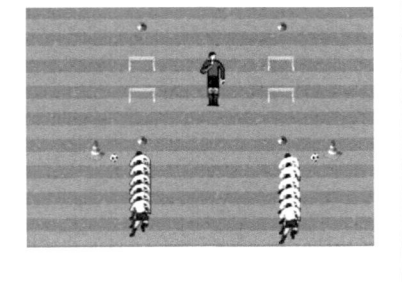

（续表）

故事导入：做好法船之后，悟净请师父上船，唐僧坐在上面果然稳似轻舟。左有八戒扶持，右有悟净捧托，后面有悟空牵着白龙马相跟，头上方又有木叉保护，才飘然稳渡流沙河。不多时，师徒们身登彼岸，得脱洪波，又不拖泥带水，幸喜脚干手燥，清静无为，脚踏实地。唐僧师徒拜谢了木叉，顶礼了菩萨

技术游戏导入：唐僧在徒弟们的合力帮助下顺利通过了汹涌的流沙河，接下来让我们一起做一个"穿越流沙河"的小游戏吧

场地	20 米 ×20 米
器材	足球 2 个、标志盘 4 个
时间	10 分钟

内容组织	场地布置	指导要点
场地：20 米 ×20 米 内容：将幼儿分为两组，纵向紧贴着站立，所有幼儿两脚分开约两肩的距离。队尾的幼儿听见教练指令后抱球跑到排头，运用脚内侧踢球的方式将球从本组幼儿的胯下传到排尾，重复之前的动作 变化：队尾的幼儿以运球的方式跑向排头		1. 团队合作； 2. 动作协调； 3. 积极参与； 4. 遵守归则

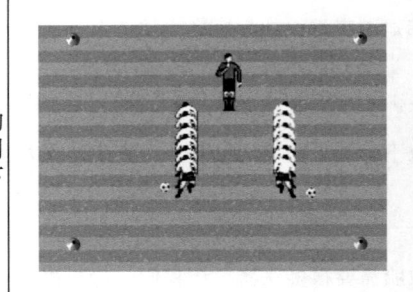

场地	10 米 ×10 米
器材	标志盘 4 个
时间	3 分钟

内容组织	场地布置	指导要点
场地：幼儿围成半径 4 米的圆 内容：肌肉拉伸放松		1. 认真放松； 2. 听教练指令

小结	

第六章 幼儿足球课程教学设计

教学主题	偷吃人参果
教学内容	脚内侧踢球
教学目标	1.让幼儿初步了解脚内侧踢球的动作要领； 2.让幼儿初步掌握脚内侧踢球的足球技术； 3.培养幼儿积极进取、勇敢顽强的精神
教学班级	小班
教学学期	第二学期
教学周次	第十一周
教学人数	12人
教学时长	20分钟
教学器材	足球12个、标志盘20个、标志服12件、球门2个

课程导入：上节课唐僧师徒成功渡过了流沙河，他们翻山越岭来到了五庄观，这观中有一棵人参果树。今天，教练就给大家来讲偷吃人参果的故事，想知道发生了什么吗？跟教练一起来探索吧

故事导入：观主镇元大仙外出听经，嘱咐两个童子以人参果招待唐僧。唐僧见果害怕不敢吃，两个童子就偷吃了。八戒恰巧窥见，便怂恿悟空去偷人参果。悟空用金击子对着一个果子敲了一下，那果子就落了下来。他跳下来四处找，却找不到。悟空心想："一定是花园中的土地给收去了。"他把土地叫出来，土地说："大圣，小神不敢偷啊。你不知这果子与五行相畏。这果子遇金而落，遇木而枯，遇水而化，遇火而焦，遇土而入。所以要用金器敲。打下来后还要用丝帕垫着盘子接才可以。"土地回去后，悟空又爬上树，一只手使金击子，另一只手扯着褂子襟儿，做了个兜。他敲了三个果，都兜在襟中，回到厨房

热身游戏导入：悟空已经找到摘人参果的方法了。接下来也让我们一起"摘取人参果"吧

场地	20米×15米
器材	足球12个、标志盘20个
时间	7分钟

内容组织	场地布置	指导要点
场地：标志盘间距2米 内容：将幼儿（孙悟空）平均分为4组，每组3人，分别站到绿色标志盘后。在蓝色标志盘区域内随机摆放红色标志盘（人参果树）并在上面放一个足球（人参果）。当教练鸣哨后，每组的第一名幼儿（悟空）出发，幼儿（悟空）跑到任意红色标志盘（人参果树）后取下上面的足球（人参果），并用标志服（丝帕）兜着跑回起点排到队尾，下一名幼儿出发，最先取得3颗足球（人参果）的队伍获胜 变化：减少场上足球（人参果）的数量		1.集中注意力； 2.注意安全

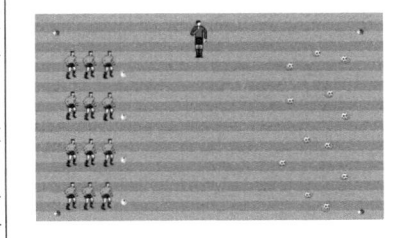

(续表)

故事导入：孙悟空等偷吃人参果被五庄观的仙童发现盘问。唐僧说："罪过，我一见那人参果就吓坏了，怎么能偷吃呢？"又叫来悟空、八戒、沙僧。他们三人到了殿上，见瞒不过，就认了，说是偷了三个。二仙童一口咬定是四个，骂得更凶了。悟空被骂得十分生气，从脑后拔了一根毫毛，吹口气变做一个假悟空站在那里，真的悟空却纵云跳出去，来到人参果园，拿金箍棒把整个人参果树都推倒了		
技术游戏导入：究竟是什么原因让悟空如此生气？接下来，让我们玩一个小游戏，游戏的名字叫作"推倒人参果树"		
场地	15米×15米	
器材	足球12个、标志盘6个、球门2个	
时间	10分钟	
内容组织	场地布置	指导要点
场地：标志盘距球门5米 内容：将幼儿（孙悟空）平均分为两组，每组6人，分别站到红色标志盘后，每人拿一颗足球（金箍棒）。当教练鸣哨后每组第一名幼儿（孙悟空）出发，站到绿色标志盘后用手将足球（金箍棒）扔到球门中。扔完的幼儿（孙悟空）回到队尾排队，再次听到教练鸣哨后下一名幼儿出发，以此类推。进球多的组获胜，获胜组的幼儿将一起把教练（人参果树）推倒。一轮完成后捡球 变化：手抛球改为脚内侧踢球、加长绿色标志盘到球门的距离		1.集中注意力； 2.注意动作
场地	10米×10米	
器材	标志盘4个	
时间	3分钟	
内容组织	场地布置	指导要点
场地：幼儿围成半径4米的圆 内容：听教练的指令，拉伸放松		1.认真放松； 2.听教练指令
小结		

教学主题	观音救仙树
教学内容	比赛
教学目标	1. 让幼儿开始初步了解足球比赛； 2. 通过比赛激发幼儿对足球的兴趣； 3. 培养幼儿积极进取、勇敢顽强的精神
教学班级	小班
教学学期	第二学期
教学周次	第十二周
教学人数	12 人
教学时长	20 分钟
教学器材	足球 2 个、标志盘 2 个、标志桶 6 个、标志杆 2 个、标志服 12 件、小栏架 6 个、敏捷圈 10 个、球门 2 个

课程导入：悟空推倒了人参果树，镇元大仙非常生气，拿上法宝就向师徒四人逃走的方向追去了。想知道发生了什么吗？跟教练一起来探索吧

故事导入：镇元大仙说"你们都跟我来，去捉那几个和尚，其他弟子准备好法宝。"众弟子领命。大仙带着明月和清风驾云追赶唐僧，在云端里看到唐僧师徒坐在一棵树下休息。大仙使出一个袖里乾坤的手段，将袍袖迎风轻轻一展，笼住四僧一马，将他们捉回到五庄观

热身游戏导入：悟空一行人被镇元大仙捉住了，他们能从镇元大仙手中逃出来吗？让我们先玩一个热身小游戏，游戏的名字叫作"逃离五庄观"

场地	20 米 ×15 米
器材	足球 2 个、标志盘 2 个、标志桶 6 个、标志杆 2 个、小栏架 6 个、敏捷圈 10 个
时间	7 分钟

内容组织	场地布置	指导要点
场地：标志盘距敏捷圈 10 米 内容：将幼儿平均分为两组，每组 6 人，分别站到标志盘后。足球（师徒四人）上套五个敏捷圈。当听到教练鸣哨后，每组第一个人出发，跳过小栏架来到足球（师徒四人）前拿起一个敏捷圈，从标志杆处转向，绕过标志桶回到队尾排队，下一个人出发，以此类推。当第五名幼儿拿完敏捷圈后，最后一名幼儿则过去抱回足球（成功帮助师徒四人逃离五庄观）。最先完成的小组即为胜利 变化：增加标志盘与敏捷圈之间的距离、增加小栏架与标志桶数量		1. 集中注意力； 2. 注意安全

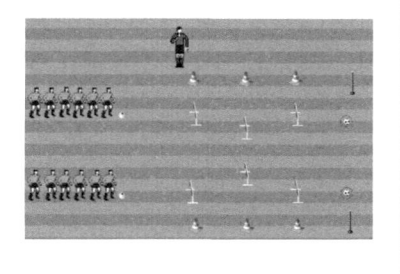

（续表）

故事导入：镇元大仙和悟空达成约定，只要能救活人参果树，就放了他们。于是，悟空就去找观音菩萨帮忙。悟空和菩萨一起来到五庄观，菩萨说："唐僧是我的弟子，孙悟空冲撞了先生，又推倒了宝树，理当赔偿。"菩萨来到园内，用杨柳枝蘸出净瓶中的甘露在行者的左手掌中画了一道起死回生的符，叫他放在树根下面，瞬间有清泉涌出。菩萨又让仙童用玉瓢舀出泉水，将树扶起，从头浇下，人参果树很快便恢复了原样，树上23个人参果也一个都不少	
技术游戏导入：观音菩萨的到来给悟空他们帮了大忙，接下来我们进行一场紧张刺激的比赛，获胜的队伍将得到观音菩萨的玉净瓶，让我们一起来"拯救人参果树"	

场地	25米×15米
器材	足球1个、球门2个
时间	10分钟

内容组织	场地布置	指导要点
场地：25米×15米 内容：按照五人制规则进行比赛		1. 多观察； 2. 注意安全

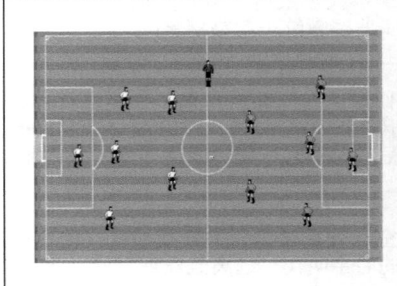

场地	10米×10米
器材	标志盘4个
时间	3分钟

内容组织	场地布置	指导要点
场地：幼儿围成半径4米的圆 内容：听教练的指令，拉伸放松		1. 认真放松； 2. 听教练指令
小结		

第六章 幼儿足球课程教学设计

教学主题	三打白骨精
教学内容	脚掌踩停球
教学目标	1. 让幼儿初步了解脚掌踩停球的动作要领，认识足球； 2. 让幼儿初步掌握脚掌踩停球的足球技术； 3. 培养幼儿积极进取、勇敢顽强的精神
教学班级	小班
教学学期	第二学期
教学周次	第十三周
教学人数	12 人
教学时长	20 分钟
教学器材	足球 12 个、标志盘 2 个、标志桶 12 个、敏捷圈 8 个、体能棒 4 个、标志服 12 件

课程导入：师徒四人离开了五庄观，走了好多天，到了白骨精的地盘。想知道发生了什么吗？跟教练一起来探索吧

故事导入：师徒四人经过一座高山，到了山里，唐僧饿了，就叫悟空去化斋。悟空先跳到云头四处查看，见四周并没有人家，只有正南方有一座高山，山向阳的一面有一片鲜红色。悟空落下来对师父说："有吃的了。这附近没有人家，但那南山有一片红，应该是熟了的山桃，我过去摘几个。"悟空驾云奔南山去了

热身游戏导入：几天的长途跋涉，已经让唐僧筋疲力尽了，悟空准备去给师父摘点山桃吃。接下来，让我们一起帮助孙悟空"摘取山桃"吧

场地	20 米 ×15 米
器材	足球 12 个、标志盘 2 个
时间	7 分钟

内容组织	场地布置	指导要点
场地：标志盘距足球 12 米 内容：所有幼儿（孙悟空）站到标志盘后，教练背对幼儿（孙悟空）并且教练脚边摆一排足球（山桃）。教练鸣哨后幼儿（孙悟空）出发，当教练喊出"1、2、3 摘山桃"时，幼儿（孙悟空）则不可再动。教练转过身时，幼儿（孙悟空）则继续前行。幼儿（孙悟空）到教练身边且教练处于背身状态时，则可拿起地上的足球（山桃）。拿到足球（山桃）后迅速跑回标志盘处的幼儿（孙悟空）即为胜利。教练喊出"1、2、3 摘山桃"时仍处于运动中的幼儿会被罚回标志盘后重新出发		1. 集中注意力； 2. 注意安全

(续表)

故事导入：悟空从南山摘了几个桃子回来，看到师父与八戒身边有一女子。他火眼金睛，看得清楚，认出那女子是妖精所变，急忙取出铁棒，过去就打，那妖精使了个解尸法，自己先走了，把假的尸首扔在地下。那个妖精逃走后，对悟空恨得咬牙切齿，又变成了一个老妇人，有80多岁，手里拄着拐杖，一边哭一边走来。悟空走到近前观看，认出是那妖精，举起铁棒就打。那妖精仍然脱出真身逃走了，又扔下一个假尸首在山路下。之后，那个妖精变成了一个老公公。悟空拿出铁棒，心想："如果不打他，他一定会捉师父。就算师父怪我，也不管了。"悟空一棍打下来，这次妖魔没能逃掉，被打死了

技术游戏导入：白骨精的三次装扮都被悟空识破，最终并被悟空打回原形。接下来让我们做一个小游戏，游戏的名字叫作"三打白骨精"

场地	20米×15米
器材	足球4个、标志桶12个、敏捷圈8个、体能棒4个
时间	10分钟

内容组织	场地布置	指导要点
场地：红色敏捷圈距离标志桶12米 内容：将幼儿（孙悟空）平均分为4组，每组3人。教练鸣哨后，每组第一名幼儿（孙悟空）出发，从红色敏捷圈开始带球到黄色敏捷圈用脚掌踩停。然后迅速向前跑，捡起体能棒（金箍棒）随机打倒一个标志桶（白骨精），然后原路返回到队尾排队。下一名幼儿（孙悟空）出发，以此类推。最先打倒三个标志桶（白骨精）的队伍即为胜利 变化：在红黄敏捷圈之间增加标志盘，增加脚掌踩停球的次数	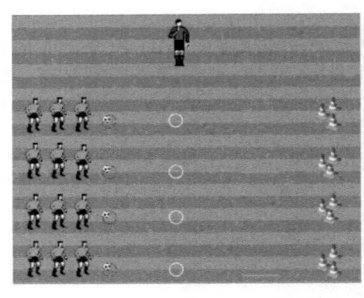	1. 集中注意力； 2. 注意观察； 3. 注意动作

场地	10米×10米
器材	标志盘4个
时间	3分钟

内容组织	场地布置	指导要点
场地：幼儿围成半径4米的圆 内容：听教练的指令，拉伸放松	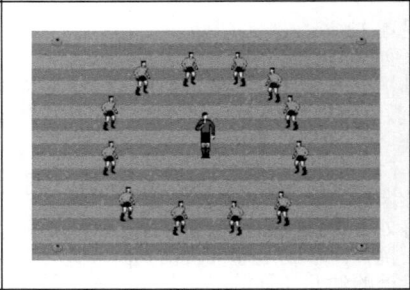	1. 认真放松； 2. 听教练指令

小结	

教学主题	赶走孙悟空
教学内容	脚掌踩停球
教学目标	1.让幼儿了解脚掌踩停球的技术动作要领； 2.让幼儿掌握并运用脚掌踩停球的技术动作； 3.培养幼儿顽强拼搏的精神
教学班级	小班
教学学期	第二学期
教学周次	第十四周
教学人数	12人
教学时长	20分钟
教学器材	足球12个、标志盘9个、标志服12件、绳梯3个

课程导入：今天，教练就给大家来讲唐僧赶走孙悟空的故事，想知道发生了什么吗？跟教练一起来探索吧

故事导入：因为白骨精的事情，唐僧最后还是相信了猪八戒的胡言乱语，认为悟空滥杀无辜开始念紧箍咒，悟空求饶，可唐僧还是十分恼怒，写了贬书，并对悟空说："我再也不要你这个徒弟了。"

热身游戏导入：悟空之所以可以打败白骨精，是因为悟空自身的本领就很强，拳脚功夫样样精通，今天，我们就来修炼我们的"腿脚"功夫，做一个"功夫小子"

场地	15米×15米
器材	绳梯3个
时间	7分钟

内容组织	场地布置	指导要点
场地：绳梯之间间隔3米 内容：摆放3个绳梯，将幼儿分为3组，每组4人，由教练先做示范，幼儿依次进行。 变化：改变跳过绳梯的方式，如（单脚跳变为双脚跳，小步跑）		1.跑动中注意安全； 2.抬头观察； 3.身体的协调性

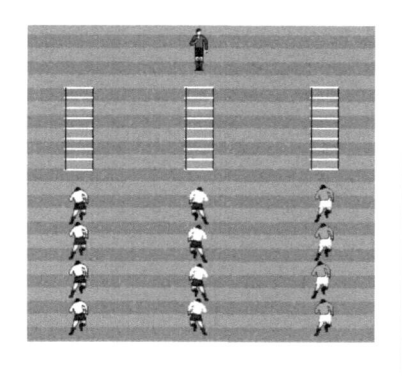

故事导入：悟空连连恳求，可唐僧决不回心转意，作罢，悟空只好告别师父，驾着筋斗云回了花果山

(续表)

技术游戏导入：悟空被赶回花果山时，会使出一种法术，就是召唤筋斗云，正是因为他能熟练地驾驶筋斗云才能有一个跟头十万八千里的说法。那么接下来，我们玩的游戏也会有筋斗云的出现，它的名字叫"云往直前"		
场地	15米×15米	
器材	足球12个、标志盘9个	
时间	10分钟	
内容组织	场地布置	指导要点
场地：标志盘间隔2米 内容：将幼儿分为3组，每组4人，每人一个足球，开始时，各队伍第一人同时出发，需要将球带到中间的标志盘后用脚掌踩停，然后将球带回起点，再返回终点（终点为蓝色标志盘），到达后，依然是用脚掌踩停，踩停后，将球抱起返回起点，下一人方可出发 变化：改为比赛形式		1. 在跑动中要注意安全； 2. 集中注意力
场地	10米×10米	
器材	标志盘4个	
时间	3分钟	
内容组织	场地布置	指导要点
场地：幼儿围成半径4米的圆 内容：听教练的指令，拉伸放松		1. 认真放松； 2. 听教练指令
小结		

教学主题	误入波月洞
教学内容	比赛
教学目标	1. 让幼儿初步了解足球运动中比赛的重要性； 2. 让幼儿初步掌握足球运动中的足球比赛规则； 3. 培养幼儿形成积极的体育态度，提高幼儿分析问题和解决问题的能力
教学班级	小班
教学学期	第二学期
教学周次	第十五周
教学人数	12 人
教学时长	20 分钟
教学器材	足球 12 个、标志盘 13 个、标志桶 15 个、标志服 12 件、球门 2 个

课程导入：今天，教练就给大家来讲误入波月洞的故事，想知道发生了什么吗？跟教练一起来探索吧

故事导入：悟空被赶回花果山后，唐僧带着八戒、沙僧继续赶路。路过一片林子时，唐僧便让八戒去化缘，可八戒一去就没了踪影。于是，唐僧又让沙僧去找八戒，林子里，只有唐僧一人。唐僧觉得十分疲惫，便站起来走走，慢慢地走出了林子，看见不远处有金光，便走了过去，谁知，那是妖怪的洞府，唐僧到了之后，便看到了一扇门，打开门进去后，看见了一个青面獠牙的妖怪，刚要走，却被妖怪发现，被抓了起来

热身游戏导入：唐僧之所以被抓，是因为他的徒弟们都去化缘了，如果能早一点找到食物，唐僧可能就不会被抓了，接下来，我们来当唐僧的徒弟，把标志盘当作食物，做一个游戏，游戏的名字叫作"化缘高手"

场地	15 米 ×15 米
器材	足球 12 个、标志盘 13 个、标志桶 15 个
时间	7 分钟

内容组织	场地布置	指导要点
场地：标志盘之间间隔 4 米，标志桶之间间隔 2 米 内容：将幼儿分为 3 组，每组 4 个人，游戏开始，每队的第一个人开始出发，一次只能翻一个标志桶，翻完之后，不许将标志桶碰倒，如果标志桶下面有标志盘，则拿出标志盘，返回起点与队友击掌后，下一人方可出发，哪组拿得的标志盘多，哪组获胜 变化：每人拿一个足球，带球进行，翻标志桶时要将球停到标志桶旁边		1. 抬头观察； 2. 脚触球的部位； 3. 身体重心的变化

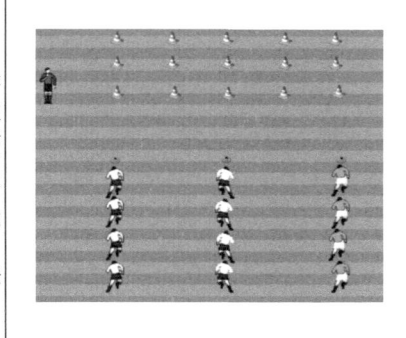

（续表）

故事导入：唐僧被妖怪捉走，他的徒弟们心急如焚，很快便找到了妖怪的洞穴			
技术游戏导入：这个妖怪有很多手下，因此解救唐僧十分困难，接下来我们进行"击败小妖"的环节，让我们把对手当作"小妖"，哪队踢赢比赛，哪队就解救出了唐僧			
场地	25米×15米		
器材	足球1个、球门2个		
时间	10分钟		
内容组织		场地布置	指导要点
场地：25米×15米 内容：按照五人制规则进行比赛			1. 在跑动中要注意安全； 2. 集中注意力
场地	10米×10米		
器材	标志盘4个		
时间	3分钟		
内容组织		场地布置	指导要点
场地：半径4米的圆 内容：听教练的指令，拉伸放松			1. 认真放松； 2. 听教练指令
小结			

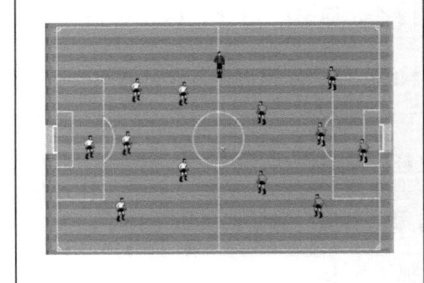

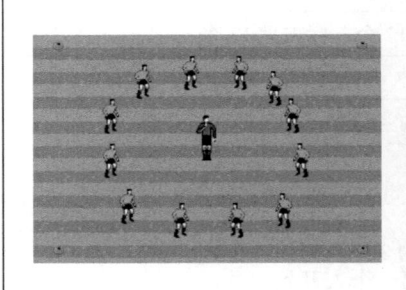

第六章 幼儿足球课程教学设计

教学主题	唐僧变老虎
教学内容	下手接球、下手抛球
教学目标	1. 让幼儿了解下手接球，下手抛球的技术动作要领； 2. 让幼儿掌握下手接球，下手抛球的技术动作； 3. 培养幼儿积极进取、勇敢顽强的精神
教学班级	小班
教学学期	第二学期
教学周次	第十六周
教学人数	12 人
教学时长	20 分钟
教学器材	足球 12 个、标志盘 6 个、标志服 12 件、敏捷圈 6 个、体能棒 9 个

课程导入：今天，教练就给大家来讲唐僧变老虎的故事，想知道发生了什么吗？跟教练一起来探索吧

故事导入：唐僧被妖怪抓进了洞里，在洞里遇到了宝象国的公主，与公主交谈得知，公主有办法放他出去。于是，公主给了唐僧一封信，让唐僧出去后，交给她的父母，唐僧答应了她。公主便与妖怪商量能不能放了唐僧，妖怪觉得公主好不容易求自己一次，于是就把唐僧放了。八戒与沙僧早已在洞口等了多时，看见师父出来，便连忙去接，随后师徒三人便踏上了去宝象国的路

热身游戏导入：在前往宝象国的路上，道路崎岖坎坷，很不好走，想体验唐僧是怎么走过来的吗？接下来，让我们玩个游戏，游戏的名字叫"宝象国之路"

场地	15 米 ×15 米
器材	足球 12 个、标志盘 3 个、敏捷圈 6 个、标志杆 9 个
时间	7 分钟

内容组织	场地布置	指导要点
场地：标志盘间距 4 米 内容：每人一个足球，游戏开始，每队的第一个人抱球开始出发，需要绕过标志杆，将球放到敏捷圈内，然后直接返回起点，与队友击掌，依次进行 变化：改变游戏方式，幼儿直接出发，绕过标志杆，到敏捷圈内捡球，捡到球后，跑到第一个标志杆的位置，用下手抛球的方式给起点的幼儿抛球，起点幼儿则需要用下手接球的方式接球，接到球后放到队伍后面的敏捷圈内，哪组最后完成，哪组接受惩罚		1. 抬头观察； 2. 跑动中注意安全

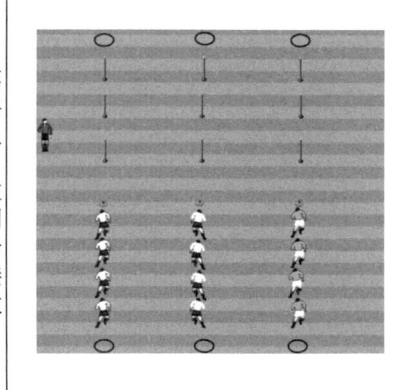

(续表)

故事导入：唐僧与徒弟们终于来到了宝象国，把信给国王看了之后，国王请求唐僧帮忙捉妖怪，唐僧本想推辞，可八戒却应了下来。于是，八戒带着沙僧就回去救公主。谁知，不出几个回合就败下阵来，还被妖怪捉到了洞里。妖怪了解一番后，决定变为人的模样去见国王，到了皇宫内，妖怪一口咬定唐僧是虎妖。那国王本来就不能分辨妖怪，加上妖怪本身会法术，对唐僧吐了一口水后，果然把唐僧变为了妖怪。最后，唐僧还被锁进了铁笼内
技术游戏导入：如果八戒与沙僧功力再高点就好了，也不会发生后面的事情，我们也要提高我们自身的本领，只有把本领提高，才能保护好唐僧，接下来，让我们一起来"修炼武功"吧

场地	20米×12米
器材	足球2个、标志盘2个
时间	10分钟

内容组织	场地布置	指导要点
场地：20米×12米 内容：6个人一组，每组1个足球，游戏开始，每个队员都需要把腿叉开，用手抛球、接球的方法在幼儿张开双腿的空间内进行，由第一人传给第三人，第三人传给第二人，第二人传给第四人，第四人传给第六人，第六人传给第五人，哪个队先传完，哪个队即为胜利		1. 集中注意力； 2. 抬头观察

场地	10米×10米
器材	标志盘4个
时间	3分钟

内容组织	场地布置	指导要点
场地：幼儿围成半径4米的圆 内容：听教练的指令，拉伸放松		1. 认真放松； 2. 听教练指令

小结	

二、中班足球课程教案

1. 中班（第一学期）

教学主题	智激美猴王
教学内容	揉球、踩球
教学目标	1. 让幼儿掌握揉球、踩球的动作要领，认识足球； 2. 让幼儿掌握并运用揉球、踩球的足球技术； 3. 培养幼儿积极进取、勇敢顽强的精神
教学班级	中班
教学学期	第一学期
教学课次	第一周
教学人数	12 人
教学时长	30 分钟
教学器材	足球 12 个、足球门 2 个、敏捷圈 2 个、标志服 12 件

课程导入：不好啦，师父被妖怪变成老虎啦。上节我们讲到，波月洞的黄袍怪本领高强，八戒和沙僧应对不了了。让我们看看八戒是如何智激美猴王，请回悟空的吧

故事导入：唐僧被变成老虎后，小白龙偷偷跑回来告诉八戒。八戒听了小白龙的描述，觉得自己打不过那黄袍怪，决定去花果山请悟空帮忙

热身游戏导入：师父因为饥饿自己起身寻找食物，但却不小心走到了妖怪的巢穴，悟空因被师父误会一气之下回到了花果山，只能由八戒救回师父，但八戒本领并没有那么高强，所以需要我们的帮助，现在让我们进行一次"紧急训练"帮助八戒救回师父吧

场地	15 米 × 15 米
器材	足球 12 个
时间	7 分钟

内容组织	场地布置	指导要点
场地：幼儿之间间隔 5 米 内容：要求幼儿熟练掌握揉球、踩球等技术 变化：让幼儿从原地揉球、踩球，变成有方向地揉球、踩球		1. 做到动作流畅； 2. 方向控制自如

(续表)

故事导入：八戒来到花果山，开始悟空装作不认识他，举着棒子要打，八戒吓得哭起来。悟空这才露出笑脸，把八戒请到水帘洞里款待。八戒把师父遇难的事告诉了悟空，并用激将法对悟空说："你一定是不敢去，怕了那妖怪。"
技术游戏导入：虽然我们每个人都进行了紧急训练，但妖怪太厉害。悟空也不在，唐僧还被妖怪用法术变成了老虎的模样，情况十分危急。八戒只好去花果山请回悟空。为了帮助八戒请回悟空，我们来做个"搬运仙桃"的游戏吧

场地	15米×15米
器材	足球12个、敏捷圈2个、标志盘2个
时间	10分钟

内容组织	场地布置	指导要点
场地：敏捷圈距足球8米 内容：要求幼儿用揉球、踩球等方法把球运回敏捷圈（花果山），当一幼儿成功将球运回敏捷圈（花果山）后，后面的幼儿才可以出发，成功将球运回指定地点的幼儿回到队尾等待 变化：在幼儿搬运足球（仙桃）的道路上加入一些障碍		1.要用踩球或揉球等方法把球运回指定地点不可以用踢的方法； 2.思路明确

故事导入：悟空身在花果山，心却还留在唐僧身边，经过八戒的努力，不忍心唐僧受难的悟空，离开了花果山，救助唐僧
技能游戏导入：我们成功帮助八戒请回了悟空，本领高强的悟空也成功救回了唐僧。唐僧说："我能被救回，小朋友们功不可没，那你们究竟谁才是最努力、最出色、表现最好的呢？来比试一下吧。"

场地	12米×10米
器材	足球1个、球门2个
时间	10分钟

内容组织	场地布置	指导要点
场地：12米×10米 内容：幼儿进行1V1足球比赛，由教练员选择进攻方向，教练员哨声代表本轮进攻结束，幼儿将球交给教练员，教练重新选择进攻方向。每个幼儿都要有持球进攻与无球防守两个过程		1.思路明确； 2.确攻防转换迅速

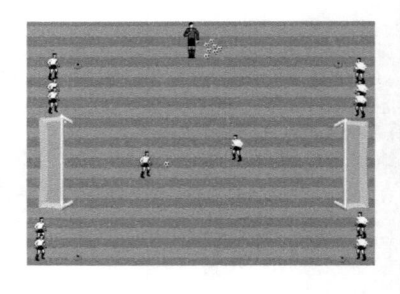

场地	10米×10米		
器材	标志盘4个		
时间	3分钟		
内容组织		场地布置	指导要点
场地：幼儿围成半径为4的圆 内容：听教练员指令进行拉伸放松			1.认真放松； 2.听教练指令
小结			

教学主题	大战黄袍怪
教学内容	推球、拨球
教学目标	1.让幼儿掌握推球、拨球的技术动作要领； 2.让幼儿掌握并运用推球、拨球的技术动作； 3.培养幼儿积极进取、勇敢顽强的精神
教学班级	中班
教学学期	第一学期
教学周次	第二周
教学人数	12人
教学时长	30分钟
教学器材	足球8个、标志盘6个、标志桶2个、标志服12件、球门2个

课程导入：八戒用激将法将悟空请回并成功救回唐僧，但你们不知道悟空救回唐僧时，与妖怪黄袍怪进行了一番大战，让教练带你们看看本领高强的孙悟空是怎么大战黄袍怪的吧

故事导入：经过跟黄袍怪的对战，悟空发现，黄袍怪本领高强，不像是普通的妖怪，黄袍怪的攻击如同狂风骤雨一般，难以躲避

热身游戏导入：黄袍怪的攻击非常厉害，想要战胜黄袍怪，必须有非常迅速的反应，让我看看你们的反应速度能不能躲开黄袍怪的攻击吧

场地	15米×15米
器材	标志盘6个、标志桶2个

(续表)

时间	7分钟		
内容组织		场地布置	指导要点
场地：起点距终点 8 米 内容：在起点摆放 3 种颜色标志盘，教练员发出颜色指令，幼儿迅速接触目标标志盘后，向前加速绕过前方标志桶回到起点 变化：在起点的姿势从站立变成蹲下、原地小碎步、坐下等；在幼儿向前跑的过程中，教练员将足球滚向幼儿，幼儿需要躲避滚动的足球，绕过标志桶，回到起点			1. 注意力集中，反应迅速； 2. 抬头观察
故事导入：悟空大战黄袍怪五十回合不分胜负，悟空心中暗想："这妖怪也抵得住我？"于是悟空故意漏出破绽，黄袍怪不知是计，举刀来砍，怎料悟空照着黄袍怪头顶就是一棒，黄袍怪逃得无影无踪			
技术游戏导入：悟空成功战胜黄袍怪，但被打了一棒的黄袍怪化成一缕青烟不见了踪影。现在是我们出动的时候了，让我们帮助悟空一起追击落荒而逃的黄袍怪吧			
场地	15 米 ×15 米		
器材	足球 2 个、标志盘 4 个、标志桶 2 个		
时间	10 分钟		
内容组织		场地布置	指导要点
场地：起点距终点 6 米 内容：幼儿用推拨球的方法绕过标志桶拾取标志盘，获得追击黄袍怪的线索，然后带球回来传给第二名幼儿 变化：在幼儿取得标志盘的途中增加障碍			1. 动作标准，流畅自如； 2. 抬头观察
故事导入：妖怪消失，八戒问悟空"妖怪怎么没了？"悟空说道："这妖怪想必不是凡间的。"悟空便追上天宫追问，得知黄袍怪为天界二十八星宿之一的奎木狼星。于是，玉帝命令其他二十七星宿下凡界去收降奎木狼，并贬他去为太上老君烧火炼丹			
技能游戏导入：根据我们为孙悟空搜寻的线索，孙悟空得知了妖怪下落，便去天庭寻找妖怪，后得知了妖怪身份，妖怪得到了应有的惩罚。孙悟空说想见识一下我们的本领，让我们为孙悟空展示一下吧			

(续表)

场地	12米×10米		
器材	足球8个、球门2个		
时间	10分钟		
	内容组织	场地布置	指导要点
	场地：12米×10米 内容：幼儿进行1V1足球比赛，由教练员选择进攻方向，教练员哨声代表本轮进攻结束，幼儿将球交给教练员，教练重新选择进攻方向。每个幼儿都要有持球进攻与无球防守两个过程		1. 思路明确； 2. 抬头观察
场地	10米×10米		
器材	标志盘4个		
时间	3分钟		
	内容组织	场地布置	指导要点
	场地：幼儿围成半径为4米的圆 内容：听教练指令，完成拉伸动作		1. 认真放松； 2. 听教练指令
小结			

教学主题	平顶山遇险
教学内容	拉球、跨球
教学目标	1. 让幼儿掌握拉球、跨球的动作要领，认识足球； 2. 让幼儿掌握并运用拉球、跨球的足球技术； 3. 培养幼儿积极进取、勇敢顽强的精神
教学班级	中班
教学学期	第一学期
教学周次	第三周
教学人数	12人

(续表)

教学时长	30 分钟
教学器材	足球 12 个、标志盘 28 个、标志桶 9 个、标志服 12 件、球门 2 个

课程导入：师徒四人成功战胜黄袍怪，并使黄袍怪受到了相应的惩罚。而后师徒四人继续启程来到了平顶山，让我们看看师徒四人到了平顶山又会有怎样的困难在等待着他们吧

故事导入：师徒四人长途跋涉来到了平顶山，唐僧看前方山高林密，猜测可能有虎狼出没不能贸然前进，便派猪八戒上前查看。悟空料到八戒会偷懒，便偷偷跟随猪八戒一同向前查看，结果发现猪八戒果然在睡觉偷懒

热身游戏导入：悟空用七十二变变成了蜜蜂、鸟、石头，去戏耍偷懒的猪八戒。让我们看看孙悟空是如何"戏耍猪八戒"的吧

场地	10 米 ×10 米
器材	标志盘 28 个、标志桶 4 个
时间	7 分钟

内容组织	场地布置	指导要点
场地：标志桶围成边长为 2 米的正方形 内容：将幼儿分为 4 个队伍，教练员在标志桶围成的正方形中间，幼儿需要躲避教练员，偷走标志桶上的标志盘（每个标志桶上有 6 个标志盘），被教练员抓到需要在场地外跑一圈后回到自己队伍，每名幼儿一次只能偷走一个标志盘，直到标志盘被全部偷完为止 变化：4 组幼儿比赛，看谁能先把标志盘偷完		1. 注意力集中； 2. 注意躲避

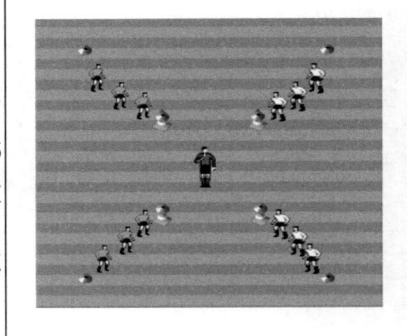

故事导入：八戒被悟空戏耍，只好再次出发去打探有没有妖怪，结果八戒真的遇到了妖怪，八戒还以为又是悟空来玩弄自己，谁料是真正的妖怪。八戒不敌，被妖怪抓走了。妖怪从八戒口中得知悟空就是五百年前大闹天宫的孙悟空。妖怪用计谋，变成了一位腿受伤的老人，唐僧让悟空背着老人走，怎料老人变成了一座大山将悟空死死压在山下。唐僧也被妖怪抓走了

技术游戏导入：悟空被死死压在山下不能脱困，让我们用"跨越山峰"去帮助悟空吧

场地	15 米 ×15 米
器材	足球 12 个、标志盘 6 个、标志桶 9 个
时间	10 分钟

(续表)

内容组织	场地布置	指导要点
场地：起点距终点 8 米 内容：幼儿运球向前移动，在接近标志桶时用跨球的方式过掉标志桶，到终点的标志盘后回到起点 变化：教练在幼儿跨球过程中规定是需要在左侧还是右侧去过掉标志桶、规定是内跨还是外跨过掉标志桶		1. 动作标准，流畅自如； 2. 抬头观察

故事导入：悟空成功脱困，变成了一位老神仙，用花言巧语骗来了前来收服他的妖怪手中的两件法宝：紫金葫芦和玉净瓶。得到了法宝的悟空如虎添翼，便拿着法宝去解救师父

技能游戏导入：让我们与悟空一起进行"最后的决战"吧！看看谁最后能救出师父

场地	25 米 ×15 米
器材	足球 1 个、球门 2 个
时间	10 分钟

内容组织	场地布置	指导要点
场地：25 米 ×15 米 内容：按照五人制足球规则进行比赛		1. 思路清晰，头脑明确； 2. 抬头观察

场地	10 米 ×10 米
器材	标志盘 4 个
时间	3 分钟

内容组织	场地布置	指导要点
场地：幼儿围成半径为 4 米的圆 内容：听教练指令，完成拉伸动作		1. 认真放松； 2. 听教练指令

小结	

教学主题	智斗金银角
教学内容	脚内侧运球
教学目标	1. 让幼儿掌握脚内侧运球的技术动作要领； 2. 让幼儿掌握并熟练运用脚内侧运球的技术动作要领； 3. 培养幼儿积极进取、勇敢顽强的精神
教学班级	中班
教学学期	第一学期
教学周次	第四周
教学人数	12 人
教学时长	30 分钟
教学器材	足球 12 个、标志盘 24 个、标志服 12 件、球门 2 个

课程导入：上节课，狡猾的妖怪用法术将悟空困在平顶山，还抓走了师父，接下来让我们看看孙悟空是如何智斗金银角的吧

故事导入：悟空在平顶山脱险后，变成了一个老神仙，拦住了前来收他的小妖，见小妖手里拿着法宝：紫金葫芦和玉净瓶，悟空灵机一动，变出一个更大的葫芦，上前说道："你们的法器只能收妖、收人，而我的法器能收天地。"说完便展示起来，悟空用法术把天变黑，让小妖误以为天被收了，小妖见这葫芦如此厉害便和悟空交换了葫芦。后来小妖发现自己用葫芦收不了天地，才发现被骗了，回去后被大王责骂。大王让小妖去请干娘来吃唐僧肉，并且把法宝幌金绳带来，但孙悟空早已在路上等候他们多时

热身游戏导入：悟空早已经在妖怪来的路上等候多时，让我们帮助孙悟空"收服压龙大仙"吧

场地	15 米 × 15 米
器材	标志盘 24 个
时间	7 分钟

内容组织	场地布置	指导要点
场地：间距 10 米 内容：幼儿站在蓝色标志盘后等待，听到教练哨后音开始向中间奔跑，跑到蓝色标志盘后停下看教练手势，教练手指的方向的幼儿为逃跑的一方，手指方向为逃跑方向，一逃一追，追到的人视为收服成功 变化：手指的反方向为逃跑方向；幼儿互相石头剪刀布，赢者追，败者跑，败者追，赢者跑		1. 反应迅速； 2. 执行力要强

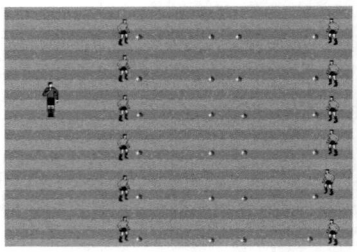

(续表)

故事导入：悟空成功收服压龙大仙后，变成了压龙大仙的样子，来到了洞中，看到八戒被五花大绑，悟空忍不住逗了逗八戒，不料走漏风声被妖怪发现，悟空因不知幌金绳的使用方法，被幌金绳绑住

技术游戏导入：悟空的本领虽然高强，但妖怪的法宝也很厉害，一不小心悟空就被妖怪的法宝绑住了。让我们帮助悟空"逃脱法宝"吧

场地	15 米 ×15 米
器材	足球 12 个、标志盘 4 个
时间	10 分钟

内容组织	场地布置	指导要点
场地：起点距终点 10 米 内容：幼儿分成 3 组站在标志盘后等待，教练员随机拦截幼儿，幼儿需要在教练没拦截自己时用脚内侧运球的方式逃脱，排头依次出发，当排头成功逃脱后在终点标等待，并大喊"我成功了"或高抬手臂示意自己成功逃脱后，下一名幼儿才能出发	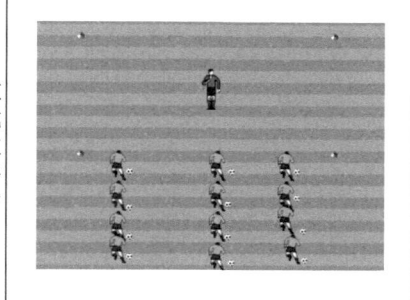	1. 要求幼儿运球时用脚内侧运球； 2. 抬头观察

故事导入：悟空成功从洞中逃走，改名叫"孙行者"，又来探洞，不知道紫金葫芦的厉害，被收入葫芦中；但悟空再次逃脱，又改名叫"者行孙"，再来探洞，又被收进葫芦里；变成小飞虫飞出来的悟空又改名为"行者孙"前来

技能游戏导入：大家思考一下，悟空一共和银角大王斗了几次呀？是不是斗得有来有回？让我们进行一场比赛"斗法大赛"，看看我们能不能和悟空一样厉害吧

场地	12 米 ×10 米
器材	足球 8 个、标志盘 4 个、球门 2 个
时间	10 分钟

内容组织	场地布置	指导要点
场地：12 米 ×10 米 内容：幼儿进行 2V2 的足球比赛，由教练员选择进攻方向，听教练员哨声，一方进球代表本轮进攻结束，将球交给教练员，教练重新选择进攻方向。每队幼儿都要有持球进攻与无球防守两个过程	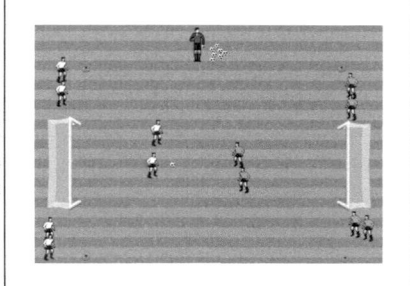	1. 思路明确； 2. 抬头观察； 3. 配合队友完成进攻

(续表)

场地	10米×10米		
器材	标志盘4个		
时间	3分钟		
内容组织		场地布置	指导要点
场地：幼儿围成半径为4米的圆 内容：听教练的指令，拉伸放松			1. 认真放松； 2. 听教练指令
小结			

教学主题	夺宝莲花洞
教学内容	脚背外侧运球
教学目标	1. 让幼儿掌握脚背外侧运球的技术动作要领； 2. 让幼儿掌握并熟练运用脚背外侧运球的技术动作； 3. 培养幼儿积极进取、勇敢顽强的精神
教学班级	中班
教学学期	第一学期
教学周次	第五周
教学人数	12人
教学时长	30分钟
教学器材	足球12个、标志盘7个、球门2个、敏捷圈3个、标志服12件

课程导入：路过平顶山，悟空背起由银角大王变成的老人。银角大王用法术将悟空困住，抓走了唐僧。悟空逃脱妖怪的法术后，前去营救师父

故事导入：本领高强的悟空成功从银角大王的法术中逃出，并用计谋得到了紫金葫芦和玉净瓶。现在悟空要去救回师父，让我们看看悟空是如何大战金角、银角大王，救回师父的吧

热身游戏导入：悟空更改了名字来智斗金角、银角，让我们进行一个游戏叫"我是孙行者"吧。来看看悟空是怎么智斗金角、银角大王的

场地	15米×15米

(续表)

器材	足球 12 个、标志盘 7 个、敏捷圈 3 个
时间	7 分钟

内容组织	场地布置	指导要点
场地：标志盘距敏捷圈 8 米 内容：幼儿分成 3 组站在标志牌后听教练指令，等待命令时，幼儿原地小碎步、高抬腿、蹲下、俯卧等，教练指令为孙行者、行者孙、者行孙、孙者行、行孙者、者孙行等。当指令为孙行者时，幼儿迅速出发，将足球用手抱起来送到敏捷圈内，（最先送达的得 1 分，第二个送达的得 2 分，最后送达的得 1 分）。幼儿 3 队排头依次出发，其余人在标志牌后等待，完成球的放置后，教练员让幼儿记住自己分数后排尾等候，最后以组为单位计算分数，得分多者获胜，获胜队为真正的孙行者，失败队加以鼓励 变化：尝试用脚背外侧运球的方式将球运到指定地点		1. 做到动作流畅； 2. 方向控制自如

故事导入：金角、银角大王抓走唐僧，准备找干娘来吃唐僧肉，怎料悟空得知了消息在半路打死了接干娘的小妖和干娘，悟空变成了干娘的样子混入了妖怪洞中，但悟空不知道法宝幌金绳的使用方法被抓住，本领高强的悟空用分身之术将分身留在了原处，自己逃出洞外，分别变成了"孙行者""者行孙""行者孙"前来探洞

技术游戏导入：悟空的本领虽然高强，但妖怪的法宝也很厉害，悟空经历了几番周折也没能救回师父，悟空需要我们的帮助，让我们帮助悟空"盗取紫金葫芦"，战胜妖怪

场地	15 米×15 米
器材	足球 12 个、标志盘 7 个、敏捷圈 3 个
时间	10 分钟

内容组织	场地布置	指导要点
场地：标志盘距离球 10 米 内容：教练员身后摆放 12 个足球，将幼儿分 3 组，排头依次出发，教练员进行拦截，幼儿出发将球以脚背外侧运球的方式运回指定地点，运回指定地点后到排尾等候，如果被抓住，幼儿需要重新回到起点再出发		1. 要求幼儿运球时用脚内侧运球； 2. 运球时观察

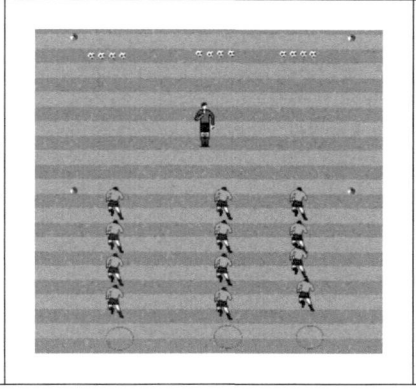

（续表）

故事导入：悟空被收入葫芦内，但悟空早已炼就金刚不坏之身，紫金葫芦不能将悟空化成水，在银角大王将葫芦打开查看悟空是否化成水时，悟空变成了一只苍蝇飞走了，然后又变化成了一只小怪的样子盗走了紫金葫芦，变出一个假的紫金葫芦给了妖怪，拿着真的紫金葫芦的悟空再探妖怪洞，反问妖怪："我叫你一声你敢答应吗？"妖怪不知道紫金葫芦已被盗走便应和了悟空，被悟空收入葫芦中降伏。太上老君匆忙赶来说道："大圣，那金角、银角大王是我的两个童子，我一时瞌睡，他们就逃到下届当了妖怪，我带他们回去后定严加看管。"悟空便将金角、银角大王和法宝一并交还给了太上老君
技能游戏导入：在我们的帮助下，悟空智斗金角、银角大王，成功救回师父。在智斗金角、银角大王的故事中，悟空和妖怪斗得有来又回，让我们进行一场比赛，看看大家的本领吧

场地	12米×10米
器材	足球8个、标志盘4个、球门2个
时间	10分钟

内容组织	场地布置	指导要点
场地：12米×10米 内容：幼儿进行1V1的足球比赛，由教练员选择进攻方向，听教练员哨声，一方进球代表本轮进攻结束，将球交给教练员，教练重新选择进攻方向。每队幼儿都要有持球进攻与无球防守两个过程		1. 思路明确； 2. 抬头观察； 3. 攻防转换要迅速

场地	10米×10米
器材	标志盘4个
时间	3分钟

内容组织	场地布置	指导要点
场地：幼儿围成半径为4的圆 内容：听教练的指令，拉伸放松		1. 认真放松； 2. 听教练指令

小结	

第六章 幼儿足球课程教学设计

教学主题	老国王托梦
教学内容	脚背外侧运球
教学目标	1. 让幼儿掌握脚背外侧运球的技术动作要领； 2. 让幼儿掌握并熟练运用脚背外侧运球的技术动作； 3. 培养幼儿积极进取、勇敢顽强的精神
教学班级	中班
教学学期	第一学期
教学周次	第六周
教学人数	12 人
教学时长	30 分钟
教学器材	足球 4 个、标志盘 20 个、标志桶 12 个、标志服 12 件、小栏架 8 个、球门 2 个

课程导入：上节课我们跟随师徒四人去了平顶山，看见了本领高强的悟空智斗金角、银角大王，成功从妖怪的手中救下唐僧，让我们一起看看接下来师徒四人又来到了哪里

故事导入：唐僧一行人来到了一座破旧的寺庙，唐僧见天色不早，便想留宿这里，但无奈寺庙里的僧人说："国王有令，本寺庙不准留客。"力大无穷的悟空见状举起门口的石狮子闯入寺庙，庙里的僧人见悟空能把数百斤的石狮子轻松举起便不敢不留下他们

热身游戏导入：悟空不仅能举起门口的石狮子，还能将其杂耍起来。让我们也试试能不能"扔石狮"吧

场地	15 米 ×15 米
器材	足球 4 个、标志盘 20 个、标志桶 8 个、小栏架 8 个
时间	7 分钟

内容组织	场地布置	指导要点
场地：起点距终点 10 米 内容：幼儿站在蓝色标志盘后，听到教练哨声后排头依次出发，将足球装入标志桶中绕过红色标志盘，跳过小栏架，绕过绿色标志盘后快速跑回，把桶中的足球放入第二个人的标志桶内后，将标志桶给第三个等候的人排尾等候。（将足球和标志桶视为石狮） 变化：以比赛的形式进行		1. 注意安全； 2. 步伐频率要快

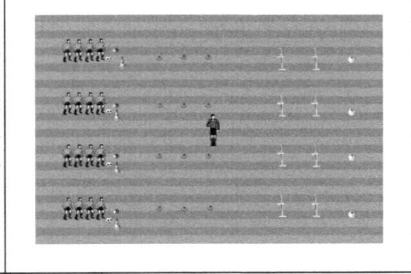

故事导入：师徒四人成功进入了寺庙留宿。深夜，唐僧在读经文时睡着了，唐僧梦见一个国王跪拜唐僧申冤，唐僧连忙将国王扶起，问道："你是哪里的皇帝，半夜到此有什么事？"国王答道："我是乌鸡国国王特来此地诉说冤情。"唐僧问道："什么冤情？"国王说："五年以前乌鸡国遭遇旱灾，庄稼颗粒无收，正巧这时来了一个巫师，巫师说他能呼风唤雨，我便立刻请巫师求雨，巫师做法，果然天降大雨，我便与巫师成了朋友，有一次我与巫师在后花园游玩，巫师骗我能让我井中的倒影出来与我下棋，把我骗到井边将我推入井底，变化成了我的样子成了现在的国王。"唐僧问道："我怎么能相信你说的话？"国王给了唐僧一个玉佩说："把玉佩给太子看自然就会信我说的话了。"第二天唐僧把玉佩给了太子，太子见到玉佩便问："你们从哪得到玉佩的？"唐僧一五一十地说出了昨天发生的事，太子半信半疑，悟空说："那你就去问问你的母后。"太子说："后宫有重兵把守，根本不让任何人接近。"听完，悟空给了太子一个葫芦便离去

(续表)

技术游戏导入：悟空让太子遇到困难的时候对葫芦说："葫芦葫芦帮帮我。"当太子说出这句话的时候，我们就要出动了，让我们用我们的本事帮助太子见到他的母亲

场地	15米×15米
器材	足球3个、标志盘12个、标志桶12个
时间	10分钟

内容组织	场地布置	指导要点
场地：起点距终点10米 内容：幼儿分成3组，在蓝色标志盘后等待，听到教练哨声后用脚背外侧运球绕过标志盘后用手将标志桶推倒。排头依次出发，将球给下一个排头，完成后排尾等候。（将标志桶视为守卫） 变化：以比赛的形式进行		1. 抬头观察； 2. 注意安全

故事导入：太子成功见到了母亲，得知了现在的国王并不是真国王，顿时火冒三丈，拿起宝刀就要去替父报仇，铲除妖孽

技能游戏导入：太子一时冲动，打算找妖怪报仇，但太子一届凡人怎能打过妖怪？大家快"拦截太子"，不能让太子冲动行事

场地	25米×15米
器材	足球1个、球门2个
时间	10分钟

内容组织	场地布置	指导要点
场地：25米×15米 内容：按照五人制规则进行比赛		1. 抬头观察； 2. 多呼应，多配合

场地	10米×10米
器材	标志盘4个
时间	3分钟

内容组织	场地布置	指导要点
场地：幼儿围成半径为 4 米的圆 内容：跟教练动作进行肌肉拉伸		1. 认真放松； 2. 充分拉伸
小结		

教学主题	除妖乌鸡国
教学内容	脚背外侧运球
教学目标	1. 让幼儿掌握脚背外侧运球的技术动作要领； 2. 让幼儿掌握并运用脚背外侧运球的技术动作； 3. 培养幼儿积极进取、勇敢顽强的精神
教学班级	中班
教学学期	第一学期
教学周次	第七周
教学人数	12 人
教学时长	30 分钟
教学器材	足球 12 个、标志盘 14 个、标志桶 12 个、标志服 12 件、球门 2 个、敏捷圈 12 个

课程导入：上节课我们讲到，太子怒气冲冲想要去找妖怪报仇，成功被我们阻止，但这时国王听到了消息，怒气冲冲地赶了过来，王后说："王儿不可冲动。"太子便躲了起来，让我们看看接下来能发生什么吧

故事导入：原来太子与王后的见面早已被太监听见，太监禀告了国王，国王怒气冲冲来到了王后的宫中。"报！国王陛下来了！"一声报告打乱了母子的交谈，王后让太子不要冲动，并让太子躲了起来。国王来后便质问王后："王儿是否来过？"王后答道："不曾来过。"国王便在屋里寻找，聪明的太子早已逃出屋子，又从前门进入，并且说道："今天是母后生辰，孩儿前来送礼。"妖怪变成的假国王见到太子从前门出现也无话可说

热身游戏导入：假国王怒气冲冲地在屋中寻找太子，但太子聪明过人，早已逃出房间。既然太子都能"躲避国王"逃出房间，让我们试试我们能不能像太子那样聪明勇敢地逃避假国王吧

场地	15 米 ×15 米
器材	标志盘 4 个、敏捷圈 12 个
时间	7 分钟

（续表）

内容组织	场地布置	指导要点
场地：15米×15米 内容：教练饰演假国王，幼儿需要在教练吹哨前跟在教练的身后躲避教练的视线，教练吹哨代表假国王来了，幼儿迅速躲避假国王跑到安全区域（敏捷圈内）视为躲避成功，未成功躲避国王的幼儿惩罚两个蹲起 变化：幼儿带球完成以上要求		1. 反应迅速； 2. 注意躲避

故事导入：在假国王去找王后的同时，悟空带着八戒来到了真国王被推下井的井口，悟空骗八戒说，这井下有宝贝，猪八戒信以为真，下井去打捞，下去时发现井下居然有个龙王在照看国王的身体。龙王说国王就是那个宝贝，八戒哀声怨气地把国王捞了出来，唐僧见国王可怜便恳求悟空救活国王。只见悟空腾云驾雾，来到了太上老君府上求取仙丹来救国王

技术游戏导入：大闹天宫一事，悟空把太上老君府闹了个鸡犬不宁，太上老君一见到悟空便赶他出去，硬是不愿意把仙丹给悟空，让我们帮助孙悟空"求取仙丹"吧

场地	15米×15米
器材	足球12个、标志盘14个、标志桶12个
时间	10分钟

内容组织	场地布置	指导要点
场地：起点到终点10米 内容：幼儿用脚背外侧运球的方式绕过标志桶取最前面的红色标志盘 变化：比赛形式进行，最快的一组胜利（获得仙丹）		1. 动作标准，流畅自如； 2. 抬头观察； 3. 降低重心

故事导入：真国王吃下仙丹后醒了过来，又来与假国王见面，假国王见事情败露，便与悟空打了起来

技能游戏导入：让我们与悟空一起"降伏妖怪"吧

场地	25米×15米
器材	足球1个、球门2个
时间	10分钟

（续表）

内容组织	场地布置	指导要点
场地：25米×15米 内容：按照五人制足球规则进行比赛		1. 思路清晰； 2. 抬头观察

场地	10米×10米
器材	标志盘4个
时间	3分钟

内容组织	场地布置	指导要点
场地：幼儿围成半径为4米的圆 内容：听教练指令，完成拉伸动作		1. 认真放松； 2. 听教练指令

小结	

教学主题	悟空遇怪婴
教学内容	脚内侧踢球
教学目标	1. 让幼儿了解脚内侧踢球的技术动作要领； 2. 让幼儿掌握脚内侧踢球的技术动作； 3. 培养幼儿积极进取、勇敢顽强的精神
教学班级	中班
教学学期	第一学期
教学周次	第八周
教学人数	12人
教学时长	30分钟
教学器材	足球8个、标志盘24个、标志桶2个、标志服12件、球门2个

(续表)

课程导入：我们上节课讲到悟空他们经过了乌鸡国，想知道他们在前往下一个国家的时候发生了怎样的故事吗？今天，教练就给大家讲讲后面发生的故事，和教练一起来探索吧

故事导入：唐僧师徒离开乌鸡国，走了大半个月，又遇见一座高山。有个小妖几年前听人说，去西天取经的唐僧是金蝉子转世，吃了他的肉就能长生不老，便天天在此等候。只见他眼珠一转，摇身变作一个七岁顽童，光着上身，把自己高高地吊在树上。唐僧还没有走到跟前，小妖怪就一直在那乱叫，喊道："救命啊，救命啊！"唐僧慈悲心肠，连忙让八戒解开绳索

热身游戏导入：让我们跟八戒一起去"解开绳索"吧

场地	15米×15米
器材	足球2个、标志盘24个、标志桶2个
时间	7分钟

内容组织	场地布置	指导要点
场地：15米×15米 内容：幼儿配合将前方摆放凌乱的标志盘摆放成一直线，红队摆放红色标志盘，蓝队摆放蓝队标志盘，依次出发，队尾排队 变化：脚内侧运球，幼儿运球将标志盘摆放后，脚内侧传球传给下一名幼儿，然后去队尾排队；两队进行比赛		1. 动作迅速； 2. 反应灵敏

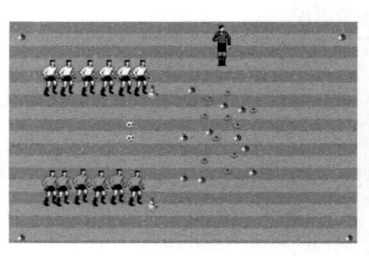

故事导入：那妖怪却不愿骑马，也不愿让八戒和沙僧搀扶，一心只要悟空背他。悟空越背越沉，忍不住火冒三丈，将那妖怪摔到路边的石头上，只见妖怪弄起一阵狂风，顿时黄沙迷人，地动山摇。等到风声渐息，早已不见了唐僧的踪影

技术游戏导入：那我们想一想，小妖怪上马了吗？这个小妖怪没有上马，反倒是让孙悟空来背他，这是万万没想到的，悟空拗不过师父只好背起小妖怪，让我们一起来看看悟空是如何"脱离小妖"的吧

场地	15米×15米
器材	足球6个、标志盘4个
时间	10分钟

内容组织	场地布置	指导要点
场地：两人间隔2米 内容：两人一组进行脚内侧传球、停球练习		1. 抬头观察； 2. 传准传好； 3. 动作舒展； 4. 确定踢球部位

（续表）

故事导入：悟空急得用金箍棒乱打，一群山神、土地纷纷冒出头来，向大圣磕头请罪。原来那妖怪是牛魔王的儿子。五百年前大闹天宫时，悟空曾与牛魔王结拜为兄弟，算起来还是那妖怪的叔叔呢		
技能游戏导入：一阵黄风刮过来，师父会去了哪里呢？应该是让妖怪抓走了，那怎么办啊？让我们往下看看，孙悟空能不能成功"战胜妖怪"，救回师父		
场地	12米×10米	
器材	足球8个、标志盘16个、球门2个	
时间	10分钟	
内容组织	场地布置	指导要点
场地：12米×10米 内容：幼儿进行1V1的足球比赛，由教练员选择进攻方向，听教练员哨声，一方进球代表本轮进攻结束，将球交给教练员，教练重新选择进攻方向。每队幼儿都要有持球进攻与无球防守两个过程	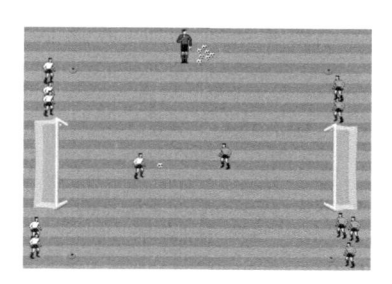	1. 快速变化； 2. 动作迅速； 3. 灵活多变
场地	10米×10米	
器材	标志盘4个	
时间	3分钟	
内容组织	场地布置	指导要点
场地：幼儿围成半径4米的圆 内容：拉伸放松	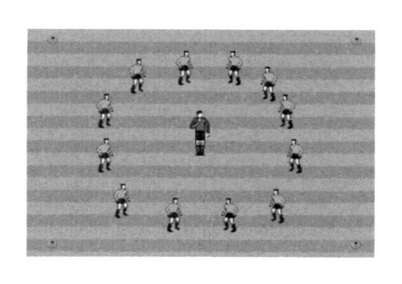	1. 听从指令； 2. 认真放松
小结		

教学主题	大战红孩儿
教学内容	脚内侧踢球
教学目标	1. 让幼儿了解脚内侧踢球的技术动作要领； 2. 让幼儿掌握脚内侧踢球的技术动作； 3. 培养幼儿积极进取、勇敢顽强的精神
教学班级	中班
教学学期	第一学期
教学周次	第九周
教学人数	12 人
教学时长	30 分钟
教学器材	足球 12 个、标志盘 10 个、标志服 12 件、球门 2 个

课程导入： 咱们上节课讲到悟空他们碰到了红孩儿。今天，教练就给大家讲讲后面发生的故事，和教练一起来探索吧

故事导入： 悟空和八戒一起来到火云洞前，高声喊道："红孩儿，快把我师父送出来！"红孩儿听见悟空的喊声，就命小妖们推出五辆小车儿，悟空见了，笑道："贤侄，我早上好心背你，你却把我师父抓了。"红孩儿听了大怒："满口胡说的泼猴，哪个是你贤侄了！"悟空说："我与你父亲结拜时，你还没出生呢。"红孩儿举起火尖枪便刺。两人一齐变脸，就是一番厮杀，两人打了二十个回合，不分胜负

热身游戏导入： 红孩儿与悟空大战二十回合不分胜负，悟空想捉拿红孩儿，让我们看看悟空是如何"抓拿红孩儿"的吧

场地	15 米 ×15 米
器材	足球 12 个、标志盘 4 个
时间	7 分钟

内容组织	场地布置	指导要点
场地：15 米 ×15 米 内容：任选一名幼儿充当孙悟空，在场地内抓人，抓到的变成孙悟空一起抓红孩儿 变化：每人增加一个足球，在场地内运球，抓人的也运球抓		1. 抬头观察； 2. 注意安全

故事导入： 悟空到树林里找到八戒、沙僧，讲了事情的经过。悟空恍然大悟，急忙驾起筋斗云，往东海而去。东海龙王听悟空说了事情的经过，立刻擂鼓撞钟，叫来三海龙王一起助阵。四海龙王跟悟空回到火云洞，让悟空独自上前叫阵。红孩儿见悟空又找上门来，打了二十回合，红孩儿见不能取胜，又故技重施，喷出了三味真火。悟空回头大喊："龙王，快下雨！"四海龙王听了，急忙喷下雨水

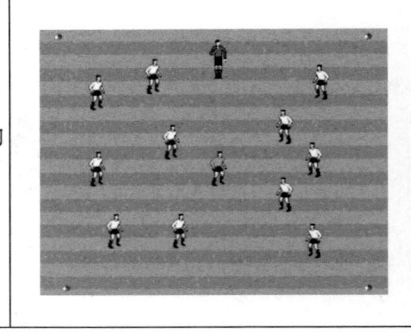

(续表)

技术游戏导入：因为红孩儿有三昧真火的本领，悟空抓拿红孩儿失败，又请来了多位龙王助阵，大家猜能不能"捉拿红孩儿"呢	
场地	15 米 ×15 米
器材	标志盘 10 个、足球 6 个
时间	10 分钟

内容组织	场地布置	指导要点
场地：15 米 ×15 米 内容：两人一组，进行脚内侧传球练习 变化：四人一组，原地进行传球练习。传球后向接球人位置跑动。如果出现传球失误，就是被妖怪抓到了		1. 抬头观察； 2. 传准传好； 3. 把握时机

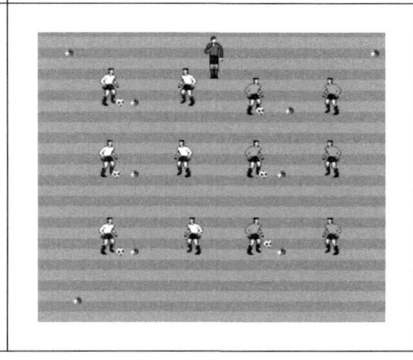

故事导入：悟空摇身一变，变成了牛魔王。红孩儿见父亲来得如此之快，心中十分欢喜，亲自走出洞来，把悟空请了进去。悟空让红孩子儿给唐僧松绑，说不吃唐僧肉。红孩儿心想，父亲每日吃人为生，怎么会突然吃素呢？于是找了个借口，故意问起自己的生辰八字。悟空支支吾吾答不出来，身体也逐渐复原，于是趁机化成一道金光，到南海找观音菩萨去了

技能游戏导入：悟空请来了各位龙王却依然无法将三昧真火扑灭，只好请来观音菩萨。有了观音菩萨的帮助后，让我们"再战红孩儿"，看能否取得胜利

场地	25 米 ×15 米
器材	足球 1 个、球门 2 个
时间	10 分钟

内容组织	场地布置	指导要点
场地：25 米 ×15 米 内容：按照五人制比赛规则		1. 把握时机； 2. 传准传好

场地	10 米 ×10 米
器材	标志盘 4 个
时间	3 分钟

(续表)

内容组织	场地布置	指导要点
场地：幼儿围成半径 4 米的圆 内容：拉伸放松		1. 认真放松； 2. 听从指令
小结		

教学主题	观音智收红孩儿
教学内容	脚背正面踢球
教学目标	1. 让幼儿了解脚背正面踢球的技术动作要领； 2. 让幼儿掌握脚背正面踢球的技术动作； 3. 培养幼儿积极进取、勇敢顽强的精神
教学班级	中班
教学学期	第一学期
教学周次	第十周
教学人数	12 人
教学时长	30 分钟
教学器材	足球 12 个、标志盘 4 个、标志服 12 件、球门 2 个、标志桶 2 个

课程导入：上一次悟空去请了四海龙王，也没能抓住红孩儿。这一次他又去找了其他的救兵。让我们来看看悟空这次救没救出师父

故事导入：红孩儿猜到悟空要去请菩萨，就冒充菩萨来前来骗走了八戒。悟空被捉弄后去找观音菩萨帮忙。观音菩萨听说有妖怪冒充自己，便与悟空一起朝火云洞而来。红孩儿不知深浅，上前瞪着菩萨问："你是猴子请来的救兵吗？"菩萨笑笑没说话，红孩儿心中大怒，一枪刺来。谁知菩萨化作一道金光，消失不见，只留下一座莲花台孤零零地放在那里

热身游戏导入：为什么只留下一座莲花台呢。让我们看看神通广大的观音菩萨是怎么"捉拿红孩儿"的吧

场地	15 米 × 15 米
器材	足球 12 个、标志盘 4 个
时间	7 分钟

(续表)

内容组织	场地布置	指导要点
场地：15 米 ×15 米 内容：由教练开始当菩萨，寻找到一名幼儿，需要幼儿跟这教练手牵手形成一个网再进行抓人，抓到一个就使网变得更大，直到最后一个人被抓到。最后一个被抓到的下回合第一个抓人 变化：每人增加一个足球进行运球，被抓到的将足球放在场地外，然后回到场地内，没有被抓到的继续运球。直到游戏结束		1. 反应灵敏； 2. 动作灵活； 3. 抬头观察

故事导入：悟空去请来观音菩萨降伏红孩儿。观音菩萨用玉净瓶的甘露熄灭了三昧真火，并派徒弟惠岸去向其父托塔天王借来三十六把天罡刀，藏在莲花台宝座中困住红孩儿。红孩儿不敌观音被观音降伏，观音将其带走，做了观音的善财童子

技术游戏导入：让我们一起看看观音是如何"带走红孩儿"的吧

场地	15 米 ×15 米
器材	足球 12 个、标志盘 4 个、标志桶 2 个
时间	10 分钟

内容组织	场地布置	指导要点
场地：15 米 ×15 米 内容：分为两队进行足球射门活动，踢进得 1 分，6 分兑换 1 个莲花台 变化：增加球门距离		1. 脚背绷直，脚踝锁死； 2. 支撑脚脚尖朝向球门方向； 3. 控制力度

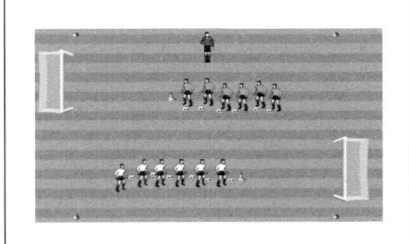

故事导入：经过悟空的努力，唐僧成功得救。红孩儿在观音菩萨身边做了善财童子，最终也修成正果

技能游戏导入：收服红孩儿以后他们继续西行，让我们想一想悟空一共找了几个神仙来帮助他救出师父？足球比赛也是一样的，靠我们自己很难取得比赛胜利，需要请我们的队友来帮助我们，看看我们能不能取得队友的帮助赢下比赛

场地	12 米 ×10 米
器材	足球 8 个、标志盘 4 个、球门 2 个
时间	10 分钟

(续表)

内容组织	场地布置	指导要点
场地：12 米 ×10 米 内容：幼儿进行 2V2 的足球比赛，由教练员选择进攻方向，听教练员哨声，一方进球代表本轮进攻结束，将球交给教练员，教练重新选择进攻方向。每队幼儿都要有持球进攻与无球防守两个过程		1. 抬头观察； 2. 传准传好； 3. 反应灵敏
场地	10 米 ×10 米	
器材	标志盘 4 个	
时间	3 分钟	

内容组织	场地布置	指导要点
场地：幼儿围成半径 4 米的圆 内容：拉伸放松		1. 快速整齐； 2. 认真放松
小结		

教学主题	黑水河遇险
教学内容	脚背正面踢球
教学目标	1. 让幼儿了解脚背正面踢球的技术动作要领； 2. 让幼儿掌握脚背正面踢球的技术动作； 3. 培养幼儿积极进取、勇敢顽强的精神
教学班级	中班
教学学期	第一学期
教学周次	第十一周
教学人数	12 人
教学时长	30 分钟
教学器材	足球 12 个、标志盘 6 个、标志桶 4 个、标志服 12 件、球门 2 个

(续表)

课程导入：上一节课我们讲了智斗红孩儿，现在我们要和唐僧师徒四人一起出发去下一个地方，继续冒险		
故事导入：唐僧师徒离开火云洞，又走了一个多月，突然听到阵阵涛声。没走多远，果然看见一条大河拦住去路。只见黑水滚滚，好像墨汁一般，浪花翻起来，丝毫不透光亮。悟空让八戒来背唐僧，八戒又推给沙僧，沙僧也犹豫不前		
热身游戏导入：让我们来想一想河水为什么是黑色的，河水里面是不是有妖怪？让我们跟孙悟空他们一起"探黑河"		
场地	15米×15米	
器材	标志盘4个	
时间	7分钟	
内容组织	场地布置	指导要点
场地：15米×15米 内容：幼儿站成一排，在场内走动，教练说出数字。每个数字分别对应一个动作，数字1是原地深蹲2下，数字2是向上跳5次，数字3是向前冲刺跑3米，数字4是单腿跳5次 变化：增加数字及相应的动作	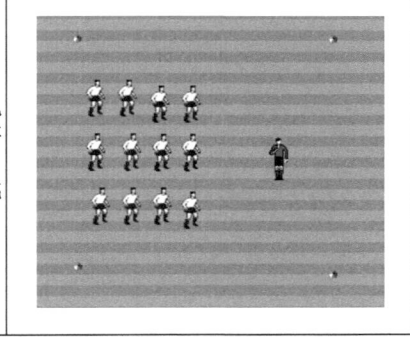	1. 动作迅速； 2. 反应灵敏
故事导入：正在这时，有一人驾着小船从上流而来。唐僧高兴地喊："那船家，我们要渡河。"那人来到岸边，问了几人的来历，那船竟是用一块木头刻的，算上船家，一次只能坐下三人		
技术游戏导入：让我们孙悟空他们一起"渡河"吧		
场地	15米×15米	
器材	足球12个、标志盘6个、标志桶4个、球门2个	
时间	10分钟	
内容组织	场地布置	指导要点
场地：标志桶距标志盘5米，标志盘距球门5米 内容：幼儿将球运到第一个标志盘处，用脚背正面将球踢进球门 变化：增加标志桶，运球过标志桶，然后射门	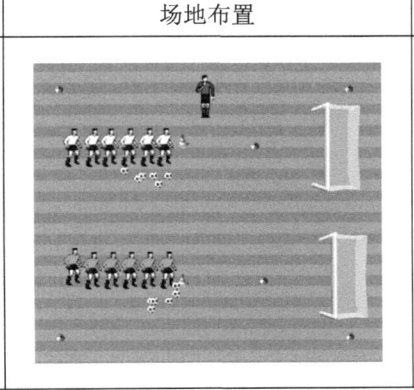	1. 抬头观察； 2. 传准传好； 3. 动作舒展

（续表）

故事导入：唐僧和八戒先上了船，突然刮起一阵狂风，顿时黑浪滔天，不见了三人身影。悟空说："不对！那呆子会水，若是翻船，早就背着师父上来了。我看那撑船人有些古怪，肯定是被他捉到水里去了。"悟空来到水下，只见一座亭台，上面写着"黑水河神府"五个大字		
技能游戏导入：从上面的故事当中我们知道，八戒和师父一起掉入了水中，八戒想背着师父上岸，却被妖怪抓到了水下。现在我们要"打败妖怪"救师父上岸		
场地	12 米 ×10 米	
器材	足球 8 个、标志盘 4 个、标志服 12 件、球门 2 个	
时间	10 分钟	
内容组织	场地布置	指导要点
场地：12 米 ×10 米 内容：幼儿进行 1V1 的足球比赛，由教练员选择进攻方向，听教练员哨声，一方进球代表本轮进攻结束，将球交给教练员，教练重新选择进攻方向。每队幼儿都要有持球进攻与无球防守两个过程		1. 快速变化； 2. 动作迅速； 3. 灵活多变
场地	10 米 ×10 米	
器材	标志盘 4 个	
时间	3 分钟	
内容组织	场地布置	指导要点
场地：幼儿围成半径 4 米的圆 内容：拉伸放松		1. 听从指令； 2. 认真放松
小结		

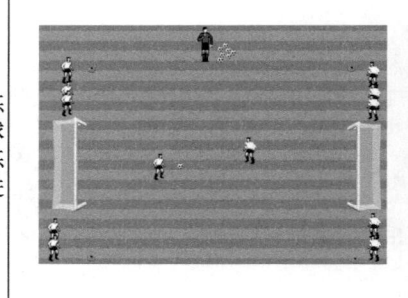

第六章 幼儿足球课程教学设计

教学主题	黑水河捉妖
教学内容	脚掌踩停球
教学目标	1. 让幼儿了解脚掌踩停球的技术动作要领； 2. 让幼儿掌握脚掌踩停球的技术动作； 3. 培养幼儿积极进取、勇敢顽强的精神
教学班级	中班
教学学期	第一学期
教学周次	第十二周
教学人数	12 人
教学时长	30 分钟
教学器材	足球 6 个、标志盘 4 个、标志杆 2 个、标志服 12 件、球门 2 个、标志桶 2 个

课程导入：上节课我们讲到，黑水河的妖怪抓了唐僧和八戒，让我们跟悟空一起救出他们吧

故事导入：悟空先让沙僧下水，把妖怪引出来，然而妖怪并没有中计，不出来应战。于是，悟空来到西海，使用避水诀钻入水中，只见一个黑鱼精抱着盒子，急匆匆地撞过来。悟空一棒把他砸死，打开盒子，原来是一张请柬，大意是说捉了一名和尚，想请二舅一同享用。悟空笑了笑，揣起请柬，就冲进龙宫。质问那西海龙王："听说你外甥要蒸了唐僧，还要你一起吃肉？"龙王听了忙辩解，并让摩昂太子捉那妖怪回来

热身游戏导入：黑鱼精给西海龙王送请帖，被悟空给先一步截住了信，让我们比一比，两人一组进行"速度大比拼"，看哪组送请帖的速度最快

场地	15 米 ×15 米
器材	足球 2 个、标志盘 4 个、标志杆 2 个、标志桶 2 个
时间	7 分钟

内容组织	场地布置	指导要点
场地：标志桶距标志杆 5 米 内容：幼儿分成两组进行无球跑动，跑到规定的地方后快速跑回，与第二名幼儿击掌，第二名幼儿再出发 变化：增加一个足球进行运球跑动		1. 动作迅速； 2. 反应灵敏

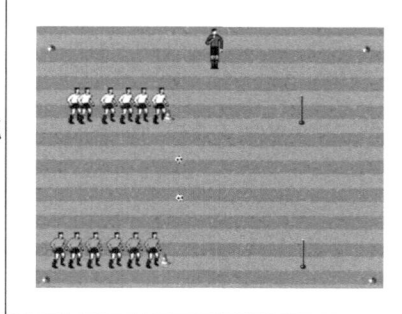

故事导入：悟空与摩昂太子一起来到黑水河，向沙僧说了事情经过。众多虾兵一拥而上，把那妖怪绑了起来，押到悟空面前。悟空有言在先，便让摩昂将妖怪带回西海，由龙王自行处置

技术游戏导入：悟空找帮手解救了师父，足球传球也是需要大家的合作。接下来，我们进行"帮手大作战"，寻找一个帮手来接住球和停住球

（续表）

场地	15米×15米		
器材	足球6个、标志盘4个		
时间	10分钟		
内容组织		场地布置	指导要点
场地：两人间隔2米 内容：两人一组进行传球停球练习，停球的时候用脚掌踩停球 变化：向传球人快速移动，用脚掌踩停住球再进行传球练习			1. 抬头观察； 2. 传准传好； 3. 动作舒展

故事导入：悟空救出唐僧、八戒，正在想办法过河。这时，黑水河河神说："圣僧请上马，让小神为各位开路。"只见他念了句咒语，黑水河竟然从中间横着断开，形成一条大路。唐僧四人谢过河神，继续向西而去

技能游戏导入：黑水河河神运用咒语将河水分开，让唐僧师徒四人从河水中走过，直奔对岸。我们通过比赛的方式也来"直奔对岸"吧

场地	25米×15米		
器材	足球1个、球门2个		
时间	10分钟		
内容组织		场地布置	指导要点
场地：25米×15米 内容：按照五人制规则进行比赛			1. 快速变化； 2. 动作迅速； 3. 灵活多变

场地	10米×10米
器材	标志盘4个
时间	3分钟

内容组织	场地布置	指导要点
场地：幼儿围成半径4米的圆 内容：拉伸放松		1. 听从指令； 2. 认真放松
小结		

教学主题	三清观戏妖
教学内容	脚内侧接球
教学目标	1. 让幼儿了解脚内侧接球的技术动作要领； 2. 让幼儿掌握脚内侧接球的技术动作； 3. 培养幼儿积极进取、勇敢顽强的精神
教学班级	中班
教学学期	第一学期
教学周次	第十三周
教学人数	12人
教学时长	30分钟
教学器材	足球12个、标志盘4个、标志桶8个、标志杆1个、标志服12件、球门2个

课程导入：师徒四人成功战胜黑水河的妖怪，黑水河妖也受到了相应的惩罚。而后师徒四人继续启程来到了车迟国，让我们看看师徒四人到了车迟国后又会有怎样的困难在等待着他们吧

故事导入：唐僧师徒过了黑水河，正是早春季节，一路游山玩水，缓缓而行。悟空飞到半空，远远地看见一座城池，城门前有几百个和尚搬砖推土，这场景惊吓了唐僧。悟空摇身一变，也变作个道士，向现场的两个道士行个礼，问起缘由

热身游戏导入：悟空用七十二变变成了道士，大家都知道悟空有七十二般变化，让我们一起来做个叫作"变幻莫测"的游戏吧，体会一下七十二变的能力

场地	15米×15米
器材	足球12个、标志盘4个
时间	7分钟

（续表）

内容组织	场地布置	指导要点
场地：15米×15米 内容：幼儿跟着教练在场地内走动，教练说变成小猴，大家一起原地蹲下，说变成小马，大家一起跑，说变成小兔大家一起跳 变化：每个人都运一个足球，在场地内移动，教练说变的时候停住足球，变成相应的动作，教练没说的情况下就继续运球		1. 注意力集中； 2. 抬头观察

故事导入：原来，二十年前，天下大旱，民不聊生。幸好车迟国的三位国师：虎力大仙、鹿力大仙和羊力大仙，求雨成功，才保得这里风调雨顺。从此车迟国国王尊道灭佛，还为三位国师修建了三清观。悟空玩心大起，叫上八戒、沙僧就往那里飞去。他三人吹了口仙气，灭了观内的烛光灯台，那些道士逐渐散去。三人来到三清殿上，看见满桌子的贡品，一顿吃喝

技术游戏导入：满桌好吃的，被他们几个快速吃完了。现在我们就来比一比"快速吃水果"

场地	15米×15米
器材	足球12个、标志盘4个、标志桶8个、标志杆1个
时间	10分钟

内容组织	场地布置	指导要点
场地：标志桶之间间隔5米 内容：从标志杆依次出发，用脚背正面踢球，将球踢到标志桶处并固定在标志桶半径1米的范围内才算成功，再出发向下一个标志桶处，如果没有成功，则继续踢		1. 动作标准； 2. 流畅自如

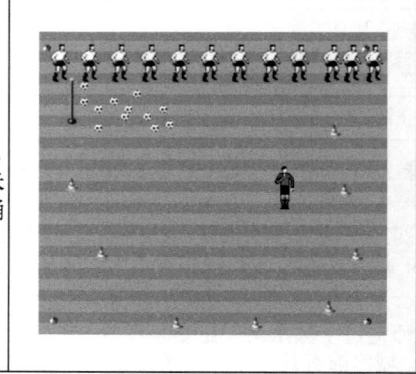

故事导入：悟空三人的动静引来了三位国师。三位国师看到观中满桌狼藉，又看到悟空三人装作的三座雕像，以为是神仙下凡，倒头便拜。悟空三人戏耍了三位国师后就匆忙消失了

技能游戏导入：雕像已经被找到，让我们看看谁能"取回雕像"

场地	12米×10米
器材	足球8个、标志盘4个、球门2个
时间	10分钟

(续表)

内容组织		场地布置	指导要点
场地：12 米×10 米 内容：幼儿进行 2V2 的足球比赛，由教练员选择进攻方向，听教练员哨声，一方进球代表本轮进攻结束，将球交给教练员，教练重新选择进攻方向。每队幼儿都要有持球进攻与无球防守两个过程			1. 思路清晰； 2. 头脑明确； 3. 精准射门
场地	10 米×10 米		
器材	标志盘 4 个		
时间	3 分钟		
内容组织		场地布置	指导要点
场地：幼儿围成半径 4 米的圆 内容：拉伸放松			1. 认真放松； 2. 听教练指令
小结			

教学主题	求雨斗法
教学内容	脚内侧接球
教学目标	1. 让幼儿了解脚内侧接球的技术动作要领； 2. 让幼儿掌握脚内侧接球的技术动作； 3. 培养幼儿积极进取、勇敢顽强的精神
教学班级	中班
教学学期	第一学期
教学周次	第十四周
教学人数	12 人
教学时长	30 分钟
教学器材	足球 8 个、标志盘 4 个、标志杆 2 个、标志服 12 件、球门 2 个、标志桶 2 个

(续表)

课程导入：上节课我们知道，悟空戏耍了三位大仙，三位大仙很生气。让我们一起看看接下来会发生什么有趣的故事吧
故事导入：第二天一早，唐僧穿了锦襕袈裟，师徒四人一起上朝更换通关文牒。国王正要开口，有个黄门官进来说："外面来了几十个百姓，说今年干旱，想请国师求一场雨。"三位国师难为悟空他们，要和悟空他们斗法，问他们师徒四人敢不敢比一比。悟空说："有何不敢，一言为定！"
热身游戏导入：师徒四人与三位国师一起比拼法力。让我们进行"技能大比拼"，看一下谁的法力更高强吧

场地	15米×15米
器材	足球2个、标志盘4个、标志杆2个、绳梯2个、标志桶2个
时间	7分钟

内容组织	场地布置	指导要点
场地：15米×15米 内容：将幼儿分成两组，跟着教练员的指令做动作（侧滑步、单腿跳、双腿跳、倒退跑等），快速通过 变化：增加一个足球，快速通过绳梯以后，运球通过标志杆，将球运回到原处		1.注意躲避； 2.快速跑动

故事导入：国王立刻派人打扫祭坛，并亲自到城楼上观看。只见那虎力大仙站在台上，他手摇令牌，连响两声，顿时风起云涌。悟空飞上天去，问清了雷公电母事情缘由，让他们等待自己的指令。雷公电母便停下了动作，天空立刻云散风定，万里无云。虎力大仙心中急躁，又摇了两次令牌，匆匆赶来的四海龙王同样被悟空逐一拦下
技术游戏导入：悟空来到空中拦下各路神仙，让他们听从悟空指令完成任务。让我们和队友进行"通力合作"来完成接下来的任务吧

场地	15米×15米
器材	足球4个、标志盘4个
时间	10分钟

内容组织	场地布置	指导要点
场地：幼儿间间隔2米 内容：将幼儿分成4组，用脚内侧踢球、接球，3人原地练习传接球 变化：3人在小范围内快速移动接传球		1.动作标准； 2.流畅自如

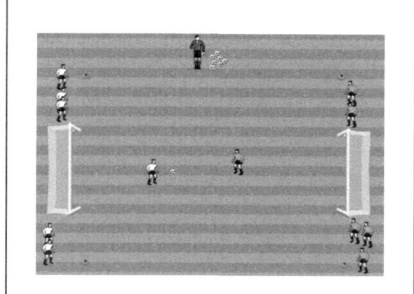

(续表)

故事导入：悟空与众神约定了暗号，急忙从天上下来。只见虎力大仙灰溜溜地走下台。悟空也不管他，就叫唐僧上台求雨。唐僧只好上台坐定。只见悟空将金箍棒向天上一指，顿时狂风大作，飞沙走石；再一指，浓墨飞烟，乌云密布；悟空嘿嘿一笑，又举起金箍棒连发两个号令，一时电闪雷鸣，白雨如瀑，悟空又一指，白日当空，万里无云	
技能游戏导入：让我们跟悟空一起与虎力大仙进行"法术比拼"吧	
场地	12 米 ×10 米
器材	足球 8 个、标志盘 4 个、球门 2 个
时间	10 分钟

内容组织	场地布置	指导要点
场地：12 米 ×10 米 内容：幼儿进行 1V1 的足球比赛，由教练员选择进攻方向，听教练员哨声，一方进球代表本轮进攻结束，将球交给教练员，教练重新选择进攻方向。每队幼儿都要有持球进攻与无球防守两个过程		1. 思路清晰； 2. 头脑明确； 3. 精准射门

场地	10 米 ×10 米
器材	标志盘 4 个
时间	3 分钟

内容组织	场地布置	指导要点
场地：幼儿围成半径 4 米的圆 内容：听教练指令，进行拉伸		1. 认真放松； 2. 听教练指令

小结	

教学主题	猜物争胜
教学内容	下手接球、下手抛球
教学目标	1. 让幼儿掌握下手接球、下手抛球的技术动作要领； 2. 让幼儿掌握下手接球、下手抛球的技术动作； 3. 培养幼儿积极进取、勇敢顽强的精神
教学班级	中班
教学学期	第一学期
教学周次	第十五周
教学人数	12 人
教学时长	30 分钟
教学器材	足球 6 个、标志盘 32 个、标志服 12 件、球门 2 个

课程导入：上节课讲到唐僧师徒与车迟国的三位法师进行了求雨斗法。三位国师不甘心失败，还要难为唐僧师徒，让我们看看接下来又发生了什么故事吧

故事导入：鹿力大仙又说要和唐僧比试隔板猜物。于是，国王让人抬进来一只红色的柜子，让王后在里面放了一件东西，并让唐僧和鹿力大仙猜里面是什么东西。悟空趁机变成小飞虫钻进柜子

热身游戏导入：想知道悟空变成小飞虫干什么去了吗？让我们一起变成"小飞虫"和悟空一起大冒险吧

场地	15 米 ×15 米
器材	足球 3 个、标志盘 18 个
时间	7 分钟

内容组织	场地布置	指导要点
场地：标志盘间距 1 米 内容：两个人一组，幼儿用下手抛球的方式把球抛给自己的同伴，接球幼儿用下手接球的方式接住足球，抛球幼儿跑到下一个标志盘的位置，再进行接球，以此类推		1. 抛球要准； 2. 注意观察

故事导入：悟空变成小飞虫钻进柜子，见是一套宫衣，就把宫衣变成一件破僧袍，也叫一口钟，又飞到唐僧耳朵上，说："师父，你只猜是破烂溜丢一口钟。"这时鹿力大仙说："我先猜，柜里是一套宫衣。"唐僧说："是口破烂溜丢一口钟。"国王说："这和尚无礼！敢笑我国没有宝贝。"就命两班校尉拿下唐僧。唐僧忙说："陛下，先打开柜来看。如果是宝，贫僧再领罪不迟。"

技术游戏导入：到底里面是一套宫衣还是破烂溜丢一口钟呢？让我们变成"小侦探"，去看看吧

场地	15 米 ×15 米
器材	足球 6 个、标志盘 32 个
时间	10 分钟

(续表)

内容组织	场地布置	指导要点
场地：标志盘间距 3 米 内容：两人一组，抛球幼儿以下手抛球的方式将球抛给对面幼儿，对面幼儿用下手接球的方式接住足球，接住球后的小组迅速举手，最快的小组可以到教练员前面选一个标志盘，翻开后，如果是绿色标志盘，则表示小组获胜，如果不是，则重新盖回去，游戏继续开展，直到翻出绿色标志盘		1.抛球手向后引臂； 2.方向准确； 3.接球幼儿注意观察来球方向，并迅速移动

故事导入：打开柜子，里面的东西正如唐僧所猜。王后说："我亲自放的宫衣，怎么变成破烂溜丢一口钟了？"于是，国王亲自放了一个桃子在柜内。悟空又变成小飞虫飞进去，见是一个桃子，就把桃子吃了，把核放在里面，飞出来，让唐僧猜是桃核。羊力大仙这时说："贫道先猜，是仙桃。"唐僧说："是桃核。"国王很生气，他亲自放进去的仙桃，怎会是桃核？就亲自打开柜门，里面果然放着一个桃核。国王大吃一惊，赶紧劝阻鹿力大仙："国师，这几位师父有天神相助，你们还是别比试了！"虎力大仙不同意，还要再比试一次。这次让他的徒弟藏进柜子里，让唐僧猜。悟空摇身一变，变成一个老道士的模样，悄悄地钻进柜子，对小道士说："那和尚看见你进柜来了，一定能猜出来，所以特地来和你商量，剃了头，我们猜和尚吧。"小道士同意了。悟空就把他剃成光头，又把他的衣服变成僧袍。悟空出来后告诉了唐僧。这时虎力大仙说："陛下，里面是个道童。"唐僧说："是个和尚。"柜门被打开，就看见一个和尚敲着木鱼，念着佛，坐在里面。两班文武，齐声喝彩，吓得三位国师哑口无言

技能游戏导入：妖怪和唐僧猜物又输了，国王说是天神帮助，让我们进行一场竞赛，赢了的幼儿会变成"天神"帮助唐僧师徒！究竟谁会成为"天神"呢

场地	25 米×15 米
器材	足球 1 个、球门 2 个
时间	10 分钟

内容组织	场地布置	指导要点
场地：25 米×15 米 内容：按照五人制规则进行比赛		1.跑动积极； 2.呼应

场地	10 米×10 米
器材	标志盘 4 个
时间	3 分钟

（续表）

内容组织	场地布置	指导要点
场地：幼儿围成半径4米的圆 内容：听教练的指令，拉伸放松		1. 充分放松； 2. 认真听讲
小结		

教学主题	大圣降三妖
教学内容	上手接球
教学目标	1. 让幼儿掌握上手接球的技术动作要领； 2. 让幼儿掌握上手接球的技术动作； 3. 培养幼儿积极进取、勇敢顽强的精神
教学班级	中班
教学学期	第一学期
教学周次	第十六周
教学人数	12人
教学时长	30分钟
教学器材	足球12个、标志盘20个、标志服12件、球门2个

课程导入：上节课唐僧师徒与三位国师猜物并取得了胜利，但是这并没有让三位国师心服口服，他们还要与唐僧师徒进行比拼。让我们跟着唐僧师徒看看接下来发生了什么故事吧

故事导入：国王当即说："和尚有鬼神相助！让他去吧！"虎力大仙说："不行，我们还有武艺没比。我们有法力，砍下头，能安上；剖腹剜心，还能再长上；滚油锅里，能够洗澡。"国王就说："东土的和尚，国师不肯放你走，还要同你赌砍头剖腹，下滚油锅洗澡呢。"悟空听了哈哈大笑，说："陛下，小和尚我也会砍头。"国王就传旨，设了杀场。一声令下，三千羽林军排列在朝门外。国王让悟空先砍头，悟空欣然前往刑场。刽子手手起刀落，把悟空的头砍了下来，又一脚踢开，悟空的脑袋一下子滚出三四十步开外。悟空笑了笑，喊了一声"头来"。鹿力大仙见悟空有这样的手段，便念起咒语，叫出本地土地神，命他把人头扯住。土地神因惧怕鹿力大仙的五雷法，就把悟空的头按住了。悟空见招不来头，就挣断绳子，喝声："长！"就又长出一个头来。国王见了，让他们领了关文快走。可悟空却坚决要砍国师的头。虎力大仙也只得去，头被刽子手砍下，一脚踢开，滚了三十多步，叫一声："头来！"悟空忙拔下一根毫毛，变成一条黄狗，衔了虎力大仙的头丢到河里。那虎力大仙连叫三声，人头不到，又不会长出来，没一会儿，就死了。众人一看，原来是一只无头的黄毛虎

热身游戏导入：让我们帮助悟空一起将虎力大仙的脑袋扔到河里，看谁扔得准

(续表)

场地	15米×15米
器材	足球12个、标志盘4个、球门2个
时间	7分钟

内容组织	场地布置	指导要点
场地：标志盘间距3米 内容：幼儿抱住足球跑到前方标志盘，将足球以上手抛球的方式扔进球门，扔进球门后，迅速跑回来进行接力，下一名幼儿出发，看最后球门里有多少个足球		1. 注意观察； 2. 跑动积极

故事导入：鹿力大仙起身，说："这一定是和尚使法术把我师兄变成了畜类，我今天饶不了他，一定要和他赌剖腹剜心！"国王听了，就问悟空赌不赌。悟空同意了，摇摇摆摆地来到杀场，解开衣带，露出肚腹。刽子手把他绑上，把肚子剖开，悟空双手拿出肠脏，一条条理顺，再放回去，喊声"长"，肚子就长合了。国王大惊，把他那关文捧在手中，想送唐僧师徒走。但悟空也要鹿力大仙剖腹。鹿力大仙被割开肚腹，他也拿出肝肠，用手理弄。悟空又拔一根毫毛，变做一只饿鹰，把鹿力大仙的内脏抓走了。鹿力大仙当场毙命，现出原形，原来是一只白毛角鹿。国王见了害怕，问："怎么会是个角鹿？"

技术游戏导入：让我们变成"老鹰"，去抓走鹿力大仙，帮助悟空他们吧

场地	15米×15米
器材	足球6个、标志盘20个
时间	10分钟

内容组织	场地布置	指导要点
场地：幼儿间间隔2米 内容：两人一组，教练员吹哨，两人以上手抛球的方式互相抛球，并接住对方抛过来的足球，就算成功抓走鹿力大仙		1. 注意观察； 2. 动作灵敏

(续表)

故事导入：	羊力大仙又奏："这都是和尚做法害我们。等我给师兄报仇。"说着就要比试油锅洗澡。国王叫人取来一口大锅，放上香油，叫他两个赌。悟空担心道士的衣服有诈，便要脱了衣服洗，说着跳到锅里，翻波斗浪，如同游水一般。悟空跳出锅，洗去油腻，穿上衣服，拿出棒，对国王说："该三国师下油锅了。"羊力大仙也脱了衣服，跳下油锅，也那样洗浴。悟空走近油锅，发现油锅里都是凉的油，就猜想有龙王在这里护持羊力大仙。于是悟空飞身上天，找到北海龙王，让他出面收走油锅里的冷龙。果然，没多久，油锅里的油就沸腾起来，热油滚滚烧得羊力大仙声嘶力竭地挣扎，爬不出来，滑了一跤，霎时间骨脱皮焦肉烂。国王见了，放声大哭。悟空上前高呼："你怎么如此昏乱！你的国师，一个是虎，一个是鹿，一个是羚羊，成了精来害你，见你气数还旺，不敢下手。再过两年，你气数衰败，就取你的性命，霸占你的江山。幸亏我们来得早，除了妖邪，救了你的命，你还哭什么？快盖了关文，送我们出去。"国王这才醒悟，赶紧谢过唐僧师徒，安排斋饭，迅速给他们倒换了通关文牒，答应从此后明辨是非，善待僧侣。唐僧师徒满意地离开了车迟国
技能游戏导入：	经过了前面两个妖怪的遭遇，第三只妖怪还是不死心，又要挑战悟空，我们和悟空一起打败最后一只妖怪，让国王看到妖怪的真面目吧

场地	12 米 × 10 米
器材	足球 8 个、球门 2 个、标志盘 4 个
时间	10 分钟

内容组织	场地布置	指导要点
场地：12 米 × 10 米 内容：幼儿进行 1V1 的足球比赛，由教练员选择进攻方向，听教练员哨声，一方进球代表本轮进攻结束，将球交给教练员，教练重新选择进攻方向。每队幼儿都要有持球进攻与无球防守两个过程		1. 注意观察； 2. 跑动积极

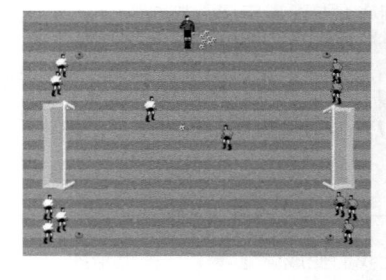

场地	10 米 × 10 米
器材	标志盘 4 个
时间	3 分钟

内容组织	场地布置	指导要点
场地：幼儿围成半径 4 米的圆 内容：听教练的指令，拉伸放松		1. 充分放松； 2. 认真听讲

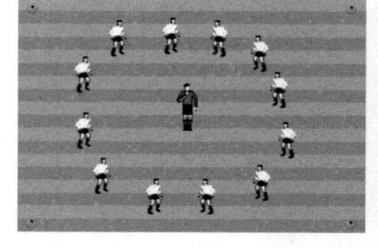

小结	

2. 中班（第二学期）

教学主题	夜阻通天河
教学内容	揉球、踩球
教学目标	1. 让幼儿掌握揉球、踩球的技术动作要领； 2. 让幼儿掌握并熟练运用揉球、踩球的技术动作； 3. 培养幼儿积极进取、勇敢顽强的精神
教学班级	中班
教学学期	第二学期
教学周次	第一周
教学人数	12人
教学时长	30分钟
教学器材	足球12个、标志盘24个、标志服12件、球门2个

课程导入：之前我们讲到，悟空打败了虎力大仙、鹿力大仙、羊力大仙，还给了百姓安居乐业的局面。让我们跟随唐僧师徒继续西天取经吧

故事导入：唐僧师徒过了车迟国，又一路向西行去。走了几个月，转眼已是秋天。师徒四人走在一片林地里，隐约听见"哗哗"的水流声，越往前走，水流声就越大。待走出林地一看，只见前面一条大河挡住了去路。那河水如万马奔腾，白茫茫的一片，一眼望不到边。悟空跳到前面一探，见岸边立着一块石碑，上面刻着三个大字："通天河"，石碑的背面还有一行小字："河宽八百里，自古少行人"。八戒搬了一块石头，用力往河里一抛，只听扑通一声，却半天听不到沉底的声音。八戒说："师父，这水好深呐！"

热身游戏导入：从车迟国出来，唐僧师徒四人又碰到一条又大又深的河，八戒用石头来勘测河底，但是没有听到声音，让我们和唐僧师徒一起"过河"吧

场地	15米×15米
器材	足球12个、标志盘18个
时间	7分钟

内容组织	场地布置	指导要点
场地：起点距终点8米 内容：先在原地揉球，再前踩球到中间标志盘，最后踩球回到对面标志盘处		1. 注意力集中； 2. 灵敏性，反应速度

（续表）

故事导入：唐僧听了，眉头紧锁道："悟空，这里水流如此湍急，又没有船只，怎么过河去？"悟空想了想说："师父，今天天色晚了，不如先找一户人家安歇，明天再想办法过河。"于是，师徒四人就顺着河岸往上游走。刚走出三四里路，天已经黑了。悟空远远地望见前方有灯火，说："师父，前面可能有人家。"就牵着马向灯火的方向走去。走近一看，原来是一个村子，住着上百户人家。悟空刚想去敲门，唐僧说："徒弟们，你们长相凶恶，不要吓坏了人家，还是为师来吧。"说着，唐僧就到一户人家去敲门。吱的一声，门开了，出来一个老汉，问道："你找谁呀？"唐僧连忙行礼道"老施主，贫僧是东土大唐派往西天拜佛求经的和尚，想在此借住一晚。"那老汉看他一眼说："你这和尚，怎么不说实话？大唐到这里有五万四千里，你一个人怎么来的？"唐僧笑道："施主，贫僧还有三个徒弟，都本领高强，是他们一路护送我到此！"那老汉说："哦，原来如此。那就都请进来吧。"悟空听了，一下蹦过来说："老头儿，多谢了！"那老汉吓得大叫："有妖怪！"转身就跑。唐僧叫住他道："老施主，不要怕！这是贫僧的徒弟。他们几个虽然长相凶恶，却都是好人！"

技术游戏导入：老汉以为师徒四人是妖怪，吓得不打开门还要跑，让我们帮助唐僧师徒一起"追人"吧

场地	15米×15米
器材	足球12个、标志盘24个
时间	10分钟

内容组织	场地布置	指导要点
场地：起点距终点8米 内容：两人一组，向前踩球到第一个标志盘，用右脚做揉球动作五下，再继续前踩球到第二个标志盘处，用左脚做揉球动作五下，最后用后踩球的方式到终点		1. 抬头观察； 2. 保持身体平衡

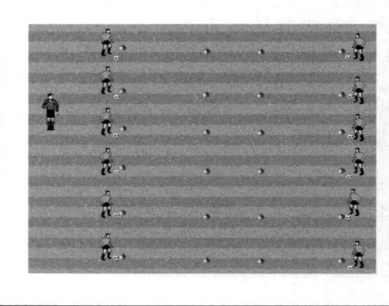

故事导入：那老汉定了定神，这才说："小老儿少见多怪，失礼了！"八戒说："别说这些了，快去准备斋饭吧。"那老汉答应一声，下去了，一会儿便端上来热气腾腾的馒头和稀饭。唐僧见那老汉老是愁眉不展，唉声叹气，就问："老施主是不是有什么伤心之事？"那老汉叹了口气说："唉，师父你不知道，我们这里紧挨着通天河，全靠这河水灌溉庄稼。河里有个灵感大王，每年要吃一对童男童女，不然就要发怒，发大水淹坏农田。我老来得子，有一个独子，名叫陈关保，今年七岁；我哥哥家有一个独生女儿，小名一秤金，今年八岁。今年轮到我们家献童男童女供奉灵感大王了，因此烦恼！"

技能游戏导入：老汉这么害怕妖怪原来是因为可恶的灵感大王，让我们帮助唐僧师徒一起"打败灵感大王"吧

场地	12米×10米
器材	足球8个、标志盘4个、球门2个
时间	10分钟

(续表)

内容组织	场地布置	指导要点
场地：12米×10米 内容：幼儿进行1V1的足球比赛，由教练员选择进攻方向，听教练员哨声，一方进球代表本轮进攻结束，将球交给教练员，教练重新选择进攻方向每队幼儿都要有持球进攻与无球防守两个过程		1. 跑动积极； 2. 注意力集中

场地	10米×10米
器材	标志盘4个
时间	3分钟

内容组织	场地布置	指导要点
场地：幼儿围成半径4米的圆 内容：听教练的指令，拉伸放松		1. 认真听讲； 2. 充分放松
小结		

教学主题	陈家庄遇妖
教学内容	推球、拨球
教学目标	1. 让幼儿掌握推球、拨球的技术动作要领； 2. 让幼儿掌握推球、拨球的技术动作； 3. 培养幼儿积极进取、勇敢顽强的精神
教学班级	中班
教学学期	第二学期
教学周次	第二周
教学人数	12人
教学时长	30分钟
教学器材	足球12个、标志盘24个、标志服12件、球门2个

(续表)

课程导入：上节课我们讲到，唐僧师徒被通天河拦住了，借住在一家农户中，从农户口中得知河里的妖怪让村民们献祭童男童女，想知道接下来又发生了怎样的故事吗
故事导入：悟空听了，笑道："老伯，把你的儿子叫来，给我们看看！"陈老汉答应一声，进里屋去把孩子抱了出来。唐僧师徒一看，那孩子胖胖乎乎，两只眼睛水灵灵的，很是聪明伶俐、活泼可爱。八戒说："这么好的孩子，难怪你舍不得！"忽然，悟空跳到地上，变成男孩的模样。两个孩子站在一起，陈老汉看得眼都花了，问道："长老，哪个是我儿子？"悟空现出原形说："老伯，我变得可像你儿子？"陈老汉拍着手说："简直一模一样！"悟空笑道："那我变成你儿子，替他去祭献那灵感大王，可好？"陈老汉一听，赶忙说："长老要是肯如此，就是小老儿的再生父母！孩子，快跪下来，给恩人磕头。"悟空笑道："你刚才说，还有一个侄女，在哪里？也领她来叫我们看看。"陈老汉说："我哥哥家就在隔壁，长老稍等，我这就去！"说着就转身出去了。时间不大，陈老汉领着一个老头儿进来，那老头儿怀里抱着一个小女孩。那小女孩长得细皮嫩肉的，大大的眼睛，小小的嘴，扎着两只小辫子。八戒赞道："这小姑娘，真好看！"陈老汉说："长老，这就是我哥哥和他家小女。求您也想办法救一救他们吧！"悟空指着八戒笑道："好，你们多做些白米饭，弄一些好素菜，让我这位师弟吃个饱，他便会想法救这小姑娘！"八戒噘着嘴说："猴哥，我怎么救她？"悟空道："你也会三十六般变化，怎么不能救？"八戒说："要去你去，别算上我！"悟空一把揪住他的大耳朵，使劲一拧，喝问："去不去？""哎哟，哎哟。猴哥，我去！我去还不行么！"八戒连忙求饶。悟空这才放开他说："早这样不就免了？快快变来！"八戒磨蹭着说："猴哥，我只会变大树、大象、水牛这些笨东西，这小姑娘这样秀气，我可变不来！"悟空掏出金箍棒来，在他面前一晃，喝问道："你变不变？"八戒赶紧说："我变，猴哥别打！"说着，念动咒语，喊了一声："变！"就变成那女孩的模样。众人见了，哈哈大笑，两个小孩也笑。原来八戒的脸虽然变得和那女孩一样，却还挺着个大肚子。八戒也不好意思地说："猴哥，我这肚子是回不去了，你看怎么办吧！"悟空笑了笑，对着他的肚子轻吹一口仙气。八戒一摸，笑道："咦？这肚子回去了！"众人一看，这下八戒变得和那女孩一模一样了
热身游戏导入：悟空的七十二变、八戒的三十六变都好厉害，让我们和它们一起"千变万化"吧

场地	15米×15米
器材	标志盘16个、敏捷圈8个
时间	7分钟

内容组织	场地布置	指导要点
场地：起点距终点10米 内容：每人站在相应的标志盘处，教练员吹哨，幼儿顺时针围着标志盘慢跑，当教练员喊出相应的指令，如摸鼻子、摸耳朵、蹲下、击掌等，幼儿要做出相应的指令动作，当教练员又说出跑的指令后，幼儿要快速跑到对面的敏捷圈里站好，没有抢到敏捷圈的幼儿变化失败		1.注意力集中； 2.动作的正确性

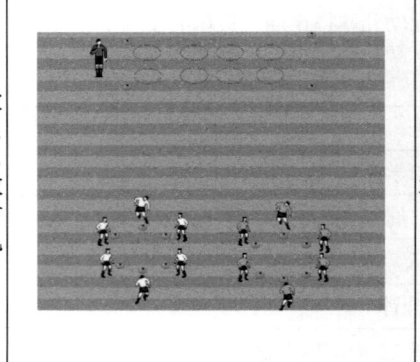

(续表)

故事导入：陈老汉的哥哥赶紧领着小女儿给唐僧下跪说："多谢长老救命之恩哪！"唐僧以双手相搀，说："老人家不必多礼！"悟空又问："我们就代替你们的儿子和女儿去祭献那灵感大王，但不知是哪天，怎么个祭献法？"陈老汉说："就是今晚，一会儿有人来抬童男童女到通天河岸边的灵感大王庙去。童男童女坐在两只红漆盘里，放在供桌上。等到二更时分，灵感大王自会来享用了！"八戒问："以往他是先吃童男，还是童女？"陈老汉说："此前有胆大的人偷看过，据说是先吃童男！"八戒庆幸说："造化，造化！如此说来，我老猪还有机会逃跑。"正说着，只听外面一阵喧闹。陈老汉说："不好了，他们来接童男童女了！"悟空道："别慌，快把孩子们抱进去。待我们变化之后，你们把我们交出去就行了！"陈老汉答应一声，赶紧照办。过了一会儿，村民们进来要人。陈老汉就把悟空变的陈关保和八戒变的一秤金交给他们。村民们便把两个小孩放在两只红漆盘里抬着，并抬着各种酒果供品，一路敲锣打鼓地朝灵感大王庙去了。村民们把盛着童男童女的红漆盘放在供桌上，又摆好了各种酒果供品，纷纷跪下烧香磕头。乱哄哄地闹了一阵，众人关上殿门，渐渐地散去了。大殿里静悄悄的，黢黑一片。八戒有点害怕，就说："猴哥，咱们也回去吧。"悟空说："救人救到底，送佛送上西。我们索性等那灵感大王来，捉住他，看看是个什么妖怪！"

技术游戏导入：村民带着悟空和八戒变成的童男童女去了灵感大王庙，我们要像悟空和八戒一样勇敢，让我们陪着他们一起"勇闯灵感大王庙"吧

场地	15米×15米
器材	足球12个、标志盘24个
时间	10分钟

内容组织	场地布置	指导要点
场地：两端标志盘间距10米 内容：两人一组，教练员吹哨后，两人同时出发，先进行左右脚内侧横向推球，到第二个标志盘后，用脚背正面推球，到第三个标志盘后换成脚背外侧拨球		1. 保持身体平衡； 2. 动作的连贯性

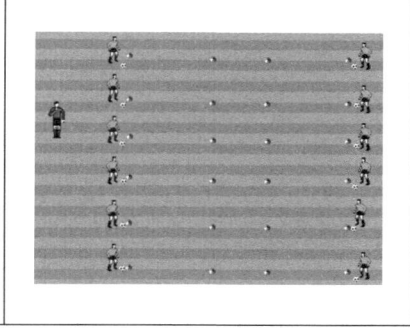

故事导入：二更时分，殿外刮起一阵阴风，悟空、八戒借着月光，只见门外出现一个黑影。那黑影推门进来，原来是一个金盔金甲、眼如铜铃、锯齿獠牙的妖怪。那妖怪先走到童男面前，搓了搓手，笑道："小孩，你叫什么名字？"悟空高声答道："我叫陈关保，她叫一秤金！"那妖怪吃了一惊，心想：往年我要享用祭品的时候，那些孩子不是哭闹，就是吓晕了过去，今年这童男怎么这么大胆？妖怪有些心虚，不敢先吃童男了，就伸手向童女抓去。八戒忙叫道："大王，你还是照老规矩，先吃童男吧！"那妖怪又惊又怒，骂道："小东西，老爷我要先吃哪个，还要你管？"说着，张开血盆大口，向童女咬去。八戒急了，连忙拽出九齿钉耙，用力向那妖怪砸去。那妖怪毫无防备，一看耙来，急忙转身，只听得"当"的一声，后背上便挨了一耙。那妖怪忙忍痛跑了。八戒说："猴哥，这一耙打在盔甲上了！"悟空见地上有东西闪闪发亮，捡起来一看，是两片盘子大小的鱼鳞，笑道："不必追了，这东西一定是通天河里的鱼精！咱们快回去见师父吧。"八戒拿着两片鱼鳞，跟悟空回到陈老汉家。悟空把打斗的经过说了一遍，八戒把两片鱼鳞给他们看。陈老汉咬牙切齿地说："原来是这么个妖怪，害了多少小孩的性命！"说着，把鱼鳞摔在地上，狠命地踩了半天，才消了点气

（续表）

技能游戏导入：妖怪来了之后，悟空和八戒都很勇敢，让我们和他们一起"打妖怪"吧		
场地	12米×10米	
器材	足球6个、标志盘4个、球门2个	
时间	10分钟	
内容组织	场地布置	指导要点
场地：12米×10米 内容：幼儿进行1V1的足球比赛，由教练员选择进攻方向，听教练员哨声，一方进球代表本轮进攻结束，将球交给教练员，教练重新选择进攻方向。每队幼儿都要有持球进攻与无球防守两个过程		1. 跑动积极； 2. 变向
场地	10米×10米	
器材	标志盘4个	
时间	3分钟	
内容组织	场地布置	指导要点
场地：幼儿围成半径4米的圆 内容：听教练的指令，拉伸放松		1. 注意力集中； 2. 充分放松
小结		

教学主题	唐三藏被捉
教学内容	拉球、跨球
教学目标	1. 让幼儿掌握拉球、跨球的技术动作要领； 2. 让幼儿掌握并运用拉球、跨球的技术动作； 3. 培养幼儿积极进取、勇敢顽强的精神
教学班级	中班
教学学期	第二学期
教学周次	第三周
教学人数	12 人
教学时长	30 分钟
教学器材	足球 12 个、标志盘 20 个、标志服 12 件、球门 2 个

课程导入： 上节课我们讲到，悟空和八戒变成童男童女的样子去抓那灵感大王，发现那灵感大王是只鱼精。想知道接下会发生什么吗？跟教练一起来探索吧

故事导入： 再说那鱼精挨了八戒一耙，负痛回到通天河底的洞府。一个鱼婆过来问："大王，往年享用完供品回来，都是高高兴兴的，今年这是怎么了？"鱼精叹口气说："别提了！刚才我高高兴兴地去享用供品，哪知那童男童女却是两个和尚变化的，不但供品没吃成，还被一个和尚用耙子打伤了！"鱼婆一听，问道："是两个什么样的和尚？"鱼精："一个毛脸雷公嘴，一个长嘴大耳，就是那个用耙子把我打伤的！"鱼婆听了，笑道："大王，那毛脸雷公嘴的是孙悟空，长嘴大耳的是猪八戒，他们都是唐僧的徒弟。"鱼精问："你是说去西天取经的唐僧？"鱼婆说："正是。大王，人说吃唐僧一块肉，可以长生不老。有了这唐僧，您还要那童男童女干什么？"鱼精说："唐僧肉我当然想吃！可是他那两个徒弟着实厉害，如何对付？"鱼婆嘿嘿一笑说："大王，要吃那唐僧肉有何难？大王法力无边，只要略施小术，下一场雪，把通天河冻成冰。那唐僧取经心切，定然会踩冰过河。等他们走到河心，大王再施个法术，把冰解开，让唐僧掉进水里。这么一来，他还不是您嘴边的肉吗？"鱼精听了，哈哈大笑说："好！事成之后，也赏你一块唐僧肉！"鱼婆一听，满心欢喜

热身游戏导入： 鱼精挨了八戒一耙回到了通天河底，有一个奸诈的鱼婆给它出了一个主意，要冰冻通天河，再施个法术让唐僧掉河里。让我们来一场游戏帮助唐僧师徒吧

场地	15 米×15 米
器材	足球 2 个、标志盘 20 个
时间	7 分钟

内容组织	场地布置	指导要点
场地：起点距终点 6 米 内容：分为两组，第一个人横向拉球出发到标志盘处翻开一个标志盘，然后带球返回，下一名幼儿再出发。首先将 6 个都翻过来的小组获胜		1. 注意力集中； 2. 动作迅速

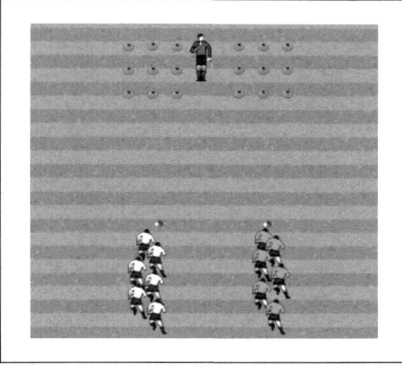

（续表）

故事导入：当晚，唐僧师徒仍在陈老汉家中歇息。睡到后半夜，师徒只觉得身上寒冷，裹紧了被子还是止不住地打冷战。第二天一早，只听陈老汉说："奇怪，刚十月天气，这通天河怎么就结冰了？"悟空立刻翻身坐起来出去察看。一会儿，八戒跑进屋来说："师父，您快起来，外面好大雪呀！"唐僧披上衣服，出屋一看，外面已经变成一个白茫茫的世界！唐僧哈着气问："悟空，怎么一夜之间变得如此寒冷？"悟空跳过来说："师父，不知怎么昨夜突然下了一场大雪，今早起来，这通天河就结冰了。"唐僧说："我们正愁没法过河，既然天公作美，我们就踩着冰过去吧。"悟空想了想说："这十月天气，下这么大的雪，有些奇怪呀！"八戒说："嗨，猴哥，管他那么多呢！能过河不就行了？师父，待俺老猪试试这冰结实不结实！"说着，他小心地走上冰面，用脚踏了踏，又举起钉耙，使劲往下一砸，冰面上只留下几个白点。八戒说："师父，这冰冻得实了，可以走了！"唐僧就迈开大步，踩着冰面往河对岸走。悟空叫了一声："师父，小心哪！"唐僧指着前面说："那不是有几个行人吗？他们走得，我们为什么走不得？"悟空顺着师父手指的方向望去，果然见有几个小贩正挑着担子在冰上走。悟空这才放心。他找了四块破布，绑住四只马蹄子，牵着马往前走，沙僧挑着行李在后面跟着。他们走到河中心的时候，走在前面的几个小贩忽然不见了。悟空眼尖，大叫一声："不好！"就在这时，只听咔嚓一声，冰面忽然裂开，唐僧、八戒和沙僧脚下一滑，都掉进了河里。悟空赶紧一个筋斗跳到空中。八戒和沙僧都会水，一会儿，八戒牵着马，沙僧提着行李上了岸。悟空急道："师父呢？"沙僧说："刚才一阵混乱，我以为师父就在身边，可摸了半天也没摸到！"八戒吐了一口水说："师父这回是沉底了。"悟空啐了他一口道："呆子，不许胡说！师父肯定是被那妖怪捉去了。两位师弟，你们也知道，这水里的功夫，俺老孙不如你们。你们快下去看看，把师父救出来！要是那妖怪厉害，就把他引上岸来，俺老孙来对付他！"沙僧提着禅杖说："大师兄，你就放心吧！二师兄，咱们走！"八戒就扛着钉耙，跟他下水去。二人分开水路，向河底游去。游了好半天，终于到了河底。眼前出现一座宫殿，宫殿的匾额上写着四个大字："水鼋之府"。

技术游戏导入：唐僧被可恶的妖怪抓走了，悟空他们追着妖怪来到了一个宫殿，让我们一起"施法术"吧

场地	15米×15米
器材	足球12个、标志盘12个
时间	10分钟

内容组织	场地布置	指导要点
场地：标志盘间距3米 内容：站在相应的标志盘处，根据教练员指令做左右脚外跨球，左右脚内跨球，行进间跨球		1. 重心降低； 2. 重心的转移

(续表)

故事导入：沙僧说："二师兄，就是这里了！"八戒说："你在这儿等着，我去叫门！"说着就扛起钉耙，冲着门里大叫："妖怪，快放我师父出来！"喊了几声，只见石门大开，从里面杀出一个妖怪来。那妖怪全身金盔金甲，手里提着一对金锤站在门外高喊："是谁在那里叫骂？"八戒用手点指道："是你猪爷爷！快放出我师父，不然打烂你的水府！"那妖怪说："好啊，又是你！上回我没有带兵器，让你占了个便宜；今天你又主动送上门来……休走，看锤！"说着，便抢起双锤，向八戒砸来。悟净一看，立刻挥起禅杖上来帮忙。八戒也舞起钉耙，和沙僧一起双战鱼精。三个人在水底的这场混战，直打了两个时辰，仍不分胜负。八戒一看这妖怪厉害，向悟净使个眼色，拖起钉耙就走。鱼精哪里肯放？举起双锤就在后面追赶。八戒、沙僧出了水面，那鱼精也追了出来。悟空见时机已到，高高跃起在半空，举起金箍棒朝鱼精的头上打去。鱼精看他来势凶猛，知道厉害，忙用双锤一架。只听得"当"的一声，那鱼精被震回水里去了。八戒急得大骂："你这猴子，也太性急！你等我们把他引上岸再动手也不迟啊！"悟空道："这下那妖怪有了防备，不好办了！"想了一会儿，没有别的办法，只好说："八戒、悟净，你们再辛苦一趟，把那妖怪引上岸来。这回俺老孙一定看准下棒，叫他不死也昏过去！"八戒还在嘟嘟囔囔，悟净说："二师兄，大师兄也是心急要救师父，你就别再埋怨他了！"八戒噘着嘴说："那好吧！猴哥，这回你可打准点，别再叫俺老猪白跑一趟了！"悟空笑道："师弟放心，快去吧！"八戒又扛着钉耙跟沙僧下了水。两人又来到水底，找到妖怪的水府，在门外叫骂了半天，可是一点儿动静也没有。悟净说："这妖怪肯定是被大师兄打怕了，不敢再出来！"八戒说："不敢出来，我就把他打出来！"说着就抢起钉耙朝大门狠狠砸去。"当"的一声，石门破了一个大洞，石门里面却被一块大青石板挡住，任凭八戒和沙僧怎么用力，也砸不开	
技能游戏导入：妖怪躲在宫殿里不出来，任凭悟空和八戒它们怎么叫门都躲着不出来，让我们和悟空一起"决战妖怪"吧	

场地	25米×15米
器材	足球1个、球门2个
时间	10分钟

内容组织	场地布置	指导要点
场地：25米×15米 内容：按照五人制规则进行比赛		1. 积极呼应； 2. 跑动积极

场地	10米×10米
器材	标志盘4个
时间	3分钟

(续表)

内容组织	场地布置	指导要点
场地：幼儿围成半径 4 米的圆 内容：听教练的指令，拉伸放松		1. 认真放松； 2. 听口令做动作
小结		

教学主题	观音收金鱼
教学内容	脚内侧运球
教学目标	1. 让幼儿掌握脚内侧运球的技术动作要领； 2. 让幼儿掌握并运用脚内侧运球的技术动作； 3. 培养幼儿积极进取、勇敢顽强的精神
教学班级	中班
教学学期	第二学期
教学周次	第四周
教学人数	12 人
教学时长	30 分钟
教学器材	足球 12 个、标志盘 24 个、标志服 12 件、球门 2 个、敏捷圈 6 个

课程导入：上节课我们讲到，妖怪这次回到河中闭门不出。于是，悟空要去搬救兵。下面，由教练带领大家和悟空一起去找救兵吧

故事导入：悟空来到普陀崖，求见菩萨，就见二十四路诸天和守山大神、木叉行者、善财童子等众仙上前行礼，说："菩萨今天早晨去了紫竹林，知道大圣前来，吩咐我们在这里迎接。"

热身游戏导入：悟空在翠岩前坐着等候，等了许久也不见菩萨回来，担心师父的安危，心急如焚。那么让我们当一次"传花使者"帮助悟空传递信息吧

场地	15 米 ×15 米
器材	标志盘 4 个、敏捷圈 6 个
时间	7 分钟

(续表)

内容组织	场地布置	指导要点
场地：起点距终点 10 米 内容：教练统一指令出发，每次出发的人需从 3 个敏捷圈做 3 次单腿跳练习而后跑到最远标志盘将其翻过来，再冲刺回到第一个敏捷圈，将第一个敏捷圈变为第三个，而后与队友击掌回到队尾，最后一个出发的负责将敏捷圈放回初始位置 变化：撤掉 2 个敏捷圈，每次出发的人将敏捷圈套在身上，保持不掉落，如掉落需要原地捡起，与队友击掌后交给队友，其余的不变		1. 注意单脚跳的平衡能力； 2. 动作迅速

故事导入：悟空等了许久，没想到却被告知，说"菩萨吩咐不让传报"。迫于无奈，悟空只好继续等，又过了一会，菩萨提着一个紫竹篮出来，说："悟空，我和你去救唐僧。"

技术游戏导入：二人到了通天河，菩萨解下了一根束袄的丝绦，把随身带的篮子拴住，提着丝绦，将篮子抛入河中。让我们一起"收金鱼"吧

场地	15 米 ×15 米
器材	足球 12 个、标志盘 24 个
时间	10 分钟

内容组织	场地布置	指导要点
场地：间距 2 米 内容：将幼儿分成 6 组，哨声响起，两个人对着前面的两个标志盘进行脚内侧运球。幼儿全部从标志盘外侧通过，当通过标志盘时需要用脚内侧运球绕标志盘一圈，而后回到队友出发的位置 变化：在 12 个标志盘围成的 10 个小球门内跑动轮流进行脚内侧运球，分成两组，每组 6 人，蛇形通过，按第一个人至第六个人的顺序，当前一个人跑到第二个球门时，下一个人出发		1. 传接球的部位； 2. 身体以及脚的朝向

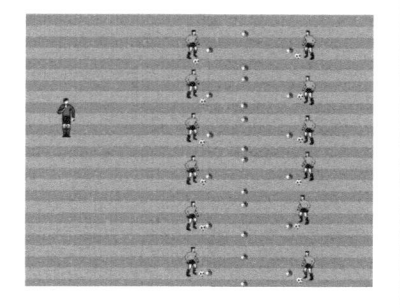

故事导入：菩萨念了个口诀，再提起篮子时，里面有一条金鱼。菩萨说："悟空，快下水去救你师父吧。"悟空说："没有抓住妖怪，怎么救师父？"菩萨说："这篮子里的难道不是？"

技能游戏导入：悟空似乎不相信菩萨，我们一起和悟空去看看菩萨有没有真的"降伏妖怪"吧

场地	12 米 ×10 米
器材	足球 8 个、标志盘 4 个、球门 2 个
时间	10 分钟

(续表)

内容组织	场地布置	指导要点
场地：12米×10米 内容：幼儿进行2V2的足球比赛，由教练员选择进攻方向，听教练员哨声，一方进球代表本轮进攻结束，将球交给教练员，教练重新选择进攻方向。每队幼儿都要有持球进攻与无球防守两个过程		1. 多跑找空挡； 2. 团队配合

场地	10米×10米
器材	标志盘4个
时间	3分钟

内容组织	场地布置	指导要点
场地：幼儿围成半径4米的圆 内容：听教练的指令，拉伸放松		1. 听指令做动作； 2. 达到放松效果

小结	

教学主题	唐僧遇妖魔
教学内容	脚背外侧运球
教学目标	1. 让幼儿掌握脚背外侧运球的技术动作要领； 2. 让幼儿掌握并运用脚背外侧运球的技术动作； 3. 培养幼儿顽强不怕困难的意志品质
教学班级	中班
教学学期	第二学期
教学周次	第五周
教学人数	12人
教学时长	30分钟
教学器材	足球14个、标志盘8个、标志桶9个、绳梯2个、敏捷圈1个
课程导入：上节课，观音收了金鱼妖。让我们随着唐僧师徒继续西行，看看后面发生了什么吧	

(续表)

故事导入：师徒四人赶了一天路，又饿又冷，唐僧让悟空先去化些斋饭，吃了再走。只见那里凶云笼罩，悟空感觉不对劲，用金箍棒在地上画了个圈，能抵挡所有妖怪的攻击，并叮嘱三人待在圈里，千万别到圈外去		
热身游戏导入：唐僧师徒还饿着肚子等，而且师父可能会很危险，我们要快点帮悟空"寻找食物"并赶紧回到师父身边继续保护师父的安全		
场地	15米×15米	
器材	标志盘12个、绳梯2个	
时间	7分钟	
内容组织	场地布置	指导要点
场地：15米×15米 内容：幼儿分为两个小组，进行一个小比赛。S形绕过标志盘后用教练指定动作跑过绳梯，拿回绳梯后面的一个标志盘，并跑回起点与其他幼儿击掌，速度最快的小组成功，即为能最快速地找到食物回到师父身边		1. 动作敏捷； 2. 身体协调； 3. 注意观察

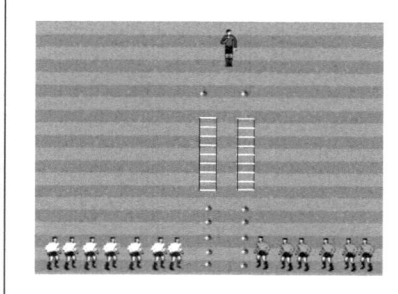

故事导入：悟空许久没回来，八戒坐不住了，想尽快找到一座房屋落脚。于是三人决定出圈先走，走了一会儿，三人见到一座院落。八戒往里走，里面是三间大厅，没有人，那边有一张桌子，桌子上放着三件锦绣背心。八戒先穿上了，沙僧见状，也穿上了。谁知刚系上带子，就站不稳，摔倒在地。原来这背心被做了手脚，瞬间就把八戒和沙僧捆住了。唐僧急忙来解，哪里解得开。三个人在这里闹出动静，早就惊动了魔头		
技术游戏导入：唐僧、八戒和沙僧不小心中了妖精的计，前面区域有打开这背心的钥匙，让我们快一点"寻找钥匙"帮他们脱下这锦绣背心，把唐僧带到安全的地方吧		
场地	15米×15米	
器材	足球14个、标志盘8个、敏捷圈1个、标志桶9个	
时间	10分钟	
内容组织	场地布置	指导要点
场地：15米×15米 内容：所有幼儿分为两组，用脚背外侧运球。在教练发出指令后，幼儿们快速出发，用脚背外侧运球，尽量多触球，争取在每个标志盘都能触碰到球，把球运到敏捷圈中，并拿回一个标志桶（小钥匙）与下一个幼儿击掌，速度最快的小组可以成功解救师父		1. 抬头观察； 2. 重心降低； 3. 增加触球的次数

(续表)

故事导入：院落是妖精点化的，见捆住了几个人，就叫小妖收了楼台房屋形状，扶着唐僧，牵了白马，挑起行李，把八戒、沙僧一齐抓到洞里。妖怪说："我听说吃了唐僧肉能长生不老。"于是命令小妖把唐僧也捆了，说等抓住了悟空，一起刷洗，蒸着吃了他们。小妖们开始磨兵器，准备擒拿悟空		
技能游戏导入：唐僧三人被妖精抓到了洞里，悟空要如何才能救出他们呢？让我们帮助悟空打败面前的小妖，救出他们吧		
场地	20 米 ×20 米	
器材	足球 6 个、标志盘 6 个	
时间	10 分钟	
内容组织	场地布置	指导要点
场地：20 米 ×20 米 内容：所有幼儿分成两组，分别站在两个绿色标志盘后面。当教练把球踢出的一瞬间，两队幼儿分别派出一名队员，上前抢球，拿到球的幼儿变身（孙悟空）要想办法让球穿过两个蓝色标志盘的中间。没拿到球的幼儿变身（妖怪）要阻止对方球员的球穿过标志盘		1. 抬头观察； 2. 动作迅速
场地	10 米 ×10 米	
器材	标志盘 4 个	
时间	3 分钟	
内容组织	场地布置	指导要点
场地：幼儿围成半径 4 米的圆 内容：教练带着幼儿们做拉伸运动		1. 认真放松； 2. 听教练指令
小结		

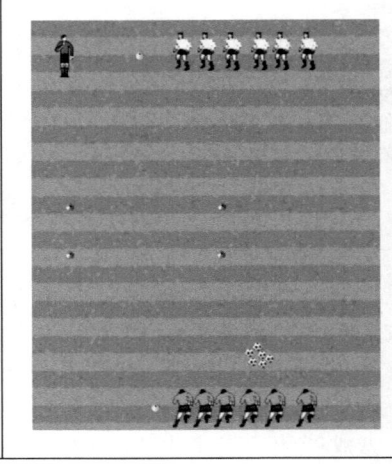

第六章 幼儿足球课程教学设计

教学主题	悟空请救兵
教学内容	脚背外侧运球
教学目标	1. 让幼儿掌握脚背外侧运球的技术动作要领； 2. 让幼儿掌握并运用脚背外侧运球的技术动作； 3. 培养幼儿顽强、不怕困难的意志品质
教学班级	中班
教学学期	第二学期
教学周次	第六周
教学人数	12 人
教学时长	30 分钟
教学器材	足球 3 个、标志盘 20 个、标志桶 3 个、标志服 12 件、球门 2 个

课程导入：上一节我们讲到，唐僧三人走出了悟空画的圈，被妖怪抓住了。悟空回来发现他们不见了，便开始寻找。让我们一起帮悟空吧

故事导入：悟空找到了妖怪洞，大喊："交出我师父，免得丢了性命！"见妖怪出来，悟空把金箍棒扔出去，喝声："变！"无数金箍棒就从半空中落下。妖怪拿出一个圈子扔到空中，金箍棒就被收走了，悟空赤手空拳坐着筋斗云走了

热身游戏导入：唐僧三人被抓走了，悟空要去搬救兵。让我们一起去"寻找南天门"吧

场地	15 米 ×15 米
器材	标志盘 16 个
时间	7 分钟

内容组织	场地布置	指导要点
场地：15 米 ×15 米 内容：幼儿们跟随教练围绕蓝色标志盘，以 S 形曲线的路线跑，当教练的哨声响起时，所有幼儿变身小悟空找到一个红色的标志盘（南天门）站在后面，没有找到红色标志盘或者两三个人在同一个标志盘后面的幼儿要被惩罚 变化：每局可减少红色标志盘		1. 动作敏捷； 2. 身体协调； 3. 注意观察

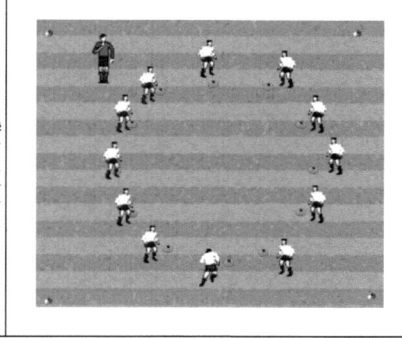

故事导入：悟空一跃，架起祥云，直奔南天门。带回了哪吒和托塔天王，还有两位雷公。到了洞口，妖怪手拿长枪出来与哪吒对打，哪吒摇身一变，三头六臂拿着六种兵器，只见妖怪把圈子往天上一扔，六样兵器都被套住了

技术游戏导入：悟空从南天门找到了救兵，要以最快的速度救出师父。让我们练习"腾云驾雾"去找妖怪吧

场地	15 米 ×15 米
器材	足球 3 个、标志盘 20 个、标志桶 3 个
时间	10 分钟

(续表)

内容组织	场地布置	指导要点
场地：15米×15米 内容：所有幼儿分为3组，每组4个同学，在教练发出指令后，幼儿快速出发，腾云驾雾般用脚背外侧运球，到达标志桶以后，绕过标志桶并带球回到起点，与同队幼儿击掌，以全队4个人都进行一个来回为结束，最快的那一组获胜		1. 抬头观察； 2. 重心降低； 3. 增加触球的次数

故事导入：悟空一个筋斗又来到南天门，找到那火德星君，两人一同回到了洞口。火德星君说："孙大圣，还请你去把妖怪叫出来，你们和他交战，我再躲在一边，等他拿出圈子，再烧他。"

技能游戏导入：到达最关键的时刻了，让我们与妖怪大战一场，"火烧妖怪洞"吧

场地	25米×15米
器材	足球1个、球门2个
时间	10分钟

内容组织	场地布置	指导要点
场地：25米×15米 内容：按照五人制规则进行比赛		1. 抬头观察； 2. 动作迅速

场地	10米×10米
器材	标志盘4个
时间	3分钟

内容组织	场地布置	指导要点
场地：幼儿围成半径4米的圆 内容：教练带着幼儿们做拉伸运动		1. 认真放松； 2. 听教练指令
小结		

第六章 幼儿足球课程教学设计

教学主题	苦斗青牛怪
教学内容	脚背外侧运球
教学目标	1. 让幼儿掌握脚背外侧运球的技术动作要领； 2. 让幼儿掌握并运用脚背外侧运球的技术动作； 3. 培养幼儿顽强、不怕困难的意志品质
教学班级	中班
教学学期	第二学期
教学周次	第七周
教学人数	12 人
教学时长	30 分钟
教学器材	足球 12 个、标志盘 14 个、标志桶 7 个、标志服 12 件、球门 2 个

课程导入：上一节我们讲到，悟空带来了许多救兵，让我们看看悟空是如何救出师父的吧

故事导入：托塔天王大喊："妖怪，你可认识我！"妖怪笑着说："李天王，你是来为儿子报仇，想把兵器要回去的吗？"天王说："兵器自然是要讨回来，不过还要捉着你，救出唐僧！"见他们两个交战，悟空对火德星君说："准备放火！"正好那妖怪又拿出了圈子，天王一见，立刻掉转祥光，撤了出来。妖怪看到了，却毫不畏惧，将圈子向空中一抛，将这火龙、火马、火鸦、火鼠、火枪、火刀、火弓、火箭，一圈子全都套了进去，转回洞中

热身游戏导入：这次我们找了救兵，让我们一起化身孙悟空，变成"抓妖能手"吧

场地	15 米 ×15 米
器材	标志盘 4 个、标志桶 7 个
时间	7 分钟

内容组织	场地布置	指导要点
场地：15 米 ×15 米 内容：6 个人一组，一名幼儿进行追击，被追击的幼儿可进行跨跳，在规定范围区域内进行躲避，追击的幼儿不能跨跳追击，只能运用假动作完成追击，被追到的幼儿变成追击的幼儿，继续追击其他幼儿		1. 动作敏捷； 2. 身体协调； 3. 注意观察

故事导入：火德星君对悟空说："这个凶魔实在罕见！我的火具也被他套了去。"悟空说："既然怪物不怕火，那肯定怕水了。"于是悟空又去找到水德星君，又叫来黄河水伯神王。来到洞口，叫："妖怪开门！"妖怪听了，带上宝贝，持枪开了石门。水伯直接将白玉瓶朝门里一倾，悟空见水都流到了低处，忙叫水伯收了水

技术游戏导入：刚刚我们还是没有完全抓住所有妖怪，这次我们找到很多帮手，"各显神通"的大家与小妖怪们比赛，如果我们获得胜利，就能救出师父了，让我们一起加油吧

(续表)

场地	15米×15米		
器材	足球12个、标志盘14个、标志桶2个		
时间	10分钟		
	内容组织	场地布置	指导要点
	场地：15米×15米 内容：把幼儿们分为两队，一队6个人，幼儿分别站在标志盘后面，教练哨声响起，幼儿进行运球绕过标志盘，绕过4个标志盘后，快速带球把球停在标志桶旁边，然后快速跑回起点，与队友击掌，率先完成的队伍获得胜利 变化：用脚背外侧带球，并用脚背外侧变向绕过标志盘		1. 抬头观察； 2. 身体前倾； 3. 步幅稍小； 4. 手臂摆动； 5. 重心降低
	故事导入：悟空对李天王等众神说："魔王好对付，只是套子实在难应付。想获胜的话，一定要拿下他的那个宝贝，然后才能捉住他。"悟空说："你们先坐着，等老孙再去看看情况。"接着，悟空变成一只苍蝇，从门缝里悄悄钻了进去，见到大小群妖，在里面跳的跳、唱的唱，正在饮宴。一抬头，看到自己的金箍棒放在东面墙上，接上前取下铁棒，现出本相，使起招数，一路打了出去。那群妖怪吓得胆战心惊，魔王一时措手不及，悟空打开一条血路，出了洞门		
	技能游戏导入：原来这个怪物首领是只青牛怪，他可不好对付。让我们就在这里"决战青牛怪"，把他打败吧		

场地	12米×10米		
器材	足球8个、标志盘4个、球门2个		
时间	10分钟		
	内容组织	场地布置	指导要点
	场地：12米×10米 内容：幼儿进行1V1的足球比赛，由教练员选择进攻方向，教练员哨声，一方进球代表本轮进攻结束，听将球交给教练员，教练重新选择进攻方向。每队幼儿都要有持球进攻与无球防守两个过程		1. 抬头观察； 2. 动作迅速

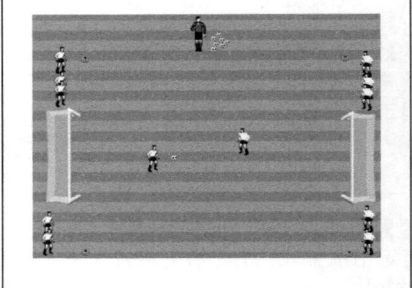

场地	10米×10米
器材	标志盘4个
时间	3分钟

第六章 幼儿足球课程教学设计

（续表）

内容组织	场地布置	指导要点
场地：幼儿围成半径4米的圆 内容：教练带着幼儿们做拉伸运动		1. 拉伸到位； 2. 听教练员指令
小结		

教学主题	老君收青牛怪
教学内容	脚内侧踢球
教学目标	1. 让幼儿掌握脚内侧运球的技术动作要领； 2. 让幼儿掌握并运用脚内侧踢球的技术动作； 3. 培养幼儿顽强不怕困难的意志品质
教学班级	中班
教学学期	第二学期
教学周次	第八周
教学人数	12人
教学时长	30分钟
教学器材	足球8个、标志盘12个、敏捷圈6个、球门2个、标志服12件

课程导入：武器都被妖怪抢走了，让教练带大家来看看悟空怎么把妖怪打败的吧

故事导入：悟空从洞中杀了出来，双方战了三个多钟头，不分胜负。天色暗了下来，那妖怪跑回到洞中。悟空见状，摇身一变，变成了一个蛐蛐儿，从门缝中钻了进去，悟空来到后边房里，看到屋里的各种被套走的兵器，变出几十个小猴，把兵器都拿了出来还给了众人

热身游戏导入：让我们来玩一个游戏，这个游戏叫作"拯救师父"

场地	30米×15米
器材	足球6个、标志盘10个、敏捷圈6个
时间	7分钟

(续表)

内容组织	场地布置	指导要点
场地：30米×15米 内容：两个幼儿一组，分为6组。每组的两个幼儿，一个幼儿扮演悟空，另一个幼儿扮演师父，教练扮演妖怪，悟空站在标志盘后面，师父站敏捷圈里，妖怪在场地中阻止悟空救师父。扮演悟空的幼儿躲开妖怪把师父带回起点 变化：从无球过渡到有球		1. 动作敏捷； 2. 身体协调； 3. 注意观察

故事导入：这时，天也亮了。悟空再次来到洞口，破口大骂。妖怪又带着宝贝，从洞中出来了。悟空忙叫罗汉们撒下十八粒金丹砂，没想到，这十八粒金丹砂也被妖怪套走了。这时降龙、伏虎二罗汉对悟空说："如来嘱咐我们两个说，那妖魔神通广大，要是金丹砂被他套去了，就叫你到太上老君那里去，在那儿能够找出他的踪迹，这样就能捉住他。"悟空听了就去找太上老君了。老君见到悟空问："你不去取经，到我这来干什么？"得知悟空遇到了麻烦，老君一看，牛栏边的童儿在打瞌睡，青牛不见了。悟空喊道："牛跑了！牛跑了！"又说到"他有一个圈子，十分了得。"

技术游戏导入：让我们通过做一个游戏，打开通往太上老君的通道，这个游戏名叫"四方会谈"。找到太上老君就应该能找到打败青牛怪的办法

场地	15米×15米
器材	足球2个、标志盘12个
时间	10分钟

内容组织	场地布置	指导要点
场地：15米×15米 内容：幼儿6人一组，分为两组，进行四角传球。每个幼儿站在标志盘后面按照顺时针传球。传完球并跑到接球人的位置 变化：改变传球的方向		1. 抬头观察； 2. 重心降低； 3. 击球部位

故事导入：老君查看一番，发现金刚琢不见了。悟空高高兴兴地跟着老君，带着芭蕉扇来到了洞口，只听太老君叫道："牛儿还要等到何时才回家？"老君念了个咒语，扇了下扇子，那圈子便回到了老君手中，老君又扇了一下，那怪物顿时现出原形，原来是一头青牛。老君对着金刚琢吹口了仙气，金刚琢就穿到那怪的鼻子上了，老君便骑着青牛回去了。

技能游戏导入：和青牛怪最后的对决到啦，让我们做个"大战青牛怪"的游戏吧

场地	12米×10米
器材	足球8个、球门2个、标志盘4个
时间	10分钟

第六章 幼儿足球课程教学设计

(续表)

内容组织	场地布置	指导要点
场地：12米×10米 内容：幼儿进行2V2的足球比赛，由教练员选择进攻方向，听教练员哨声，一方进球代表本轮进攻结束，将球交给教练员，教练重新选择进攻方向。每队幼儿都要有持球进攻与无球防守两个过程		1. 抬头观察； 2. 动作迅速

场地	10米×10米
器材	标志盘4个
时间	3分钟

内容组织	场地布置	指导要点
场地：幼儿围成半径4米的圆 内容：教练带着幼儿们做拉伸运动		1. 认真放松； 2. 听教练指令

小结	

教学主题	子母河奇遇
教学内容	脚内侧踢球
教学目标	1. 让幼儿掌握脚内侧踢球的技术动作要领； 2. 让幼儿掌握并运用脚内侧踢球的技术动作； 3. 培养幼儿顽强、不怕困难的意志品质
教学班级	中班
教学学期	第二学期
教学周次	第九周
教学人数	12人
教学时长	30分钟
教学器材	足球12个、标志盘10个、标志桶12个、标志杆2个、球门2个、标志服12件

（续表）

课程导入：悟空终于救出了师父，师徒四人继续前行，来到了子母河。让我们看看又发生了什么事吧		
故事导入：师徒四人到了西梁女儿国。在路上，八戒口渴喝了子母河的水，也给唐僧喝了几口。师徒四人进入城中，引来了一大群美女相争围观		
热身游戏导入：让我们先做一个热身游戏，名字叫作"奔袭子母河"		
场地	20米×15米	
器材	足球2个、标志盘10个、标志杆2个	
时间	7分钟	
内容组织	场地布置	指导要点
场地：20米×15米 内容：6个幼儿分一组，一共分两组。听到教练哨声后，两组幼儿同时出发，直线跑到标志杆并身体朝向不变绕过标志杆，并退回到起点 变化：从徒手变成抱着足球，或跑S形路线绕过标志盘	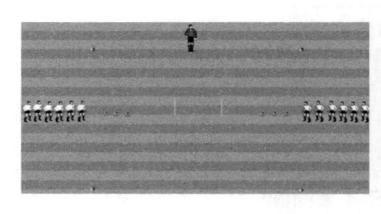	1.动作敏捷； 2.身体协调； 3.注意观察
故事导入：师徒四人进入皇宫，唐僧前去面见国王倒换关文，正好赶上女儿国今日新王登基，文武百官个个美貌绝伦。新任女王端坐正中，看着风度翩翩的大唐高僧不由得入了神，唐僧递上通关文牒请求陛下加盖宝印。不想着女王丝毫不掩饰自己的爱慕之意，直接将关文扣下		
游戏导入：只有通过了西梁女王的考验，才能成功给通关文牒盖上章。让我们变成唐僧，和西梁女王玩一局"足球保龄球"的游戏吧		
场地	15米×15米	
器材	足球12个、标志盘6个、标志桶12个、球门2个	
时间	10分钟	
内容组织	场地布置	指导要点
场地：15米×15米 内容：6个幼儿一组，分为两组，两组幼儿分别站在标志盘后面，依次站好。听到教练哨声后，幼儿用脚内侧踢球，将前方的标志桶踢倒，小组所有幼儿全部踢完，视为一个回合。一个回合结束后，比较击中标志桶的数量。击中的标志桶多的一方获胜	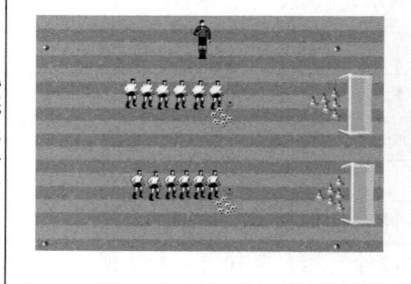	1.抬头观察； 2.重心降低

(续表)

故事导入：女王回宫后得了相思病，提笔便给唐僧画了一张画像，女王向太师表达了自己的心思。太师随后便来到唐僧等人的馆驿准备提亲，没等太师开口，唐僧、八戒两人就觉得腹痛难忍，直不起腰来，太师说："进城之前可是喝了河中之水了？城外是子母河，喝了便要降生孩儿。山上有口落胎泉，只要喝了泉水，胎气便自动消除。"
技能游戏导入：八戒和师父误喝了子母河水，遇到了麻烦。我们要进行一场紧张刺激的比赛，获胜才能给师父找到解药。让我们一起来"拯救师徒"吧

场地	25米×15米
器材	足球1个、球门2个
时间	10分钟

内容组织	场地布置	指导要点
场地：25米×15米 内容：按照五人制规则进行比赛	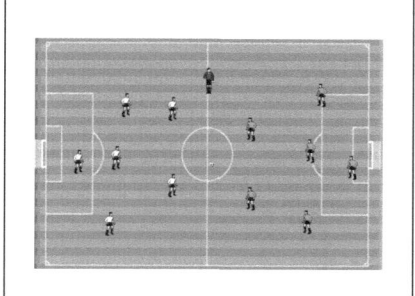	1. 抬头观察； 2. 动作迅速

场地	10米×10米
器材	标志盘4个
时间	3分钟

内容组织	场地布置	指导要点
场地：幼儿围成半径4米的圆 内容：教练带着队员们做拉伸运动	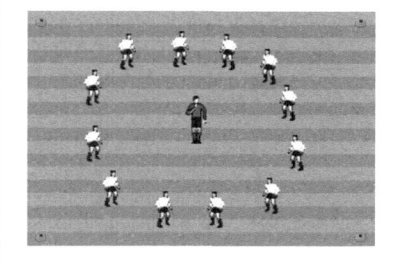	1. 认真放松； 2. 听教练指令

小结	

教学主题	女儿国招夫
教学内容	脚背正面踢球
教学目标	1. 让幼儿掌握脚背正面踢球的技术动作要领； 2. 让幼儿掌握并熟练运用脚背正面踢球的技术动作； 3. 培养幼儿积极进取、勇敢顽强的精神
教学班级	中班
教学学期	第二学期
教学周次	第十周
教学人数	12 人
教学时长	30 分钟
教学器材	足球 12 个、标志盘 14 个、标志桶 2 个、标志服 12 件、球门 2 个

课程导入：上一节我们讲到，唐僧和八戒要喝到落胎泉水才能得救。也不知道会不会成功，想知道接下来发生了什么吗？跟教练们一起来探索吧

故事导入：悟空到了泉眼所在的山头，没想到遇到一个真仙，那真仙正是牛魔王的兄弟，那真仙因为红孩儿的缘故正想找悟空报仇，所以阻拦悟空取水。悟空好不容易摆脱了纠缠，把水打了回去。回到庄院，八戒、唐僧强忍着痛，接过水喝了下去，休息了一晚，第二天一早便恢复了

热身游戏导入：悟空在取水的过程中遇到了妖怪，只有摆脱妖怪才能拿到泉水。让我们与妖怪玩个游戏，游戏的名字叫"快速摆脱"

场地	15 米 ×15 米
器材	标志盘 13 个
时间	7 分钟

内容组织	场地布置	指导要点
场地：15 米 ×15 米 内容：两人相对而站，拉手小碎步准备，听到教练指令后迅速互换位置，根据教练说出的颜色快速移动，最先到达指定颜色标志盘的队员获胜 变化：准备动作变成相背而战		1. 动作敏捷； 2. 身体协调； 3. 不断互换位置观察标志盘颜色

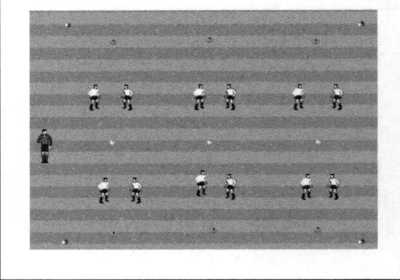

故事导入：师徒正在驿厅吃斋饭，就听到外面有声音。太师和二位宫女来到驿厅里，看到唐僧，一同跪下向唐僧道喜。唐僧一听愣住了。八戒在旁边嚷道："太师，你去告诉你们国王，我师父是得道的罗汉，不会贪爱你们国中的财富，更不会爱慕倾国的容貌，快点给我们倒换关文，打发他西去。把我留下在这里入赘，岂不是万事大吉？"唐僧说："八戒，我们要是贪图这里的荣华富贵，如何到西天取经去？这不是坏了我大唐帝主的好事？"太师说："圣僧在上，微臣说的都是实话。我王的意思是，只求圣僧为亲，叫你的这三位徒弟喝过喜酒，倒换关文，到西天取经去呢。"悟空说："太师说得有道理，我们也不用为难，愿意让师父留下，和你们国王成亲，快快倒换关文，叫我们西去，等取了经回来，再回到这里讨得路费，回大唐去呢。"太师听了，满心欢喜，回奏女王去了

(续表)

技术游戏导入：这次可遇到了大麻烦，不能让他们得逞，我们要快点想办法帮他们离开这个地方，这个办法就是，"电掣星驰"		
场地	15 米 ×15 米	
器材	足球 12 个、标志盘 14 个、标志桶 2 个	
时间	10 分钟	

内容组织	场地布置	指导要点
场地：15 米 ×15 米 内容：6 个幼儿一组，分为两组。两组幼儿同时带球出发，绕过所有标志盘并绕过标志桶，回到起点，所有队员全部回来的队伍获得胜利 变化：从随意带球变成用脚背正面运球		1. 抬头观察； 2. 重心降低； 3. 增加触球的次数

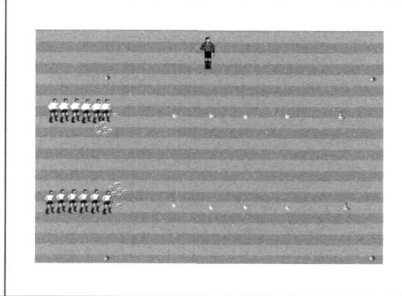

故事导入：悟空说："今天先把这门亲事答应下来，她必定用皇帝礼招待你。你不要推却，叫女王拿出御宝印信，先给通关文牒上盖了印，再叫女王画押，拿给我们。然后赴宴，就当给女王贺喜，也算是给我们饯行。等宴席散了，你只要说送我们出城去，回来再办喜事，先把她们哄高兴了，想不到阻拦我们。等出了城，你下了龙车凤辇，老孙使一个定身法，定住她们君臣，我们顺着大路只管西行。等走上一晚，我再念个咒，解了法术，让她们君臣醒过来，回城去。这叫作假亲脱网计，岂非一箭双雕？"唐僧如梦初醒

技能游戏导入：唐僧师徒只能将计就计，假装答应他们，再逃出城去。这个办法就叫"调虎离山"		
场地	12 米 ×10 米	
器材	足球 8 个、球门 2 个、标志盘 4 个	
时间	10 分钟	

内容组织	场地布置	指导要点
场地：12 米 ×10 米 内容：幼儿进行 1V1 的足球比赛，由教练员选择进攻方向，听教练员哨声，一方进球代表本轮进攻结束，将球交给教练员，教练重新选择进攻方向。每队幼儿都要有持球进攻与无球防守两个过程		1. 抬头观察； 2. 动作迅速

场地	10 米 ×10 米
器材	标志盘 4 个
时间	3 分钟

（续表）

内容组织	场地布置	指导要点
场地：幼儿围成半径 4 米的圆 内容：教练带着幼儿做拉伸运动		1. 认真放松； 2. 听教练指令
小结		

教学主题	勇斗蝎子精
教学内容	脚背正面踢球
教学目标	1. 让幼儿了解脚背正面踢球的技术动作要领； 2. 让幼儿掌握脚背正面踢球的技术动作； 3. 培养幼儿积极进取、勇敢顽强的精神
教学班级	中班
教学学期	第二学期
教学周次	第十一周
教学人数	12 人
教学时长	30 分钟
教学器材	足球 12 个、标志盘 6 个、标志桶 8 个、标志杆 9 个、标志服 12 件、球门 2 个、小栏架 6 个、敏捷圈 12 个

课程导入：今天，教练就给大家来讲讲勇斗蝎子精的故事，想知道发生了什么吗？跟教练一起来探索吧

故事导入：唐僧师徒路经女儿国时，蝎子精用旋风卷走了唐僧，躲进了琵琶洞

热身游戏导入：让我们跟悟空几人一起前往琵琶洞营"救唐僧"吧

场地	20 米 ×20 米
器材	标志盘 3 个、标志杆 9 个、敏捷圈 12 个
时间	7 分钟

(续表)

内容组织	场地布置	指导要点
场地：20米×20米 内容：将幼儿分为3组，每组摆放4个敏捷圈，队员以双脚跳或单脚跳的方式跳过所有的敏捷圈，绕过标志杆，快速跑回队伍与队友击掌接力后，下一人出发 变化：双脚跳，并把敏捷圈之间的距离放近一点、把敏捷圈之间的距离放远一点、单脚跳跳完所有敏捷圈		1. 注意安全； 2. 观察脚下不要踩到敏捷圈，避免摔倒

故事导入：在九九八十一难中，蝎子精这一难可以说是唐僧本人过的最难的一关。悟空进入琵琶洞后，便现身和蝎子精打了起来，八戒也来助战，悟空和八戒联手与蝎子精斗了多时，也不分胜负

技术游戏导入：让我们跟悟空一起"历经磨难"，救出唐僧吧

场地	20米×20米
器材	足球12个、标志盘6个、标志桶8个、小栏架6个
时间	10分钟

内容组织	场地布置	指导要点
场地：起点距终点12米 内容：将幼儿分为两组，进行脚背正面运球接力，教练员发出指令后，幼儿快速跑动，双脚跳过小栏架后，前往在标志盘区（琵琶洞）取球营救至标志桶（安全区域）处，再跑回出发点，与队友拍手接力，回到队尾，下一人出发		1. 抬头观察； 2. 注意节奏

故事导入：最后蝎子精使出倒马毒将悟空的脑门扎伤，悟空疼痛难忍，负痛败走。八戒见势不妙随之逃走，蝎子精得胜归府。第二天悟空和八戒又来叫阵，这次蝎子精不敢恋战，与悟空和八戒打了三五下，此时观音菩萨现身，指点悟空去找昴日星官降伏蝎子精

技能游戏导入：最后悟空请来了昴日星官，昴日星官能否降伏蝎子精？让我们一起来看看吧

场地	12米×10米
器材	足球8个、标志盘4个、球门2个
时间	10分钟

(续表)

内容组织	场地布置	指导要点
场地：12米×10米 内容：幼儿进行1V1的足球比赛，由教练员选择进攻方向，听教练员哨声，一方进球代表本轮进攻结束，将球交给教练员，教练重新选择进攻方向。每队幼儿都要有持球进攻与无球防守两个过程		1. 注意力集中； 2. 注意安全

场地	10米×10米
器材	标志盘4个
时间	3分钟

内容组织	场地布置	指导要点
场地：幼儿围成半径4米的圆 内容：听教练的指令，拉伸放松		1. 认真放松； 2. 听教练指令

小结	

教学主题	落伽山诉苦
教学内容	脚掌踩停球
教学目标	1. 让幼儿了解踩停球的技术动作要领； 2. 让幼儿掌握踩停球的技术动作； 3. 培养幼儿积极进取、勇敢顽强的精神
教学班级	中班
教学学期	第二学期
教学周次	第十二周
教学人数	12人
教学时长	30分钟
教学器材	足球12个、标志盘14个、标志服12件、球门2个

（续表）

课程导入：上节课后，悟空救出了唐僧，想知道接下来发生了什么吗？跟教练一起来探索吧		
故事导入：师徒几人在西行的途中，又遇到了可恶的强盗，师徒几人与他们打斗起来		
热身游戏导入：下面我们一起跟着教练做一个游戏，和悟空一起来对付强盗吧		
场地	20 米 ×20 米	
器材	足球 12 个、标志盘 14 个	
时间	7 分钟	
内容组织	场地布置	指导要点
场地：标志盘距离教练员 10 米 内容：一名教练扮演强盗，其他幼儿扮演孙悟空。在教练周围放置一圈标志盘，其他幼儿在距教练 10 米处的标志盘后站队，一次出发两人，要取走标志盘，在拿回标志盘时若被强盗拿武器（标志服）打到，就要放下标志盘回到起点，下一人出发 变化：增加足球，带球出发	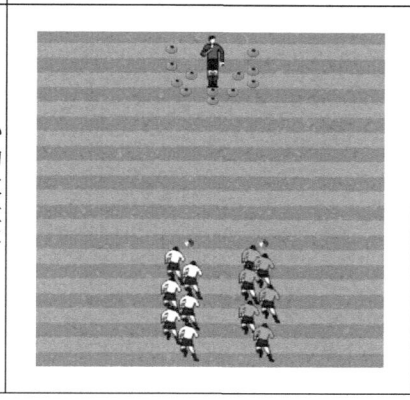	1. 观察位置； 2. 注意脚下安全
故事导入：悟空打死了强盗，唐僧很生气，念起了紧箍咒，悟空疼痛难忍，看见师父没有停止的意思，没有办法，驾起筋斗云，停在空中，忽然说道："这和尚伤了我心，我要去普陀崖告诉观音菩萨去。"		
技术游戏导入：可怜的悟空跑到了观音菩萨那里，但在空中悟空还受到了天上的交通制约。让我们跟悟空一起"过马路"吧		
场地	20 米 ×20 米	
器材	足球 6 个、标志盘 4 个	
时间	10 分钟	
内容组织	场地布置	指导要点
场地：20 米 ×20 米 内容：将幼儿分为两组，一字排开，一次出发一组，没有出发的幼儿原地观察出发幼儿的动作。听教练的哨声，运球出发，教练员在途中发出指令。红灯（踩停球）、绿灯（继续向前）、黄灯（踩一下球进行向前），返回后将球传给下一位幼儿，然后回到队伍位置，教练员吹哨，下一组出发	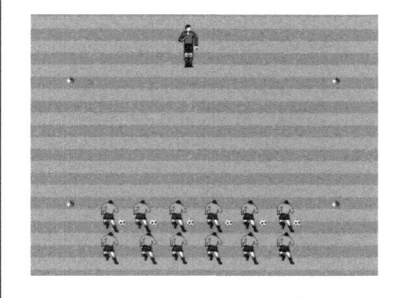	1. 提高注意力； 2. 注意教练员发出的指令

（续表）

故事导入：观音菩萨呼唤悟空到了宝莲台下。悟空看见菩萨，倒身下拜，止不住泪如泉涌，放声大哭	
技能游戏导：悟空来寻求菩萨的帮助，下面让我们进行一场比赛，就让观音菩萨来替我们主持公道吧	
场地	25米×15米
器材	足球1个、球门2个
时间	10分钟

内容组织	场地布置	指导要点
场地：25米×15米 内容：按照五人制规则进行比赛		1.观察同伴位置，注意脚下安全

场地	10米×10米
器材	标志盘4个
时间	3分钟

内容组织	场地布置	指导要点
场地：幼儿围成半径4米的圆 内容：听教练的指令，拉伸放松		1.认真放松； 2.听教练指令
小结		

(续表)

教学主题	真假美猴王
教学内容	脚内侧接球
教学目标	1. 让幼儿了解脚内侧接球的技术动作要领； 2. 让幼儿掌握脚内侧接球的技术动作； 3. 培养幼儿积极进取、勇敢顽强的精神
教学班级	中班
教学学期	第二学期
教学周次	第十三周
教学人数	12 人
教学时长	30 分钟
教学器材	足球 18 个、标志盘 24 个、标志服 12 件、球门 2 个

课程导入：今天，教练就给大家来讲讲真假美猴王的故事，想知道发生了什么吗？跟教练一起来探索吧

故事导入：真悟空身边蹦出个假悟空，假悟空道行甚高，把真悟空的一言一行、举手投足模仿得惟妙惟肖，旁人难以分辨

热身游戏导入：假悟空模仿真悟空可谓是一模一样，让我们一起做个叫"叫模仿秀"的游戏吧

场地	20 米 ×20 米
器材	标志盘 4 个
时间	7 分钟

内容组织	场地布置	指导要点
场地：起点距终点 10 米 内容：教练员做动物的行走动作，幼儿们进行模仿 变化：青蛙跳、蜘蛛爬、蚂蚁爬（肚子朝天）、螃蟹爬（横移）、大象走（手抓脚踝）、猩猩跳（双手下蹲撑地、双脚左侧跳、双手撑地、双脚右侧跳）、鸭子步、斗鸡跳		1. 注意观察同伴位置，以免发生碰撞； 2. 注意安全

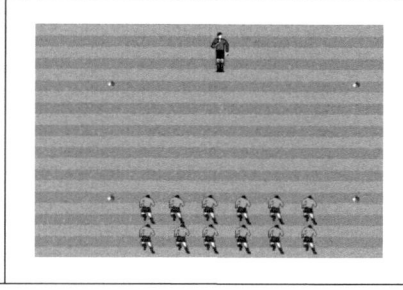

故事导入：六耳猕猴自恃有一身通天的本领，一而再、再而三地与孙悟空掀起了一场场恶斗，两个猴子都使出了看家本领和浑身的解数

技术游戏导入：真假美猴王本领不相上下，这该怎么分辨呢，让我们进行"武艺比拼"，看看谁才是那个本领通天的真美猴王吧

场地	20 米 ×20 米
器材	足球 18 个、标志盘 24
时间	10 分钟

（续表）

内容组织	场地布置	指导要点
场地：标志盘间距 2 米 内容：两人一组，第一名幼儿用脚内侧踢球方式传给第二名幼儿，第二名幼儿用脚内侧接球方式接球停在原地，然后跑到第三个标志盘处，等下一个传球，脚内侧接球后停在原地，再跑到第四个标志盘处，两人再互换位置		1. 注意不需要太大的力量； 2. 要使用脚背正面踢球

故事导入：真假猴王一直打上了凌霄宝殿，玉皇大帝令他们二人停止，但六耳猕猴竟然不服从玉帝的命令，闹得玉帝也无可奈何

技能游戏导入：真假美猴王经过了一路的战斗，来到了最终结束阶段，下面让我们来一个比赛，比出哪个是"真正美猴王"吧

场地	12 米 ×10 米
器材	足球 8 个、标志盘 4 个、球门 2 个
时间	10 分钟

内容组织	场地布置	指导要点
场地：12 米 ×10 米 内容：幼儿进行 2V2 的足球比赛，由教练员选择进攻方向，听教练员哨声，一方进球代表本轮进攻结束，将球交给教练员，教练重新选择进攻方向。每队幼儿都要有持球进攻与无球防守两个过程		1. 注意跑动位置，注意幼儿位置； 2. 提醒幼儿不要力量太大

场地	10 米 ×10 米
器材	标志盘 4 个
时间	3 分钟

内容组织	场地布置	指导要点
场地：幼儿围成半径 4 米的圆 内容：听教练的指令，拉伸放松		1. 认真放松； 2. 听教练口令

(续表)

小结	

教学主题	佛祖识猕猴
教学内容	脚内侧接球
教学目标	1. 让幼儿了解脚内侧接球的技术动作要领； 2. 让幼儿掌握脚内侧接球的技术动作； 3. 培养幼儿积极进取、勇敢顽强的精神
教学班级	中班
教学学期	第二学期
教学周次	第十四周
教学人数	12 人
教学时长	30 分钟
教学器材	足球 6 个、标志盘 14 个、标志服 12 件、球门 2 个

课程导入：上节课我们说到了真假美猴王来到了玉帝面前，让玉帝也无可奈何，接下来会发生什么呢

故事导入：真假美猴王一直打到灵山，要让如来佛辨个真伪，说出是非

热身游戏导入：让我们跟他们一起"去灵山"吧

场地	20 米 ×20 米
器材	足球 2 个、标志盘 14 个
时间	7 分钟

内容组织	场地布置	指导要点
场地：起点距终点 8 米 内容：幼儿两腿之间夹着一个足球，跳跃向前至标志盘处，拿一个标志盘再跳跃回起点，把足球交给下一名幼儿进行接力		1. 注意安全； 2. 观察脚下，避免摔倒

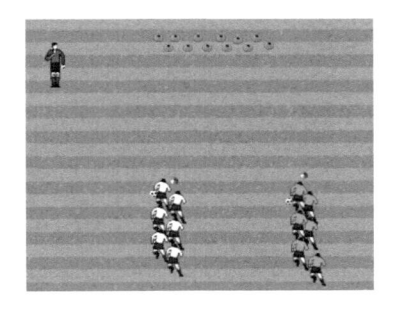

故事导入：真假美猴王到达灵山后，便让如来佛祖分辨哪个才是真猴王。如来佛祖一眼便认出，说出了假猴王的本体为"六耳猕猴"

（续表）

技术游戏导入：真假猴王在如来佛祖面前做出了一模一样的动作，让我们跟着如来佛祖一起"辨真假"吧

场地	20米×20米
器材	足球6个
时间	10分钟

内容组织	场地布置	指导要点
场地：两人间距5米 内容：两组幼儿相对而站，先由红队幼儿担任真大圣，做出一个小动物的动作（教练员规定），由蓝队幼儿担任假大圣，进行模仿。红队幼儿做出动作后将球传给蓝队，蓝队在接球时要使用脚内侧接球动作将球停至脚下，模仿出相应动作后将球传回到红队幼儿 变化：双方交换扮演角色	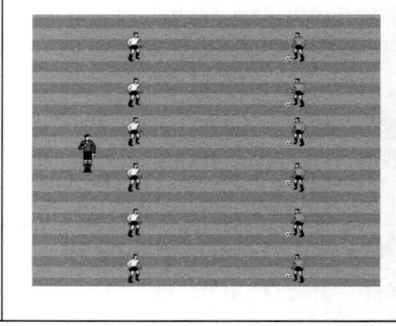	1. 传球时要找对相应的模仿者； 2. 传球力量不要太大

故事导入：六耳猕猴被如来佛祖发现后，准备逃走，只见如来佛祖将金钵盂扔了出来，把六耳猕猴扣在里面，六耳猕猴也现出了原形

技能游戏导入：六耳猕猴现出了原形，悟空上前和六耳猕猴展开了"最后的战斗"

场地	12米×10米
器材	足球8个、标志盘4个、球门2个
时间	10分钟

内容组织	场地布置	指导要点
场地：12米×10米 内容：幼儿进行1V1的足球比赛，由教练员选择进攻方向，听教练员哨声，一方进球代表本轮进攻结束，将球交给教练员，教练重新选择进攻方向。每队幼儿都要有持球进攻与无球防守两个过程	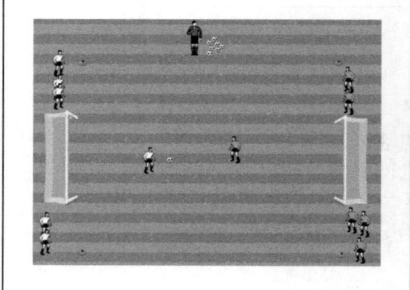	1. 注意在跑动和转圈时观察，避免摔倒； 2. 传球的准确性

场地	10米×10米
器材	标志盘4个
时间	3分钟

(续表)

内容组织	场地布置	指导要点
场地：幼儿围成半径 4 米的圆 内容：听教练的指令，拉伸放松		1. 认真放松； 2. 听教练指令
小结		

教学主题	被困火焰山
教学内容	下手接球、下手抛球
教学目标	1. 让幼儿了解下手接球、下手抛球的技术动作要领； 2. 让幼儿掌握并运用下手接球、下手抛球的技术动作； 3. 培养幼儿积极进取、勇敢顽强的精神
教学班级	中班
教学学期	第二学期
教学周次	第十五周
教学人数	12 人
教学时长	30 分钟
教学器材	足球 6 个、标志盘 18 个、标志服 12 件、球门 2 个

课程导入：上节课，在如来佛祖的帮助下，悟空成功地打败了假猴王，这节课唐僧师徒会发生什么呢

故事导入：师徒四人一路朝西走去，走着走着突然感觉热气腾腾，难以忍受。此时正值秋天，大家感到很奇怪。一打听才知道前方有座火焰山，方圆八百里寸草不生

热身游戏导入：师徒们接下来如何是好呢，让我们一起看看师徒们是怎么"走出火焰山"的吧

场地	20 米 ×20 米
器材	足球 6 个、标志盘 18 个
时间	7 分钟

(续表)

内容组织	场地布置	指导要点
场地：幼儿间距 1 米 内容：幼儿分成两组，面对面站立，进行下手抛球和下手接球练习 变化：靠近教练一边的幼儿在抛球完成后，向后奔跑到标志盘，完成折返跑后再接球。五次折返为一组，然后两组交换		1. 传接球前仔细观察； 2. 找准位置，反应迅速

故事导入：唐僧师徒又从卖糕的少年嘴里听说，要想过山，只有向铁扇公主借芭蕉扇扇灭火后才能通过

技术游戏导入：悟空听说只有借到芭蕉扇才能走出火焰山，让我们和悟空一起去"借芭蕉扇"吧

场地	20 米 ×20 米
器材	足球 6 个、标志盘 18 个
时间	10 分钟

内容组织	场地布置	指导要点
场地：20 米 ×20 米 内容：接球人接球前听教练员指令（下蹲、跳跃、向后、向前等），做出相应动作，看谁的反应更快，做得更好		1. 球在胸前； 2. 手在球后； 3. 反应灵敏； 4. 动作迅速

故事导入：悟空把师父安排好，前往芭蕉洞找铁扇公主。铁扇公主是牛魔王的妻子，红孩儿的母亲。因上次红孩儿想吃唐僧肉与悟空结下了冤仇，因此铁扇公主不肯借扇

技能游戏导入：悟空前往芭蕉洞找到了铁扇公主，悟空和铁扇公主发生了激烈的打斗。让我们来和悟空一起"智斗铁扇公主"吧

场地	25 米 ×15 米
器材	足球 1 个、球门 2 个
时间	10 分钟

(续表)

内容组织	场地布置	指导要点
场地：25米×15米 内容：将幼儿分成两组，每组一个守门员进行打门比赛，全部用手接抛球		1. 态度积极； 2. 灵活呼应

场地	10米×10米
器材	标志盘4个
时间	3分钟

内容组织	场地布置	指导要点
场地：幼儿围成半径4米的圆 内容：听教练的指令，拉伸放松		1. 充分放松； 2. 认真听讲

小结	

教学主题	三借芭蕉扇
教学内容	上手抛球
教学目标	1. 让幼儿了解上手接抛球的技术动作要领； 2. 让幼儿掌握并运用上手接抛球的技术动作； 3. 培养幼儿积极进取、勇敢顽强的精神
教学班级	中班
教学学期	第二学期
教学周次	第十六周
教学人数	12人
教学时长	30分钟
教学器材	足球12个、标志盘18个、标志杆4个、标志服12件、球门2个、栏架2个、敏捷圈2个

(续表)

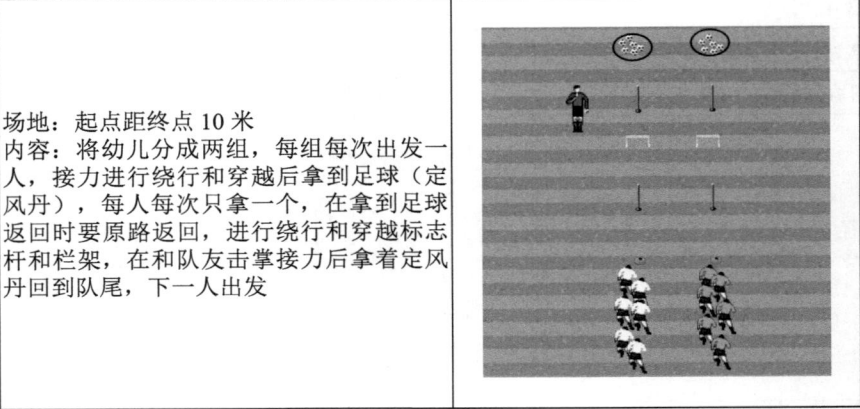

课程导入：这节课我们讲悟空三借芭蕉扇的故事。让我们来看看这次都发生了什么吧		
故事导入：悟空初次借扇，被铁扇公主用芭蕉扇扇得无踪无影。灵吉菩萨得知实情，给了悟空一粒"定风丹"		
热身游戏导入：灵吉菩萨给了悟空一粒"定风丹"，但是"定风丹"也不是那么容易拿到的，让我们帮助悟空拿到"定风丹"吧		
场地	20米×20米	
器材	足球12个、标志盘2个、标志杆4个、栏架2个、敏捷圈2个	
时间	7分钟	
内容组织	场地布置	指导要点
场地：起点距终点10米 内容：将幼儿分成两组，每组每次出发一人，接力进行绕行和穿越后拿到足球（定风丹），每人每次只拿一个，在拿到足球返回时要原路返回，进行绕行和穿越标志杆和栏架，在和队友击掌接力后拿着定风丹回到队尾，下一人出发		1. 注意安全； 2. 观察脚下，避免摔倒
故事导入：悟空第二次来借扇，公主又用扇扇他，悟空口含定风丹，一动不动。公主急忙回洞，闭门不出。悟空变作一只小虫，乘公主喝茶之际进入铁扇公主腹中。铁扇公主腹疼难忍，答应借扇，但给的是一把假扇		
技术游戏导入：悟空千辛万苦借到了扇子，却发现这把扇子有点不对劲，让我们来"辨真假"吧		
场地	20米×20米	
器材	足球2个、标志盘18个	
时间	10分钟	
内容组织	场地布置	指导要点
场地：幼儿间距1米 内容：将幼儿分为两组，每组第一名幼儿以上手抛球的方式抛到第二名幼儿手里，然后迅速跑到最后一名幼儿后的标志盘处站好，第二名幼儿接到足球后以上手抛球方式抛给第三名幼儿，然后跑到最后一名幼儿后的标志盘处，以此类推，直到最后一名幼儿也完成上述动作，用时最短的小组成功借到芭蕉扇 变化：增加距离	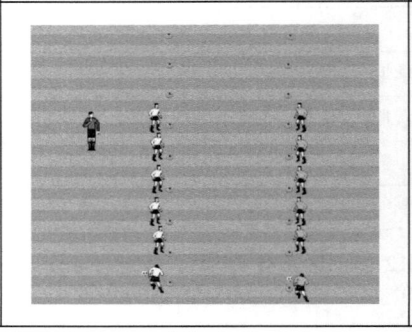	1. 注意安全； 2. 跑动积极； 3. 注意观察

(续表)

故事导入：第三次，悟空变成牛魔王模样，骗得真扇。牛魔王到家得知真相后急忙追赶，悟空与牛魔王大战。八戒、沙僧上前助战，最后把牛魔王打得现出原形。悟空用芭蕉扇扇灭山火，师徒四人继续西行取经		
技能游戏导入：这一次，悟空变成了牛魔王的样子，拿到了芭蕉扇，还与牛魔王展开了激烈的战斗。让我们来看看悟空是如何"扇灭山火"的吧		
场地	12米×10米	
器材	足球8个、标志盘4个、球门2个	
时间	10分钟	
内容组织	场地布置	指导要点
场地：12米×10米 内容：幼儿进行1V1的足球比赛，由教练员选择进攻方向，听教练员哨声，一方进球代表本轮进攻结束，将球交给教练员，教练重新选择进攻方向。每队幼儿都要有持球进攻与无球防守两个过程		1. 注意安全，避免和队员碰到一起； 2. 抬头观察； 3. 攻防转换要迅速
场地	10米×10米	
器材	标志盘4个	
时间	3分钟	
内容组织	场地布置	指导要点
场地：幼儿围成半径4米的圆 内容：听教练的指令，拉伸放松		1. 充分放松； 2. 认真听讲
小结		

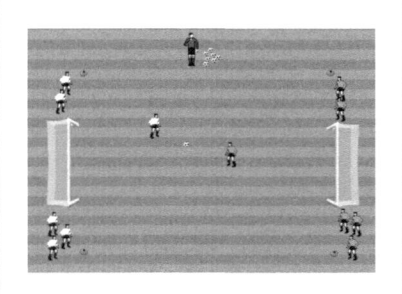

三、大班足球课程教案

1. 大班（第一学期）

教学主题	大战牛魔王
教学内容	揉球、踩球
教学目标	1. 让幼儿掌握揉球、踩球的技术动作要领； 2. 让幼儿掌握并熟练运用揉球、踩球的技术动作； 3. 培养幼儿积极向上、顽强拼搏的品质
教学班级	大班
教学学期	第一学期
教学周次	第一周
教学人数	12 人
教学时长	30 分钟
教学器材	足球 14 个、标志盘 4 个、球门 2 个、标志服 12 件
课程导入：师徒四人来到火焰山，但是这大火挡住了去路，悟空想到了去找牛魔王借芭蕉扇。让我们一和悟空一起去找牛魔王吧	
故事导入：这牛魔王听说有人找他，便提着一根混铁棍出了门，高叫："何人在这里胡闹？"悟空整了整衣服走上前，深深地行个大礼，说："哥哥，还认得小弟吗？"牛魔王答礼，说："你是齐天大圣孙悟空吧？"孙悟空说："哥哥好记性，好久不见了！小弟今天来是有一事相求。小弟保唐僧西天取经，如今被火焰山阻住了去路，希望哥哥能在嫂嫂面前美言几句，借来芭蕉扇一用。"牛魔王听了，心想这行者一定是欺负了铁扇公主，于是举起混铁棍就打来。悟空说："既然哥哥要打，小弟也不害怕，只求借宝贝一用！"牛魔王说："要是你能敌得过我三招，我就叫铁扇公主把扇子借给你；如果敌不过，就打死你，让我雪恨！"	
热身游戏导入：牛魔王会一种神奇的指令，如果你按照他说的动作做，那你将会受伤，我们要做出与他指令动作相反的动作，这样我们才能协助悟空击败牛魔王。这个游戏的名字叫作"我的反动作"	

场地	15 米 ×15 米
器材	足球 12 个、标志盘 4 个
时间	7 分钟

内容组织	场地布置	指导要点
场地：15 米 ×15 米 内容：让幼儿站成三行四列，左右间隔 1.5 米，听教练指令，当教练说"拿球"，幼儿不要碰球；当教练说"不拿球"，幼儿要抱起足球。教练的指令可以换成"跳跃""拍手"等 变化：由原地变成在区域内运球		1.集中注意力，听教练指令； 2.抬头观察

(续表)

故事导入：这一战真是惊天动地！那过往虚空的一切神众和金头揭谛、六甲六丁、一十八位护教伽蓝都来围攻牛魔王。那牛魔王也毫不畏惧，东一头、西一头，挺着两只铁角，来回去顶。悟空迎着他打，众神在四周围打。牛魔王急了，往地上一滚，恢复本相，往芭蕉洞去了。悟空也收了法相，和众神随后紧追。牛魔王闯进洞里，闭门不出		
技术游戏导入：牛魔王逃回了山洞里，怎么也不出来。让我们做一个"引牛出洞"的游戏，帮孙悟空将牛魔王引出山洞		
场地	15米×15米	
器材	足球2个、标志盘4个	
时间	10分钟	
内容组织	场地布置	指导要点
场地：15米×15米 内容：将幼儿分成两组，站在各目标志盘后面，当哨声响起后，幼儿用右脚揉球，绕标志盘一圈后将足球踩住，再将足球传给对面对应的幼儿，对面的幼儿也进行揉球绕标志盘一圈后将足球踩住，用脚底将球传给对方。传过球的幼儿到队尾给其他幼儿加油，最先全部做完的一组，将最先完成仪式，将牛魔王引出来		1. 要求幼儿揉球时保持身体平衡； 2. 体会揉球和踩球的感觉； 3. 要求幼儿重心降低
故事导入：后来，牛魔王从洞中出来了，变成了一只巨大无比的老牛。悟空拳头打在牛头上没有任何作用。孙悟空说："这家伙能耐不小！又变成这个样子，怎么办？"哪吒笑着说："大圣无需担心，看我擒他。"说完，哪吒变成三头六臂，一跃跳到牛魔王背上，用斩妖剑一下子砍下了牛头。没想到，这牛魔王脖子上又长出一个头来，口吐黑气，眼放金光。哪吒又是一剑，牛魔王的头掉了下来，却又钻出一个新的头来。这样连着砍了十多剑，就长出十多个头来。哪吒拿出火轮儿挂在牛角上，弄出真火。这牛魔王耐不住烧，只好变化脱身。这边托塔天王用照妖镜照住牛魔王的本相，牛魔王无路可逃，只好叫："饶命！我愿意归顺佛家！"		
技能游戏导入：众神帮助悟空降伏了牛魔王，获得了芭蕉扇。让我们来一起将牛魔王"送归佛门"吧		
场地	12米×10米	
器材	足球8个、标志盘4个、球门2个	
时间	10分钟	
内容组织	场地布置	指导要点
场地：12米×10米 内容：幼儿进行1V1的足球比赛，由教练员选择进攻方向，听教练员哨声，一方进球代表本轮进攻结束，将球交给教练员，教练重新选择进攻方向。每队幼儿都要有持球进攻与无球防守两个过程		1. 思路明确； 2. 注意观察； 3. 过人时重心降低

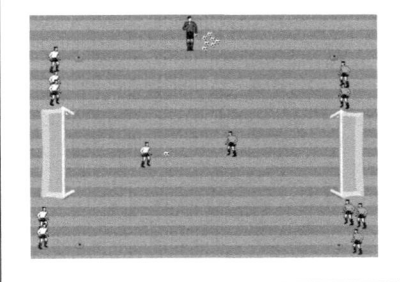

（续表）

场地	10米×10米		
器材	标志盘4个		
时间	3分钟		
内容组织		场地布置	指导要点
场地：幼儿围成半径为4米的圆 内容：拉伸放松			1. 认真放松； 2. 听教练指令
小结			

教学主题	金光寺失宝
教学内容	推球、拨球
教学目标	1. 让幼儿掌握推球、拨球的技术动作要领； 2. 让幼儿掌握并运用推球、拨球的技术； 3. 培养幼儿勇敢、坚强的意志品质
教学班级	大班
教学学期	第一学期
教学周次	第二周
教学人数	12人
教学时长	30分钟
教学器材	足球12个、标志盘4个、标志桶12个、标志服12件、球门2个、小栏架6个、敏捷圈6个

课程导入：唐僧师徒灭掉山火之后，又行了八百多里，时值秋末冬初，前面又遇到一座城池，想知道发生了什么事情吗？让我们跟随教练来探索吧

故事导入：悟空看了看，说："师父，前面是一个国都。"进到城中，只见六街三市，人来人往，熙熙攘攘。正走着，突然看到十多个和尚，个个披枷戴锁，沿街乞讨。三藏叹了口气，叫："悟空，你过去问问，这是怎么回事？"悟空上前，问道："你们是哪个寺里的？为何披枷戴锁？"和尚们跪下，说："我们是金光寺的和尚，受了冤枉。"悟空引他们来到唐僧面前，问："有什么冤屈，说来听听。"和尚们说："长老，请到荒山，再述说详情。"

热身游戏导入：想知道这些和尚到底发生了怎样的故事吗？让我们和悟空一起"勇探金光寺"吧

(续表)

场地	20米×15米
器材	足球3个、标志盘3个、标志桶3个、小栏架6个、敏捷圈6个
时间	7分钟

内容组织	场地布置	指导要点
场地：标志盘到敏捷圈的距离为8米 内容：第一名幼儿跳过两个栏架后站到敏捷圈内，然后对面的幼儿用手抛球的方式把球抛过去，第一名幼儿用手接，然后用脚拨球的方式绕标志桶一圈到最后一个敏捷圈内，抛球的幼儿自动排回队尾，下一名幼儿继续出发 变化：接到球后放在地上用脚运球绕标志桶跑到下一个敏捷圈		1. 跑动时注意安全； 2. 抬头观察； 3. 运球时降低重心

故事导入：师徒四人一并来到山门，只见门上横写着七个金字："敕建护国金光寺。"和尚们推开正殿门，请唐僧上殿拜佛。唐僧拜了佛，又转到后面，看到方丈檐柱上也锁着六七个小和尚。到了方丈的屋里，和尚们纷纷叩头，问道："各位老爷可是从东土大唐来的？"悟空笑了，说："难道你们有未卜先知的法术？你们怎么知道我们是从大唐来的？"

技术游戏导入：想知道和尚们是如何知道唐僧师徒四人会解救他们吗？让我们和悟空他们一起"一探究竟"吧

场地	20米×15米
器材	足球12个、标志桶12个、标志盘3个
时间	10分钟

内容组织	场地布置	指导要点
场地：标志桶间距1米 内容：将幼儿分成3组，每人一个足球，用脚内侧推球的方式出发，绕过标志桶后直线推球返回，跟下一名幼儿击掌后，下一名再出发。最先完成一轮游戏的小组就是胜利者 变化：增加标志桶的数量（需要绕着标志桶返回）		1. 重心降低； 2. 抬头观察

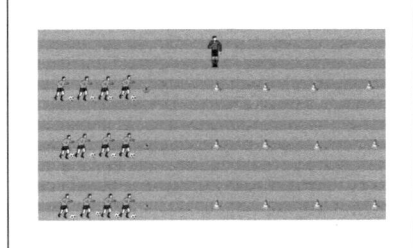

故事导入：和尚们说："我们并不能未卜先知。只是我们受了冤屈，想来是惊动了天神，昨天晚上，人人都做了同一个梦，说是有个东土大唐来的圣僧，能救我们一命。今天看到长老这般形象，所以知道。"唐僧大喜，问："这里是什么地方？你们有何冤屈？"和尚们跪告道："这里是祭赛国。被临近的各国拜为上邦。只是三年前秋季的一天，夜里下了一场血雨。这场血雨过后，寺中黄金宝塔里存放的宝贝丢了。大臣们都说是寺里的和尚偷了宝贝，所以外国不再来朝贡了。那国王也是糊涂，便指示赃官，捉了寺里的和尚，严刑拷打。当时我们这里有三代和尚，前两代都已经被打死了，如今又捉我们兴师问罪。我们如何敢盗取塔中宝贝呢！"

（续表）

技能游戏导入：让我们和唐僧一起来"帮助和尚"吧	
场地	12米×10米
器材	足球8个、标志盘4个、球门2个
时间	10分钟

内容组织	场地布置	指导要点
场地：12米×10米 内容：幼儿进行2V2的足球比赛，由教练员选择进攻方向，听教练员哨声，一方进球代表本轮进攻结束，将球交给教练员，教练重新选择进攻方向。每队幼儿都要有持球进攻与无球防守两个过程		1. 思路明确； 2. 注意安全

场地	10米×10米
器材	标志盘4个
时间	3分钟

内容组织	场地布置	指导要点
场地：幼儿围成半径4米的圆 内容：拉伸放松		1. 听从指挥； 2. 认真放松

小结	

教学主题	扫塔辨奇冤
教学内容	跨球、拉球
教学目标	1. 让幼儿初步了解跨球、拉球的动作要领，认识足球； 2. 提高幼儿对足球的兴趣； 3. 培养幼儿团队配合的意识
教学班级	大班
教学学期	第一学期
教学周次	第三周

（续表）

教学人数	12 人
教学时长	30 分钟
教学器材	足球 12 个、标志盘 6 个、标志桶 17 个、标志杆 4 个、标志服 12 件、球门 2 个、小栏架 4 个

课程导入：今天，教练就给大家来讲一讲扫塔遇到小妖精的故事吧，想知道发生了什么吗？跟教练一起来探索吧

故事导入：唐僧听了和尚们的遭遇，心中不忍，双手合十说："真是罪过，罪过！悟空，为师想去祭扫一下金光塔，顺便察看一下，也好替他们洗刷冤屈。"悟空不放心，就说："师父，今日天色已晚，那血雨又来历不明，佛宝丢失也可能与妖怪有关，还是徒弟陪你一起去吧。"当晚，唐僧拿了一把新笤帚，对着宝塔拜了四拜，就从底层开始一层一层地扫起来。悟空点起一盏油灯，为师父照亮。唐僧一级一级小心翼翼地扫去楼梯上的尘土，扫到第七层时，已经额头见汗，有些累了，就问："悟空，这塔一共有多少层？"

热身游戏导入：想知道这座塔有多少层吗？快来和悟空一起"数塔"吧

场地	15 米 ×15 米
器材	足球 12 个、标志盘 5 个、标志桶 17 个、标志杆 4 个、球门 1 个、小栏架 4 个
时间	7 分钟

内容组织	场地布置	指导要点
场地：15 米 ×15 米 内容：幼儿依次从右上角的第一区域，带球绕过标志盘进入第二区域，绕过中心的标志桶后，往下走绕过 3 个标志桶进入第三个区域射门，然后跳过小跨栏进入第四个区域，依次从外绕过 4 个标志杆，重新进入第一个区域，形成轮转		1. 做到脚下不失误，控制速度； 2. 绕标志盘时可采用外脚背运球； 3. 两个带球过障碍的区域需要抬头观察

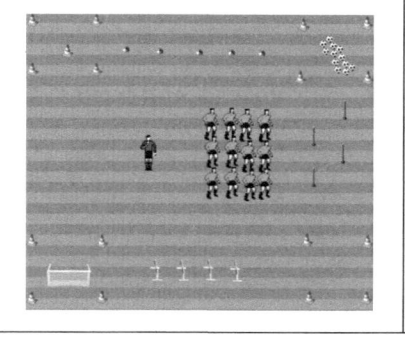

故事导入：悟空说："师父，徒弟刚才数了数，一共有十三层。您先歇一歇吧！"唐僧说："不碍事！"又咬着牙扫了三层，实在走不动了。悟空扶他坐下，说："师父，剩下的三层让弟子扫吧。"唐僧点点头。悟空接过扫把，一路往塔顶上扫去。悟空扫到第十二层的时候，听见上面有人说话。他轻手轻脚地探出半个脑袋一看，原来是两个妖怪正在猜拳喝酒。悟空上去一脚踢翻了一个，揪住另一个刚要打，那妖怪开口说："别打别打，爷爷饶命！"悟空喝道："快说，你们是怎么盗走了佛宝，又把它藏在哪儿了？"那妖怪吓得直摇手，说："我说，我说！我们是碧波潭万圣龙王派来的。我叫奔波儿灞，他叫灞波儿奔。我是鲇鱼怪，他是黑鱼精。我家龙王有个女儿，长得十分美貌，招了一个女婿，叫做九头驸马。三年前，龙王听说金光寺有一件佛宝，就让九头驸马招来一场血雨，把佛宝盗走，带回了碧波潭！"悟空冷笑道："前日请老牛赴宴的就是他，原来专干坏事！你们刚才在这里干什么？好好说出来，免打！"灞波儿奔说："回禀爷爷，是驸马听说大唐取经的僧人手下有个徒弟，叫孙悟空，专门寻人的不是，就命我们前来查探。一旦打听到他来了，就速去回报，好叫驸马早作准备！"悟空听了，拔下两根毫毛，吹了口仙气，变做两根绳子，把两个妖怪都捆了起来。然后，悟空一手提着两个妖怪，一手扶着唐僧走下宝塔。见到金光寺的和尚后，悟空把两个妖怪往地上一丢，说："偷佛宝的妖怪找到了，这两个就是那妖怪的手下！"和尚们吓了一跳，都小心地围过来看

（续表）

技术游戏导入：悟空在塔中遇到了两个妖怪，知道了它俩只是手下，让我们和悟空一起"找九头虫"吧	
场地	15米×15米
器材	足球6个、标志盘6个、标志桶12个
时间	10分钟

内容组织	场地布置	指导要点
场地：出发点距离终点12米 内容：两人一组，第一名幼儿在教练吹哨后背身拉球，教练第二声哨后，幼儿做内跨转身，然后教练员举右手则幼儿做右脚外跨动作向左变向，反之则向右。过了第一个标志桶后，过第二标志桶时用反方向的外跨变向，过去后用内跨转身直接带球到第一个标志桶，传球给第二名幼儿，6个小组根据用时长短分出名次		1.做外跨、内跨动作时要注意身体重心下降； 2.拉球时要注意球在自己的身体前方而不是身体下方

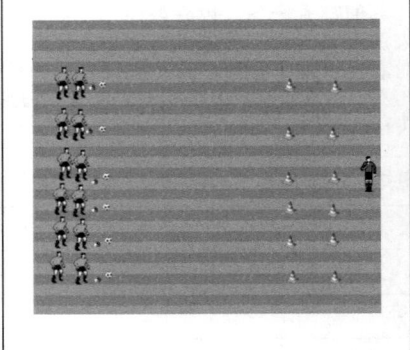

故事导入：第二天一早，唐僧穿戴整齐，去见祭赛国王。国王一听是大唐高僧来了，连忙传旨召见。唐僧见了国王，躬身施礼道："贫僧唐三藏，奉唐王之命去西天取经。路过宝方，还请陛下为贫僧倒换关文！"说着，就将通关文牒递过去。国王打开通关文牒，见上面盖满了唐僧所经国家的大印，就命人把玉玺端上来，工工整整地在上面盖上了祭赛国的大印，交还给唐僧。唐僧接过来收好，然后说："陛下，贫僧路过金光寺，听说寺里的佛宝被盗，陛下因此下令责罚寺里的僧人做苦役。不知可有此事？"祭赛国王点头说："确有此事。孤王想那金光塔有十三层，几十丈高，若是没有钥匙，谁能到塔顶把佛宝偷走？"唐僧笑道："陛下，您错怪金光寺的僧人了！贫僧昨晚夜扫宝塔，恰巧遇到了盗宝的妖怪！"国王将信将疑地说："哦？原来是妖怪干的！那妖怪现在哪里？"唐僧说："已经被我的徒弟孙悟空捉住了，就在殿外候旨！"国王说："快快宣上殿来！"时间不大，悟空提着两只鱼精上来，把他们往地上一丢。国王慌忙说："不好，妖怪怎么上殿来了？"唐僧赶紧澄清说："陛下，殿上站的是贫僧的大徒弟孙悟空，地上捆着的两个才是妖怪！"悟空道："皇帝老儿，你也太没眼力！怎么以貌取人？难道没听过'人不可貌相，海水不可斗量'吗？"国王连忙改口说："小师父，寡人多有冒犯！长老既然能捉住这两个妖怪，一定本领非凡，快请用膳吧。"说完，当即命人摆下一桌素宴。悟空说："我还有两个师弟呢！"国王笑道："不要紧，我马上派人去请！"说完，派出两座八抬大轿去接八戒和沙僧。八戒一听有宴席吃，便欢欢喜喜地坐上轿子，沙僧也跟着来到皇宫。八戒见到桌上的山珍海味，向国王匆忙行了个礼，就立刻坐下大吃起来。国王虽然见过了悟空，已经有了心理准备，但还是被八戒吓了一跳。他定了定神，转身对悟空说："孙长老，可否再显神通，替本国追回佛宝，孤王一定重重酬谢！"悟空道："要追回佛宝也不难，不过那金光寺的和尚是冤枉的，你先放了他们。"国王立刻下令给金光寺的僧人们开枷。等八戒吃饱喝足了，悟空站起来说："要去碧波潭捉拿那妖怪，还得我这位师弟出马！"唐僧说："八戒，你就跟悟空去，助他一臂之力！"八戒一抹嘴应道："猴哥，咱们走！"悟空说："等等，把那两个妖怪也带上，俺老孙有用！"于是八戒一手提着两只鱼精，一手扛起钉耙。悟空说了声："沙师弟，你好生保护师父。俺老孙去了！"便和八戒驾云向碧波潭飞去。国王看得目瞪口呆，连忙下拜说："原来竟是罗汉下凡！"

技能游戏导入：国王知道了金光寺的宝贝丢失是因为有妖怪。现在让我们一起和悟空、八戒"勇闯碧波潭"吧

(续表)

场地	25 米 ×15 米		
器材	足球 1 个、球门 2 个		
时间	10 分钟		
内容组织		场地布置	指导要点
场地：25 米 ×15 米 内容：按照五人制规则进行比赛			1. 思路清晰； 2. 要观察到自己队友的位置； 3. 要注重与队友的合作
场地	10 米 ×10 米		
器材	标志盘 4 个		
时间	3 分钟		
内容组织		场地布置	指导要点
场地：幼儿围成半径为 4 米的圆 内容：听教练指令拉伸放松			1.认真放松； 2.听教练指令
小结			

教学主题	大战九头虫
教学内容	扣球、挑球
教学目标	1. 让幼儿掌握扣球、挑球的技术动作要领； 2. 让幼儿掌握并运用扣球、挑球的技术动作； 3. 培养幼儿勇敢顽强、不怕困难、坚持到底的精神
教学班级	大班
教学学期	第一学期
教学周次	第四周
教学人数	12 人

(续表)

教学时长	30 分钟
教学器材	足球 12 个、标志盘 27 个、球门 3 个、标志服 12 件

课程导入：上节课我们知道，金光寺的宝贝丢失是因为有妖怪，悟空他们一起前往碧波潭找妖怪要夺回宝物，想知道又发生了怎样的故事吗？跟随教练一起来探索吧

故事导入：悟空和八戒来到碧波潭，悟空拔下一根毫毛，吹了口气，割断了捆着两个妖怪的绳子，说："'借你口中言，传我心中事'，你们两个回去告诉那九头驸马，叫他快快把佛宝还给金光寺。要不然，看俺老孙打烂他的水府！"两个鱼精慌忙点头答应："是，是。小的一定禀告！"说完就"扑通、扑通"两声，跳进水里去了。九头驸马正在水府里喝酒，两个鱼精慌慌张张地跑来报告："报——驸马，大事不好了！"九头驸马放下酒杯，问："何事惊慌？"奔波儿灞说："那个唐僧的大徒弟孙悟空来了！"灞波儿奔说："他还说要驸马赶紧归还金光寺的佛宝，否则就要打进水府！"

热身游戏导入：让我们帮悟空一起让妖怪去"传话"吧

场地	15 米 ×15 米
器材	标志盘 27 个
时间	7 分钟

内容组织	场地布置	指导要点
场地：15 米 ×15 米 内容：幼儿分成 3 组站在标志盘后听教练口令，等待命令时幼儿原地小碎步高抬腿，等待教练哨声，当哨声响起后，开始出发，遇到蓝色标志盘则快速小碎步通过，遇到绿色标志盘则单脚跳过标志盘，按照正确的方式和路线通过后，才能顺利抵达碧波潭龙宫进行传话 变化：可以增加绿色标志盘的数量，或者改变标志盘的摆放位置，更改行进路线		1. 频率逐渐加快 2. 保持摆臂和身体稳定

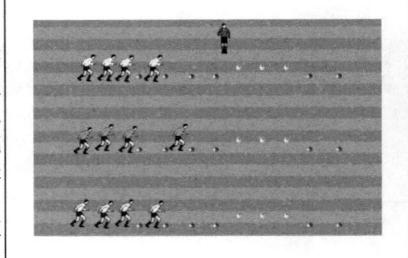

故事导入：一旁的万圣龙王听了，有些心慌，说："贤婿呀，听说那孙悟空曾大闹天宫，十万天兵都拿不住他。咱们还是快把那佛宝还回去吧！"九头驸马笑道："岳父大人，小婿自幼也学了些武艺，至今还没遇上过对手。待我出去会会他，叫他也知道我的厉害！"悟空和八戒正在空中观察动静，忽见碧波潭波涛汹涌，水面往两边一分，从底下钻出一个妖怪来。这妖怪一头绿发，生得肩宽背阔，手里提着一把月牙铲，踏着波浪大喝一声道："呔！哪个是闹天宫的弼马温？快快过来受死！"悟空掏出金箍棒，大喝道："妖怪，见了你孙爷爷，还不快交出佛宝，免得棒下送死！"谁知那九头驸马听了却哈哈大笑道："我当齐天大圣是什么人，却原来是你这么一只瘦猴子！你当我这月牙铲是吃素的吗？"悟空咬牙道："妖怪找打！"说着便照他头顶一棒打去。九头驸马举起月牙铲相迎，两人就斗在一处。这九头驸马果然不是等闲之辈，与悟空大战了三十回合，丝毫不落下风。八戒在旁边见了，举起九齿钉耙，前来助战。九头驸马受到前后夹攻，没几个回合就手忙脚乱了起来。八戒心里直乐，越战越勇。冷不防九头驸马大叫一声，把头一晃，只见那一头绿发里竟然藏着八个脑袋，一个个都伸长了脖子，张着血盆大口向悟空和八戒咬来。悟空眼明手快，迅速跳在一边。八戒大吃一惊，转身想跑，却被九头驸马的一只脑袋张嘴叼住，拖进水里去了

(续表)

技术游戏导入：悟空和八戒一起迎战九头虫，但是结果并不理想，九头虫要拖八戒入水，让我们和八戒一起"躲避九头虫"吧	
场地	15米×15米
器材	足球12个、标志盘27个、球门3个
时间	10分钟

内容组织	场地布置	指导要点
场地：标志盘间隔2米，标志盘距敏捷圈2米 内容：幼儿分3组，在哨声响起后，排头依次出发，幼儿出发后，将球以一挑一扣的方式绕过标志盘（九头虫）运到中间的红色标志盘（九头虫），前面可选择左右两边通过扣球的方式穿过红色标志盘（九头虫），再绕过蓝色标志盘（九头虫），绕过最后一个标志盘（九头虫）后，将球停下，挑进小球门中		1. 要求幼儿运球时用正脚背运球，脚背立起； 2. 抬头观察； 3. 要求幼儿重心降低，扣球时，身体重心要跟上

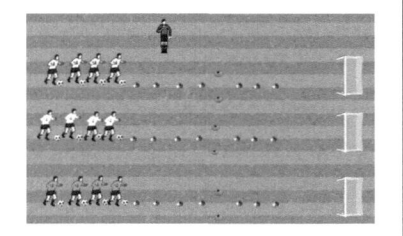

故事导入：到了水里，九头驸马又恢复了原形，把八戒一丢，令虾兵蟹将将他绑起来，押回龙宫。虾兵蟹将们纷纷过来，扯鬃的扯鬃，拽耳的拽耳，推推搡搡地把八戒押进了龙宫。万圣龙王一听九头驸马得胜回来了，连忙下令摆酒设宴，为九头驸马庆功。悟空站在水面上，往水底观看，心想：这怪物好生厉害！俺老孙水里的功夫不行，不能贸然下水救人，还是先打探一番再说。想到这儿，他摇身一变，化作一只三十斤重的大螃蟹，一头钻进了碧波潭。悟空曾跟着牛魔王来过这里，熟门熟路，就径直向万圣龙宫游去。才游到龙宫附近，悟空就见八戒被捆着双手，扔在台阶底下，那老龙王和九头驸马正在大殿上开怀畅饮。悟空游到八戒身边，轻声叫道："八戒、八戒，认得我吗？"八戒见一只大螃蟹在跟自己说话，听声音才知道是悟空，立刻眉开眼笑。悟空看四下无人，就伸出两只大钳子，剪断八戒身上的绳索，又问："八戒，你的兵器呢？"八戒揉着手腕说："被那妖怪拿到大殿上去了。"悟空嘱咐他说："你在这儿等着，看俺老孙去偷回来！"悟空低着脑袋，一路爬到大殿上。老龙王和九头驸马早已喝得半醉了，根本没有注意到他。悟空用一只大钳子夹住钉耙，将它拖下大殿来，交给了八戒，说："兄弟，你也知道，这水里的勾当俺老孙不如你。这回还得兄弟你多出把力气！"八戒接过钉耙，说："猴哥，你放心！俺老猪在水里还有些本事，我这就去出出这口气。要是我打得过那妖怪，就把他捉来；万一赢不了，我就把他引上岸来！"悟空说："好，兄弟小心。老孙先上去了！"说完就向水面游去。八戒抖落绳索，举起九齿钉耙，嗷嗷大叫着一路打上龙宫宝殿。老龙王和九头驸马毫无防备，手边又没有兵器，被打了个措手不及。老龙王吓得东躲西藏，九头驸马赶紧去找兵器。八戒趁机抢起钉耙，把龙宫里的珊瑚玉器和桌椅摆设打了个稀巴烂。九头驸马取了兵器，怪叫一声冲过来。八戒舞起钉耙，和他叮叮当当地打了十几个回合，知道自己不是对手，便虚晃一耙，拖着耙子就走。九头驸马哪里肯放，举着月牙铲在后面追赶

技能游戏导入：想知道九头虫和悟空他们战绩如何吗？让我们和他们一起来一个"大比拼"，将九头虫抓住吧

场地	12米×10米
器材	足球8个、标志盘4个、球门2个
时间	10分钟

(续表)

内容组织	场地布置	指导要点
场地：12米×10米 内容：幼儿进行1V1的足球比赛，由教练员选择进攻方向，听教练员哨声，一方进球代表本轮进攻结束，将球交给教练员，教练重新选择进攻方向每队幼儿都要有持球进攻与无球防守两个过程		1. 思路明确； 2. 攻防转换迅速

场地	10米×10米
器材	标志盘4个
时间	3分钟

内容组织	场地布置	指导要点
场地：幼儿围成半径为4米的圆 内容：拉伸放松		1. 认真放松； 2. 听教练指令

小结	

教学主题	金光寺归宝
教学内容	脚内侧运球
教学目标	1. 让幼儿掌握脚内侧运球的技术动作要领； 2. 让幼儿掌握并运用脚内侧运球的技术动作； 3. 加强幼儿的团队协作能力
教学班级	大班
教学学期	第一学期
教学周次	第五周
教学人数	12人
教学时长	30分钟
教学器材	足球12个、标志盘14个、标志服12件、敏捷圈2个、球门2个
课程导入：上节我们讲到，悟空和猪八戒二人与九头虫展开了一场激战。这节课让我们和教练一起看看接下来会发生什么故事吧	

(续表)

故事导入：八戒冲出水面，大叫："猴哥救我，那妖怪追来了！"悟空喝道："八戒闪开，把妖怪交给俺老孙！"悟空让过八戒，就挥舞着金箍棒来战九头驸马。九头驸马毫无惧色，接着与悟空厮杀。只见悟空奋起神勇，那九头驸马渐渐不敌，就又变出九个脑袋，来咬悟空

热身游戏导入：八戒打不过九头虫，悟空赶紧上前来帮助，挥舞着金箍棒，九头虫变出了九个脑袋来咬悟空，让我们和悟空一起"躲避九头虫"吧

场地	20米×15米
器材	足球12个、标志盘14个、敏捷圈2个
时间	6分钟

内容组织	场地布置	指导要点
场地：标志盘距敏捷圈12米 内容：幼儿分成两组站在标志盘后听教练口令。当教练发出口令后，第一名幼儿出发，绕着4个标志盘外侧小碎步跑到敏捷圈后，用手抱回一个足球，与下一名幼儿击掌，下一名出发，依次进行，直到将足球全部取回，胜利的将成功躲避九头虫 变化：第一名幼儿出发，首先摸离自己近的绿色的标志盘，再退回去摸蓝色的标志盘，然后再去摸蓝色标志盘退回去摸绿色标志盘，然后再把球从敏捷圈内抱回	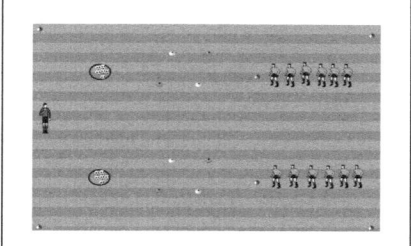	1. 注意跑动方式； 2. 抬头观察； 3. 注意安全

故事导入：悟空抡起金箍棒，左躲右闪，被那九头虫追着，险象环生。正在这危急时刻，只听空中有人高喊："孙大圣，不必惊慌，我来助你！"悟空抬头一看，见是二郎神正带着哮天犬赶来。二郎神指着九头驸马说："九头虫，听我良言相劝，赶快交出所抢佛宝，饶你不死！"不料那九头虫却哈哈大笑道："你有什么本事？敢在此指手画脚！我劝你还是少管闲事！"二郎神大怒，举起三尖两刃刀来战九头虫。九头虫也举起月牙铲和他打了几个回合，又把头一摇，放出那八只怪头来咬二郎神。冷不防哮天犬从一旁蹿上来，一口咬下了他的一只怪头。九头虫惨叫一声，捂着鲜血淋漓的伤口，连忙向北逃去了。悟空刚要追赶，二郎神拦住道："大圣，不必追了。那妖怪丢了一个脑袋，就是不死，也成了残疾。谅他也不敢再出来作怪了！"

技术游戏导入：悟空在二郎神的帮助下，打得九头虫转身就跑，让我们一起和悟空"追击九头虫"吧

场地	20米×15米
器材	足球12个、标志盘6个、敏捷圈2个
时间	10分钟

内容组织	场地布置	指导要点
场地：20米×15米 内容：幼儿分成两组，排头依次出发找球，后用脚内侧运球，把球运回队伍后面的敏捷圈内，然后排到队尾，下一名幼儿出发，依次进行，哪个队伍先运回6个足球，则代表追击九头虫成功	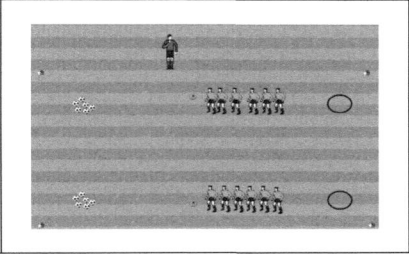	1. 降低重心； 2. 抬头观察； 3. 注意运用脚内侧运球

(续表)

故事导入：被老龙王派去打探消息的虾兵，急忙把九头驸马战败逃走的消息报告给了万圣龙王。万圣龙王没有了靠山，也不敢再和悟空他们作对了。他叫女儿捧出佛宝来，献给悟空。悟空接过佛宝，一挥金箍棒说："这次的首恶元凶是那九头怪，就暂且饶了你！下次若再作恶，决不轻饶！"老龙王拜谢了悟空，连忙逃回碧波潭里去了。悟空谢过了二郎神，手捧着佛宝，和八戒回到祭赛国。国王亲自率领文武百官来到金光寺，登上宝塔，恭恭敬敬地把佛宝重新放在塔顶上。金光寺的和尚早已被赦免，围着金光塔喃喃地念起经文。金光塔又放起霞光，恢复了往日的风采。悟空扶唐僧上了白马，八戒扛起钉耙，沙僧挑着行李，告别了金光寺的众僧人，又踏上取经之路

技能游戏导入：在我们的帮助下，悟空成功夺回佛宝，让我们帮悟空一起将宝物放进塔顶吧

场地	12米×10米
器材	足球8个、标志盘4个、球门2个
时间	10分钟

内容组织	场地布置	指导要点
场地：12米×10米 内容：幼儿进行2V2的足球比赛，由教练员选择进攻方向，听教练员哨声，一方进球代表本轮进攻结束，将球交给教练员，教练重新选择进攻方向。每队幼儿都要有持球进攻与无球防守两个过程		1. 思路明确； 2. 和队友完成进攻

场地	10米×10米
器材	标志盘4个
时间	3分钟

内容组织	场地布置	指导要点
场地：幼儿围成半径为4米的圆 内容：肌肉拉伸		1. 认真放松； 2. 听教练指令
小结		

教学主题	荆棘岭遇险
教学内容	脚背外侧运球
教学目标	1. 让幼儿掌握脚背外侧运球的动作要领； 2. 让幼儿掌握并熟练运用脚背外侧运球技术动作； 3. 培养幼儿自信、顽强拼搏的精神
教学班级	大班
教学学期	第一学期
教学周次	第六周
教学人数	12 人
教学时长	30 分钟
教学器材	足球 12 个、标志盘 15 个、标志服 12 件、球门 2 个

课程导入：上节课我们帮助金光寺的和尚夺回了珍宝，接下来唐僧师徒继续西行，又会遇到什么样的事情呢？

故事导入：正值冬末春初时节，温度适宜，最适合赶路。突然，唐僧师徒前面出现了一条长岭，到处布满荆棘，无路可走。悟空率先开道，叫唐僧和二位师弟跟在后面，又走了将近百里。天快黑的时候，到了一处开阔的地方，路上有一石碑，上面有三个大字："荆棘岭"。又继续前行了一天一夜，天黑了下来，前面又出现了一块空地，空地中间有一座古庙。三藏下了马，悟空看了看说："这个地方凶多吉少，不适合久留。"正说着，刮起一阵阴风，一个老者从庙门后转出来，头戴角巾，身后跟着一个青面獠牙、红须赤身的鬼，头上顶着一盘面饼，跪下说："大圣，小神是荆棘岭的土地，得知大圣驾临，特地准备了一盘蒸饼奉上，请用。"八戒见了吃的十分高兴，就要拿饼。悟空早已看出这老者的真实面目，大喝一声："慢着！你可不是什么土地！看棍！"那老者见他打来，一转身，化为一阵阴风，把唐僧抓去，不知道去了哪里

热身游戏导入：唐僧师徒来到了荆棘岭，突然出现了一个老者，悟空看出了他妖怪的身份，给他来了一棍，可他已经卷着唐僧跑了，让我们和悟空一起"追小妖"吧

场地	15 米 ×15 米
器材	标志盘 4 个
时间	7 分钟

内容组织	场地布置	指导要点
场地：15 米 ×15 米 内容：让两个幼儿来当孙悟空，剩下的 10 个幼儿当小妖。"孙悟空"将标志服别在后腰上，"孙悟空"拥有定人的法力，被"孙悟空"触碰的"小妖"则原地不动，需要等待 2 个"小妖"来救助自己，否则要在原地做蹲起。如果"小妖"将 2 个"孙悟空"背后的标志服取下则"小妖"胜利；如果"孙悟空"最后将所有"小妖"抓住，则"孙悟空"胜利		1. 做到互相合作； 2. 需要积极观察跑动； 3. 互相呼应

(续表)

故事导入：那老者与鬼使将唐僧抬到一座烟霞石屋前，轻轻放下，扶起唐僧，说："圣僧不要害怕，我是荆棘岭十八公。特意将你请来会友谈诗，消遣情怀。"唐僧这才放下心来。这时有人说道："十八公把圣僧请来了。"唐僧一看，面前站着三个老人，纷纷上前施礼。唐僧还礼，问："弟子何德何能，承蒙各位仙翁错爱？"十八公笑着说："一直耳闻圣僧有道，已经等候多时，今天有幸遇到。"唐僧躬身问道："仙翁尊号？"十八公依次指着旁边的三位老人，说："这位霜姿者号孤直公，绿鬓者号凌空子，虚心者号拂云叟，老号劲节。"唐僧一听，放下心来，与四位老者谈经论道。谈了一会儿，凌空子说："此时皓月当空，我们可以吟诗逍遥，放荡襟怀。"拂云叟笑了，指着石屋说："先进小庵去喝杯茶，可好？唐僧朝着石屋看去，见门上有三个大字："木仙庵"。走进屋去，那赤身鬼使送上一盘茯苓膏，奉上五盏香汤。老请唐僧先吃，唐僧惊疑，并不敢吃。那四位老者见状，纷纷拿起点心先吃，唐僧这才吃了两块，各饮香汤。唐僧细细观察，看到那里玲珑光彩，水从石边涌出，香自花里飘来，好像仙境一般。又聊了一会儿，唐僧说："多谢众仙老的美意。只是如今已是深夜，还有三个小徒在等我。弟子不能久留，特此告辞，还请仙老指路。"四位老笑着说："圣僧无需担心，我们也是千载难逢，放宽心再坐一坐，等天亮了，自然送你回去与高徒相会。"正说着，就见石屋外走进两个青衣女童，每人提着一个绛纱灯笼，引着一个拈着一枝杏花的仙女走进屋来。四位老问："杏仙打哪儿来？"那女子先是对众老道了万福，说："得知此处有佳客，特地来拜访。"十八公指着唐僧说："佳客就在这儿！"三藏起身，不敢说话。那女子见了唐僧，十分高兴。过了一会儿，便凑到唐僧身边，悄悄说道："佳客，趁着今日良辰美景，与我一同玩玩吧。"十八公说："杏仙如此美意，圣僧可不能推脱。"孤直公说："圣僧可是有道有名之士，不会去做苟且之事。要是杏仙有意，可以让拂云叟与十八公做媒，我和凌空子保亲，成就这段美好姻眷！话说唐僧一听这几个人这么说，立刻变了脸色，跳起来高叫："你们是什么妖怪，这样害我！"四位老看到唐僧发怒，不敢再说。那赤身鬼使却骂道："你这个和尚真不识好歹！我这个姐姐，样样都好，你却要拒绝！"

技术游戏导入：老者虽说请唐僧做客，探讨诗歌，但实际是想要杏仙和唐僧结婚，咱们快帮唐僧一起"逃离杏仙"吧

场地	15米×15米
器材	足球12个、标志盘15个
时间	10分钟

内容组织	场地布置	指导要点
场地：出发点距终点10米 内容：将距离出发点的标志盘10~12米的地方4个标志盘摆成一个正方形，将幼儿分成3组，幼儿从出发点的标志盘绕过障碍跑到最后一个标志盘，然后用脚背外侧运球绕正方形一圈，从边上带球回到队伍里，则为成功逃离杏仙，若中途球脱离了自己脚下的控制，则逃离失败		1.要求幼儿运球时用脚背外侧运球； 2.要注意幼儿在绕正方形时的技术动作，必要时给予纠正

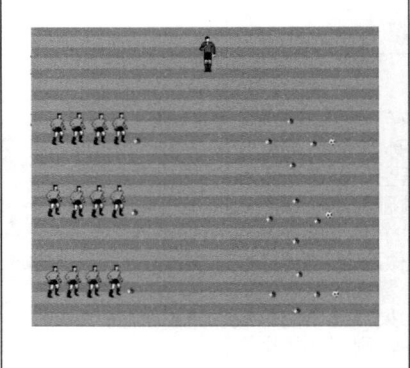

(续表)

\multicolumn{2}{|l|}{**故事导入**：唐僧正在为难，就听到了悟空的声音："师父！师父！"原来这孙大圣和八戒、沙僧，连夜寻来，唐僧说："在这儿呢，快点来救我！"四位老者、鬼使以及那女子一下子就消失不见了。八戒、沙僧上前，问："师父，你怎么到这里来了？"唐僧便把这一晚的经历告诉给三人。悟空问："那你可知道他们的姓名？"唐僧说："那第一个老人叫十八公，号劲节；第二个号孤直公；第三个号凌空子；第四个号拂云叟；那个女子，被称为杏仙。"悟空见到前面有一座石崖，崖上有"木仙庵"三个字，细细一看，后面有一株大桧树，一株老柏，一株老松，一株老竹，竹后有一株丹枫。再打量崖的那一边，还有一株老杏，两株蜡梅，两株丹桂。悟空笑着问八戒："你见到妖怪了吗？"八戒说："没有。"悟空说："你是不知道，这几棵树成精了。"八戒问："你怎么知道是树精？"悟空答："十八公是松树，孤直公是柏树，凌空子是桧树，拂云叟是竹竿，赤身鬼是枫树，女仙是杏树，女童就是丹桂、蜡梅。"八戒一听，立即抡起钉耙，朝着那几棵树打去，果然见到树根下流出鲜血。唐僧阻止八戒，说："不要伤了他们，咱们走吧。"悟空说："师父不要怜惜他们，要是他们成了大怪，会害人不浅的。"八戒索性将几棵树尽数打倒。唐僧师徒继续上路了}
\multicolumn{2}{|l|}{**技能游戏导入**：在我们的帮助下，悟空找到了师父，妖怪们看悟空他们来了，就赶紧跑了，让我们火眼金睛，一起找出妖怪，和八戒一起"打树妖"吧}
场地	25米×15米
器材	足球1个、球门2个
时间	10分钟

内容组织	场地布置	指导要点
场地：25米×15米 内容：按照五人制规则进行比赛		1. 思路清晰； 2. 要观察到自己队友的位置； 3. 要注重与队友的合作

场地	10米×10米
器材	标志盘4个
时间	3分钟

内容组织	场地布置	指导要点
场地：幼儿围成半径为4米的圆 内容：听教练指令拉伸放松		1. 认真放松； 2. 听教练指令

小结	

教学主题	误入小雷音寺
教学内容	脚背正面运球
教学目标	1. 让幼儿掌握脚背正面运球的动作要领； 2. 让幼儿掌握并熟练运用脚背正面运球的技术动作； 3. 培养幼儿积极进取、勇敢顽强的精神
教学班级	大班
教学学期	第一学期
教学周次	第七周
教学人数	12 人
教学时长	30 分钟
教学器材	足球 12 个、标志盘 23 个、标志桶 9 个、标志服 12 件、球门 2 个

课程导入：唐僧师徒一路西行，这天来到小雷音寺前。唐僧慌忙下马要去参拜，让我们一起看看雷音寺究竟是一座什么寺庙吧

故事导入：悟空见这座寺院凶气缭绕，说："师父，这寺庙像是妖穴。"可唐僧不信，执意要进寺庙拜佛。进了大殿，只见如来高坐佛台。唐僧慌得忙上前参拜。八戒和沙僧也一步一拜。忽然，莲台座上有人厉声高叫："孙悟空，见到如来为何不拜？"悟空早就看出这都是假的，于是拿起金箍棒，大喝："你们这群妖怪，吃了熊心豹子胆！居然敢冒充如来！吃俺老孙一棒！"说着，双手抡棒，便打了过去。就听到半空中一声响，撒下一副金铙，将悟空罩了进去

热身游戏导入：悟空被困在了金铙里，我们一起来召唤二十八星宿来帮孙悟空脱身吧。游戏名字叫"召唤星宿"

场地	15 米 ×15 米
器材	足球 12 个、标志盘 4 个
时间	7 分钟

内容组织	场地布置	指导要点
场地：15 米 ×15 米 内容：幼儿每人一个足球，在场地内随意运球。在教练员哨声响起时，幼儿需要将他人的足球抢断并踢出场地外（在抢断的过程中自己的足球必须在自己可控制的范围内），足球被踢出场地的幼儿需要快速地将球捡回，然后重新回到场地内，继续游戏，在规定时间内最终留下 8 名幼儿方可召唤出二十八星宿		1. 注意观察； 2. 运球时降低重心

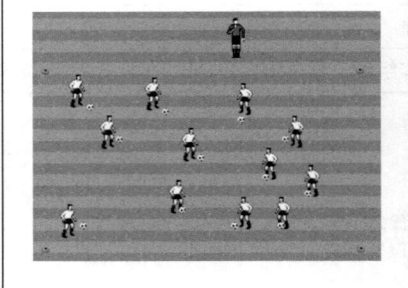

故事导入：八戒、沙僧刚要反抗，却被那些圣僧道者团团围住，施展不开，连着唐僧也一同被捉。原来这小雷音寺里的如来、圣僧等，都是妖怪变化的，此时纷纷现出妖身。众妖将唐僧、八戒、沙僧抬到后边，将悟空关在金铙里，限三昼夜将其化为脓血

(续表)

技术游戏导入：洞中妖怪众多，悟空能否逃出来呢？让我们一起来做一个小游戏为悟空加油吧，游戏名字叫"躲避小妖怪"

场地	15米×15米
器材	足球12个、标志盘23个、标志桶9个
时间	10分钟

内容组织	场地布置	指导要点
场地：标志桶间距2米 内容：将幼儿分成3组，每人一个足球。用4个标志盘在场地内摆成3条通道，在每条通道的中间摆放3个标志桶，在通道尽头一米处摆放4个标志盘。在哨声响起时，有人需要运用脚背正面运球的方法，绕过标志桶后拿一个标志盘，然后按原路返回与下一名幼儿进行击掌接力，然后下一名幼儿才能继续出发。最先拿完标志盘并且返回队伍的小组成功躲避小妖 变化：增加标志桶的数量	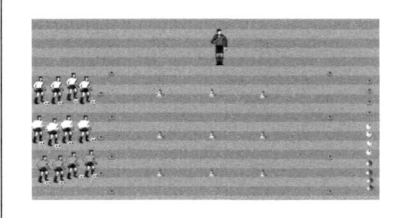	1. 脚背绷紧，脚尖向下，用脚背正面推拨球前进； 2. 抬头观察； 3. 重心降低

故事导入：悟空想尽办法也逃不出金铙，只好念动咒语找二十八星宿帮忙。亢金龙把龙角变成针尖大小，在金铙合口处钻了进去，悟空才逃出金铙。悟空大怒，举起金箍棒将金铙打得粉碎

技能游戏导入：让我们也来一个"大比拼"，帮助悟空将妖怪抓住吧

场地	12米×10米
器材	足球8个、标志盘4个、球门2个
时间	10分钟

内容组织	场地布置	指导要点
场地：12米×10米 内容：幼儿进行1V1的足球比赛，由教练员选择进攻方向，教练员哨声，一方进球代表本轮进攻结束，将球交给教练员，教练重新选择进攻方向。每队幼儿都要有持球进攻与无球防守两个过程	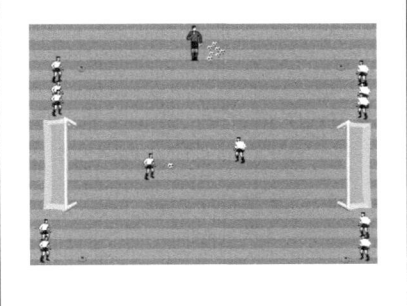	1. 思路明确； 2. 注意安全

（续表）

场地	10米×10米		
器材	标志盘4个		
时间	3分钟		
内容组织		场地布置	指导要点
场地：幼儿围成半径为4米的圆 内容：听教练指令拉伸放松			1.听从指挥； 2.认真放松
小结			

教学主题	大战黄眉怪
教学内容	脚背正面运球
教学目标	1.让幼儿掌握脚背正面运球的动作要领； 2.让幼儿掌握并运用脚背正面运球的技术动作； 3.培养幼儿顽强拼搏的精神
教学班级	大班
教学学期	第一学期
教学周次	第八周
教学人数	12人
教学时长	30分钟
教学器材	足球12个、标志盘30个、标志桶16个、球门2个、标志服12件

课程导入：上节我们讲到，唐僧师徒误入了小雷音寺。让我们和教练一起看看接下来会发生什么故事吧

故事导入：二十八星宿将悟空救出来，但是惊动了群妖，黄眉大王率领众小妖带着兵器冲了出来。悟空迎了上去，大战了五十多个回合，不见胜负。打斗间，黄眉老妖突然从腰间解下一条旧的白布，往空中一抛，就将二十八星宿和悟空都装进了口袋。并令小妖们将他们绑回洞中，严加看管。半夜，等小妖们都睡着了，悟空用遁身法逃了出来

热身游戏导入：悟空和黄眉大王大战了五十多个回合，都不见胜负。接下来我们来玩一个游戏，帮助悟空战胜妖怪吧

(续表)

场地	15米×15米
器材	足球12个、标志盘30个、标志桶16个
时间	7分钟

内容组织	场地布置	指导要点
场地：15米×15米 内容：将幼儿分为3组，每组4个人，将各色标志盘随机摆放在标志桶下（有的标志桶下可以不摆放标志盘），幼儿们在场地内自由跑动，跑动过程中可以随意掀开标志桶，掀开后只能拿走位于最上方的标志盘，拿到红色标志得1分，绿色得2分，蓝色得3分，若两名幼儿同时掀开同一个标志桶则石头剪刀布，获胜的可以决定先拿或者后拿。时间结束后得到分数高的队伍获胜 变化：幼儿改为脚背正面运球		1.注意安全； 2.抬头观察； 3.降低重心

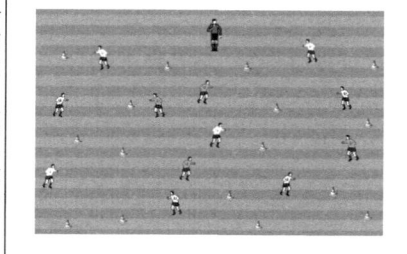

故事导入：悟空逃出来后把大家也都解救出了寺外。不久，黄眉老妖追了出来，他又拿出口袋。悟空见不好，忙跳到九霄云外。果真，众仙又被黄眉老妖收进了口袋。悟空见大家又被装了进去，一筹莫展

技术游戏导入：这黄眉老妖真是厉害，众仙第二次又被装进口袋里了。悟空现在又能找谁来帮忙呢？接下来我们一起来玩一个叫"搬救兵"的游戏吧

场地	15米×15米
器材	足球12个、标志盘24个、标志桶16个
时间	10分钟

内容组织	场地布置	指导要点
场地：起点距终点10米 内容：幼儿分成两组，每组6个人，6个人同时出发，一组需要脚背正面运球，穿过标志桶到场地另一侧拿到蓝、绿色标志盘，将它们运回出发点，途中要绕过另一组的幼儿；另一组6人同时出发，脚背正面运球翻开标志筒寻找位于标志桶下的4个红色标志盘，将它们放回出发点。但在过程中，两队队员均需要注意教练员手势，在教练员让幼儿回答教练员手上的数字时，每个人都要说出教练员手上比出的数字，若没说上来并且手中带有标志盘的，需要将标志盘放回原处。而且没有按要求脚背正面运球的也需要将标志盘放回原处 变化：更换手势，增加标志盘、标志桶数量		1.注意安全； 2.注意观察教练员手势； 3.注意脚背正面运球

(续表)

故事导入：正在悟空一筹莫展时，突然见到那西南天空中一朵彩云坠地，瞬时倾盆大雨，有人在空中叫："悟空。"悟空抬头，看见来人，连忙下拜，说："东来佛祖，您到哪儿去？弟子失迎了，罪过！罪过！"原来是弥勒佛	
技能游戏导入：让我们帮助悟空一起"大战黄眉怪"吧	
场地	12米×10米
器材	足球8个、球门2个、标志盘4个
时间	10分钟

内容组织	场地布置	指导要点
场地：12米×10米 内容：幼儿进行2V2的足球比赛，由教练员选择进攻方向，听教练员哨声，一方进球代表本轮进攻结束，将球交给教练员，教练重新选择进攻方向。每队幼儿都要有持球进攻与无球防守两个过程		1.思路明确； 2.注意安全

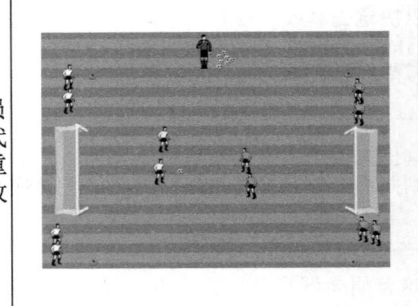

场地	10米×10米
器材	标志盘4个
时间	3分钟

内容组织	场地布置	指导要点
场地：幼儿围成半径为4米的圆 内容：拉伸放松		1.认真放松； 2.听教练指令
小结		

教学主题	弥勒收妖童
教学内容	脚内侧踢球
教学目标	1. 让幼儿掌握脚内侧踢球的技术动作要领； 2. 让幼儿掌握并运用脚内侧踢球的技术动作； 3. 培养幼儿积极进取、勇敢顽强的精神
教学班级	大班
教学学期	第一学期
教学周次	第九周
教学人数	12 人
教学时长	30 分钟
教学器材	足球 3 个、标志盘 6 个、标志服 12 件、球门 2 个

课程导入：上节课讲到，悟空叫来了二十八星宿都没能战胜黄眉老妖。但是突然看见了弥勒佛前来。让我们一起看看接下来会发生什么故事吧

故事导入：弥勒佛说："我特地为这小雷音妖怪而来。"悟空说："多蒙佛祖大恩。请问那妖精什么来路，也不知他那搭包是什么宝贝，麻烦佛祖告诉我。"佛祖说："他本是我面前敲磬的一个黄眉童子。三月三日那天，我赴元始会，将他留在宫里看守，没想到他偷了我的几件宝贝下凡来，在这里为非作歹。那搭包是我的后天袋子，俗名叫人种袋。那条狼牙棒是一个敲磬的槌。"悟空听说，高叫："好你个和尚！你的童子跑了，让他陷害老孙，实在是家法不严！"弥勒说："一是我管教不严，二是你师徒磨难未尽。我今天来，就把他收了回去。"

热身游戏导入：弥勒佛过来之后，我们才知道那黄眉怪是弥勒佛下的一个童子，让我们在弥勒佛的帮助下一起"捉拿黄眉怪"吧

场地	15 米 ×15 米
器材	足球 3 个、标志盘 6 个
时间	7 分钟

内容组织	场地布置	指导要点
场地：标志盘间距 10 米 内容：将幼儿分为 3 组，每组的幼儿排成一列站在标志盘的后面，中间的两名幼儿需要双腿叉开站立。当游戏开始时，每组的第一名幼儿要用手抱住球跑出去，绕过标志盘后跑回来，用手把球从中间两名幼儿的双腿之间传给队尾的幼儿，然后队尾的幼儿再拿球绕标志盘跑回来，按此循环进行，直至最后一名幼儿结束则表示捉拿成功		1.注意观察； 2.反应灵敏

故事导入：悟空问弥勒佛如何才能打败妖怪，弥勒佛说："在这山坡下有一田瓜果，你去与他交手，一定要败给他，然后引他到瓜田来。这田里的瓜都是生的，你变成一只大熟瓜。他要吃瓜，我就把你给他吃。吃进肚子后就随你摆布了。"悟空听后觉得这主意不错，然后就决定前去小雷音寺把妖怪引出来

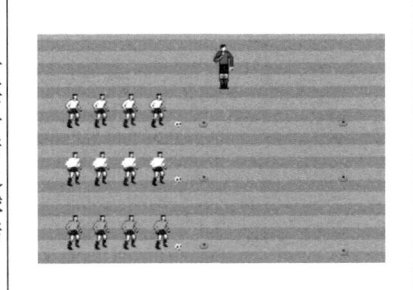

(续表)

技术游戏导入：弥勒佛想到了一个好办法，但需要悟空去把妖怪引出来，悟空能不能成功呢？让我们帮助悟空一起"引妖怪"吧

场地	15 米 ×15 米
器材	足球 3 个
时间	10 分钟

内容组织	场地布置	指导要点
场地：15 米 ×15 米 内容：把幼儿分为 3 组，每组 4 人。第一名幼儿拿球面对着其他 3 人，中间两名幼儿双腿叉开站立，最后一名幼儿正常站立并做好接球的准备。游戏开始后，拿球的幼儿要用脚内侧踢球的方式把球从中间两名幼儿的双腿之间传给最后一名幼儿，最后一名幼儿在接到球后拿起球跑到第一名幼儿的位置，第一名幼儿传完球后跑到第二名幼儿的位置，第三名幼儿到队尾等待接球。用时最短的小组将成功把妖怪引出来	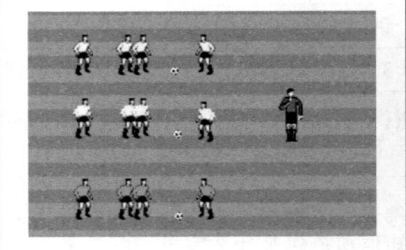	1.要求幼儿踢球时用脚内侧踢球； 2.抬头观察； 3.控制脚下力量和方向

故事导入：悟空捏紧拳头，又来到小雷音寺的门外，高声叫骂。黄眉老妖带着宝贝，举着狼牙棒，迎了出来，看到悟空用一只手使棒，忍不住笑道："这猴头怎么用一只手使棒与我打？"悟空听后没多说，迎着老妖的狼牙棒上前来斗

技能游戏导入：悟空来到小雷音寺门外与妖怪进行打斗，让我们帮助悟空一起"大战妖怪"吧

场地	25 米 ×15 米
器材	足球 1 个、球门 2 个
时间	10 分钟

内容组织	场地布置	指导要点
场地：25 米 ×15 米 内容：按照五人制规则进行比赛	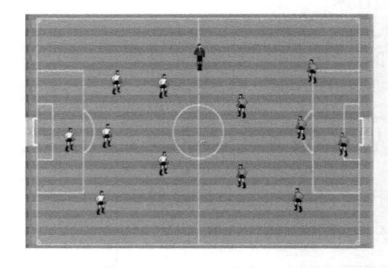	1.思路明确； 2.反应灵敏

场地	10 米 ×10 米
器材	标志盘 4 个
时间	3 分钟

(续表)

内容组织	场地布置	指导要点
场地：幼儿围成半径为 4 米的圆 内容：听教练的指令，拉伸放松		1.认真放松； 2.听教练指令
小结		

教学主题	瓜田捉妖王
教学内容	脚背正面踢球
教学目标	1.让幼儿掌握脚背正面踢球的动作要领； 2.让幼儿掌握并运用脚背正面踢球的技术动作； 3.培养幼儿顽强拼搏、团队协作能力
教学班级	大班
教学学期	第一学期
教学周次	第十周
教学人数	12 人
教学时长	30 分钟
教学器材	足球 12 个、标志盘 6 个、标志桶 4 个、标志服 12 件、球门 2 个、敏捷圈 6 个

课程导入：本领高强的悟空和弥勒佛，在瓜田里设下巧计捉妖。这节课就让我们看看孙悟空和弥勒佛是如何擒住黄眉大妖的吧

故事导入：弥勒佛蘸着口中神水，在悟空的掌心写了一个"禁"字，叫他握紧拳头，看到妖精时迎面张开，那妖精自然就会跟来。悟空捏紧拳头，又来到山门外，高声叫骂。老妖带着宝贝，举着狼牙棒，迎了出来，看到悟空用一只手使棒，忍不住笑道："这猴头，怎么用一只手使棒与我打？"悟空说："我要是用两只手，怕你受不住，要是你不用那搭包，可打不过我！"老妖说："也好！我就不用这宝贝，看看到底打不打得过！"说着，举起狼牙棒，上前来斗。悟空迎上去，把拳头打开，双手抢起棒。那妖精不由自主，只能拿着棒来追。悟空便引着那妖精来到西山坡下

热身游戏导入：悟空和弥勒佛已经商量好了计策，但是需要悟空将黄眉老妖引到西山坡下。让我们通过"请君入瓮"的方式来帮助悟空吧

场地	12 米 ×15 米
器材	足球 12 个、标志盘 6 个、敏捷圈 6 个
时间	7 分钟

(续表)

内容组织	场地布置	指导要点
场地：标志盘距离敏捷圈10米 内容：将幼儿分成6组站在标志盘后。每两名幼儿为一组背对背夹球，将足球运到敏捷圈内 变化：两名幼儿面对面，头对头顶球		1. 做到动作流畅； 2. 控制好足球

故事导入：悟空看到瓜田，便钻到瓜田里，变成了一个大熟瓜。那妖精看到瓜田，就问："这瓜谁种的？"弥勒佛早已变成一个种瓜老人，走过来答道："大王，是小人种的。"妖精叫道："给我摘个熟的来，解解渴。"弥勒佛就将悟空变的瓜递给老妖精。老妖精接过瓜，张嘴就啃。悟空一下子就钻到老妖精肚里，抓肠捣腹翻跟头

技术游戏导入：悟空到瓜田就变成了一个大西瓜，弥勒佛也变成了一个种瓜的老人，将孙悟空变的西瓜递给了黄眉大妖。让我们做个游戏来帮助弥勒佛一起将西瓜递给黄眉大妖吧。这个游戏叫作"百发百中"

场地	15米×15米
器材	足球12个、标志盘4个、标志桶4个、球门2个
时间	10分钟

内容组织	场地布置	指导要点
场地：标志桶距标志盘2米，标志盘距小球门5米 内容：将幼儿分成两组，每人1个足球。幼儿用任意运球的方法将球带到标志盘，然后用脚背正面踢球的方式，将足球踢进小球门（没有按照规定方式踢球的视为无效），踢进足球数量最多的那一组胜利 变化：在小球门前摆放1个标志桶，足球不可以碰触标志桶		1. 支撑脚脚尖对出球方向，脚踝锁死； 2. 脚面要绷直，脚尖下压

故事导入：弥勒佛也现了本相，老妖见了，跪倒在地，不住地磕头，只叫："主人！饶我一次！再不敢了！"弥勒佛上前抓住他，解下搭包，夺了他的敲磬槌子，叫："孙悟空，看我的面子，放他一马吧。"悟空这才跳出来。佛祖又将被悟空打碎的金铙恢复了本来的样子，与悟空告别，回去了。悟空救出唐僧、八戒、沙僧，又放出五龙二将、小张太子和四将、二十八宿、揭谛伽蓝等。唐僧披上袈裟，一一拜谢

技能游戏导入：在悟空和弥勒佛的配合下被黄眉老妖囚禁的人被成功救出，他们两人的配合简直是天衣无缝。下面让我们进行一个"双人行"的游戏，看看我们能不能也像他们一样默契

场地	12米×10米
器材	足球8个、标志盘4个、球门2个
时间	10分钟

(续表)

内容组织		场地布置	指导要点
场地：12米×10米 内容：幼儿进行2V2的足球比赛，由教练员选择进攻方向，听教练员哨声，一方进球代表本轮进攻结束，将球交给教练员，教练重新选择进攻方向。每队幼儿都要有持球进攻与无球防守两个过程			1. 思路明确； 2. 配合队友完成进攻
场地	10米×10米		
器材	标志盘4个		
时间	3分钟		
内容组织		场地布置	指导要点
场地：幼儿围成半径为4米的圆 内容：拉伸放松			1. 认真放松； 2. 听教练指令
小结			

教学主题	悟空成名医
教学内容	脚内侧接球
教学目标	1. 让幼儿掌握脚内侧接球的技术动作要领； 2. 让幼儿掌握并运用脚内侧接球的技术动作； 3. 培养幼儿顽强拼搏的精神
教学班级	大班
教学学期	第一学期
教学周次	第十一周
教学人数	12人
教学时长	30分钟
教学器材	足球12个、标志盘6个、敏捷圈4个、球门2个、标志服12件
课程导入：上节课我们讲到，在孙悟空和弥勒佛的配合下，被黄眉老妖囚禁的人被成功救出，这节课让我们跟随师徒四人的脚步来到朱紫国，看看这次会发生什么样的事情吧	

（续表）

故事导入：师徒四人一路西行来到朱紫国，想要去当地的衙门倒换通关文牒。悟空进城后，唐僧怕徒弟的长相吓到城镇里的人，便叫徒弟们不要惹是生非		
热身游戏导入：接下来让我们来做一个叫"进城"的小游戏，帮助他们顺利到达目的地		
场地	15米×15米	
器材	足球12个、标志盘4个、敏捷圈4个	
时间	7分钟	
内容组织	场地布置	指导要点
场地：标志盘距敏捷圈10米 内容：幼儿分成4组站在标志盘后听教练员指令，等待命令时，幼儿原地小碎步、高抬腿、蹲下、俯卧等，当教练员发出走的指令时，幼儿迅速出发，用手抱起足球送到指定地点，（最先送达的得四分，第二个送达的三分，第三送达的二分，最后送达的一分）。幼儿四队排头依次出发，其余人在标志盘后等待，完成足球的放置后，教练员让幼儿记住自己分数，然后去排尾等候，最后以组为单位计算分数，得分多者获胜 变化：尝试用脚内侧运球的方式将球运到指定地点	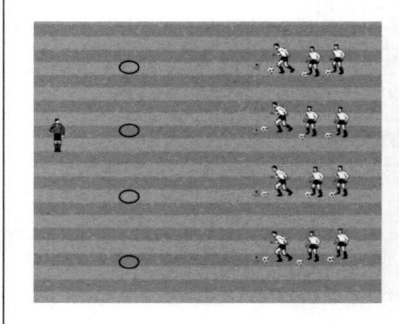	1.根据教练员所发出的指令准确做出动作； 2.将球准确的放在敏捷圈内
故事导入：悟空与八戒看见国王派人贴在城墙上招医的皇榜。悟空便用法术将皇榜移到了八戒的衣襟里。之后便随众官进宫去给皇上治病，进宫之后悟空怕长相吓到国王，便变出三根金丝来给国王悬丝诊脉		
技术游戏导入：悟空给国王悬丝诊脉，丝线的一端放在自己手上，另一端要放到国王的手腕上。接下来我们来做一个叫"悬丝诊脉"的小游戏，帮悟空将丝线精准地搭在国王的手腕上吧		
场地	15米×15米	
器材	足球3个、标志盘6个	
时间	10分钟	
内容组织	场地布置	指导要点
场地：标志盘间距10米 内容：将幼儿分为3组，一组4个人，每一组的每一侧标志盘前后各站一名幼儿，游戏开始前，站在左侧标志盘前的幼儿持球，持球的幼儿需要将球传给右侧的幼儿，传完球之后跑到标志盘后，左侧标志盘后的幼儿需要上到标志盘前，右侧接到球的幼儿需要在将球传回左侧，以此类推	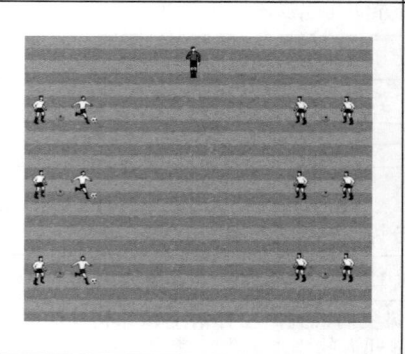	1.相互呼应； 2.传球准确； 3.抬头观察

(续表)

故事导入：悟空给国王悬丝诊脉，确诊国王得了相思病，又受了惊吓，精神状态欠佳，长期消化不良，因此致病。悟空遂制成"乌金丸"，让国王用龙王打的喷嚏口水服下药丸。国王吐出了腹内郁结之物后病就好了。国王遂大摆筵席招待感谢唐僧师徒。席间国王说起病因：原来是三年前国王的爱妃金圣宫娘娘被一个自称是"赛太岁"的妖怪抢走做压寨夫人了。悟空就自告奋勇，说自己能摆平妖怪，救出金圣宫娘娘		
技能游戏导入：正说话间，妖怪突然"来访"，悟空上前应战。接下来让我们做一个叫"大战妖怪"的小游戏吧		

场地	12米×10米
器材	足球8个、标志盘4个、球门2个
时间	10分钟

内容组织	场地布置	指导要点
场地：12米×10米 内容：幼儿进行1V1的足球比赛，由教练员选择进攻方向，听教练员哨声，一方进球代表本轮进攻结束，将球交给教练员，教练重新选择进攻方向。每队幼儿都要有持球进攻与无球防守两个过程	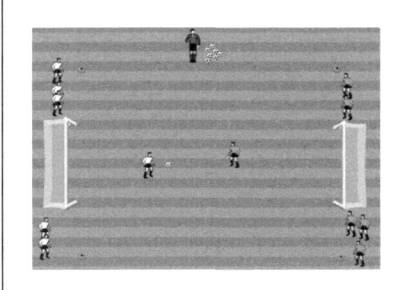	1. 思路明确； 2. 进攻队员尽力将球打进对方门里，防守队员尽力阻止对方将球打入自家球门

场地	10米×10米
器材	标志盘4个
时间	3分钟

内容组织	场地布置	指导要点
场地：幼儿围成半径为4米的圆 内容：肌肉拉伸	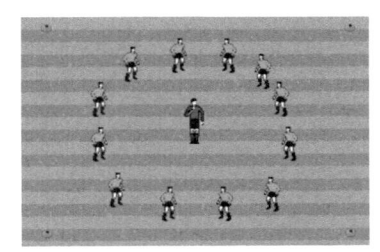	1. 认真放松； 2. 听教练指令

小结	

教学主题	巧取紫金铃
教学内容	头顶球
教学目标	1. 让幼儿掌握头顶球的技术动作要领； 2. 让幼儿掌握并运用头顶球的技术动作； 3. 培养幼儿积极进取、勇敢顽强的精神
教学班级	大班
教学学期	第一学期
教学周次	第十二周
教学人数	12 人
教学时长	30 分钟
教学器材	足球 12 个、标志盘 15 个、球门 2 个、标志桶 12 个、标志服 12 件

课程导入：师徒四人来到朱紫国参见国王，国王设宴款待唐僧等人，国王这几年被一件事困扰了很久，我们一起来为国王排忧解难吧

游戏导入：三年前的端午节，国王与嫔妃正在御花园海榴亭下插艾草、吃粽子、饮菖蒲雄黄酒、欣赏赛龙舟。突然刮起一阵阴风，一个妖怪出现在半空中，自称赛太岁，住在麒麟山獬豸洞中，正缺一个夫人，得知金圣宫娘娘有仙人之姿，便要她做夫人。如果叫了三声还不送出来的话，就要先吃掉国王，再吃掉众臣，最后还要吃光满城百姓。国王无奈，只好把金圣宫娘娘送给那妖。国王因此受到惊吓，那粽子也一直滞在腹内，昼夜忧思，病了三年。国王昼思夜想，只是苦于没有人能打败那个妖怪。"悟空说："我这就帮你去把那妖怪降伏了。"

热身游戏导入：我们先活动活动筋骨，再和悟空去降伏妖怪吧。这个游戏的名字叫"进击的小妖"

场地	30 米 ×15 米
器材	足球 12 个、标志桶 12 个、标志盘 6 个
时间	7 分钟

内容组织	场地布置	指导要点
场地：30 米 ×15 米 内容：4 个人一组，进行竞赛，每人拿一个标志桶，盖住足球，推着足球从起点快速推向终点，在终点的标志盘后等待所有队友将足球用标志桶推向终点，先完成的一组获胜		1. 动作敏捷； 2. 身体协调； 3. 注意观察

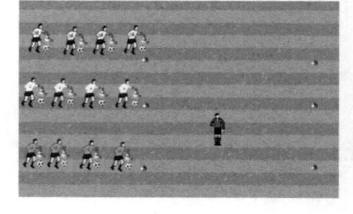

故事导入：悟空问金圣宫娘娘，那妖怪是否有个能放火、放烟、放沙的宝贝。娘娘说："是三个金铃。第一个金铃摇一摇，有三百丈火光烧人；第二个金铃摇一摇，有三百丈烟光熏人；第三个金铃摇一摇，有三百丈黄沙迷人。"悟空问："他都将金铃放在哪里？"娘娘说："他从不让金铃离身，一直带在腰间。"悟空说："要想回到朱紫国，还需要你假意逢迎，先把他的宝贝骗来。等我降伏了这妖怪，也好送你回国去。"娘娘答应了

(续表)

技术游戏导入：金圣宫娘娘拿到了紫金铃，但是需要拿给悟空。我们一起来帮她来"运紫金铃"吧

场地	25米×20米
器材	足球6个、标志盘15个、球门3个
时间	10分钟

内容组织	场地布置	指导要点
场地：25米×20米 内容：幼儿4个人一组，分为3组，当哨声响起后，两个人手拉手用头将球夹住，穿过标志盘，通过最后一个标志盘后，两名幼儿当中的其中一名幼儿将球轻轻扔起来，用头顶到小球门里。当每组前面两名幼儿走到第三个标志盘后，后两名幼儿开始出发。最先运完的一组获胜 变化：可以进行接力，当前一组将球顶到球门后，第二组出发	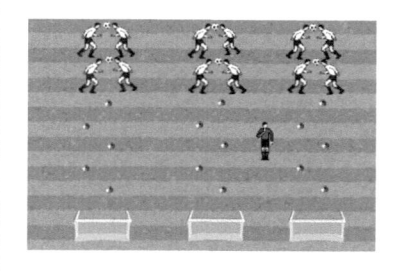	1. 不要追求速度； 2. 重心降低； 3. 体会头部触球的感觉

故事导入：悟空和赛太岁斗了五十回合，仍然分不出胜负。那赛太岁便回到洞中，悟空知道他是去拿紫金铃了，因此并没有去追

技能游戏导入：我们一起齐心协力来帮助悟空"降伏赛太岁"吧

场地	25米×20米
器材	足球1个、球门2个
时间	10分钟

内容组织	场地布置	指导要点
场地：25米×20米 内容：按照五人制足球比赛规则进行比赛	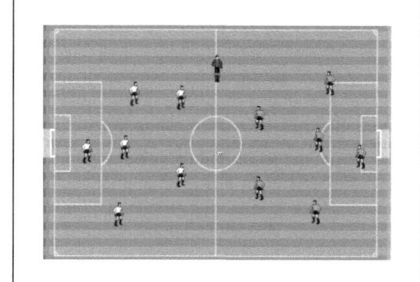	1. 抬头观察； 2. 多进行跑动

场地	10米×10米
器材	标志盘4个
时间	3分钟

(续表)

内容组织	场地布置	指导要点
场地：幼儿围成半径4米的圆 内容：教练带着幼儿们做拉伸运动		1. 认真放松； 2. 听教练指令
小结		

教学主题	麒麟山降妖
教学内容	抢球、断球
教学目标	1. 让幼儿了解抢球、断球的技术动作要领； 2. 让幼儿掌握并熟练运用抢球、断球的技术动作； 3. 培养幼儿积极进取、勇敢顽强的精神
教学班级	大班
教学学期	第一学期
教学周次	第十三周
教学人数	12人
教学时长	30分钟
教学器材	足球12个、标志盘4个、标志桶2个、球门2个、敏捷圈12个

课程导入：本领高强的悟空来到麒麟山救金圣宫娘娘，麒麟山的赛太岁有一件紫金铃让孙悟空没有办法救金圣宫娘娘，于是要先想办法取到紫金铃。让我们一起看看悟空是如何取到紫金铃的吧

故事导入：唐僧师徒经过朱紫国，国王因金圣宫娘娘三年前被妖怪摄走而忧思成疾。悟空调制乌金丹医好国王的病，并前往麒麟山降妖。因赛太岁有三个紫金铃能放火放烟放沙，悟空不能取胜，于是与金圣宫娘娘设计以假换真取紫金铃

热身游戏导入：悟空和金圣宫娘娘用计得到了紫金铃。让我也进行一个"智取紫金铃"的游戏吧

场地	15米×15米
器材	足球12个、标志桶2个、敏捷圈12个
时间	7分钟

(续表)

内容组织	场地布置	指导要点
场地：标志桶距敏捷圈8米 内容：本轮游戏把足球作为紫金玲，敏捷圈作为宝盒，听到教练员哨声响起后，第一名幼儿将"紫金玲"用手运进"宝盒"，快速跑回标志桶与第二名幼儿击掌后，另一个人才可以出发，最后看哪一组用时最少即为获胜 变化：在原来用手运紫金玲的游戏的基础上改为用脚运紫金玲，在敏捷圈中停好之后快速跑回		1.做到动作流畅； 2.方向控制自如

故事导入：赛太岁拿到金铃，出洞再战。悟空见了，说："我也有铃铛呢。" 赛太岁说："别说大话，拿出来看看。" 悟空拿出那真金铃，对那赛太岁说："你看。"赛太岁见了，不由心惊，拿出自己的铃铛，摇了摇第一个，不见火出；摇了摇第二个，不见烟出；又摇了摇第三个，也不见沙出。赛太岁顿时慌了手脚。悟空说："看我摇给你看。"悟空摇起三个金铃，只见红火、青烟、黄沙，同时滚出，漫山遍野熊熊火起

技术游戏导入：悟空和赛太岁大战起来。让我们进行一个"抢断大战"，看看结局如何吧

场地	15米×15米
器材	足球8个、标志盘4个
时间	10分钟

内容组织	场地布置	指导要点
场地：12米×15米 内容：4名无球幼儿，8名幼儿有球，在区域内运球，无球幼儿抢夺其他幼儿的球占为己有，被抢到球的幼儿变为抢球幼儿，继续抢夺其他幼儿的球		1.抬头观察； 2.注意安全； 3.攻防转换要迅速； 4.降低重心

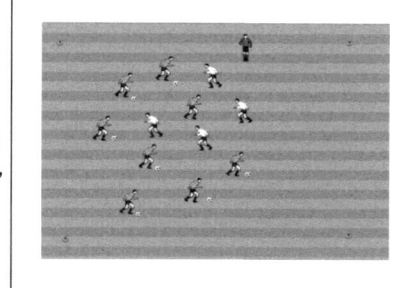

故事导入：此时，空中传来喊声："悟空！我来了！" 悟空抬头一看，原来是观音菩萨，左手托着净瓶，右手拿着杨柳，洒下甘霖救火呢。悟空赶快将紫金铃藏在腰间，合掌倒身下拜。菩萨灭了烟火，消除了黄沙。悟空叩头，说："不知菩萨临凡，有失远迎。请问菩萨要去哪儿？"菩萨说："我特来搜寻这个孽畜。"

技能游戏导入：接下来我们帮助悟空一起"打败赛太岁"吧

场地	12米×10米
器材	足球8个、标志盘4个、球门2个
时间	10分钟

(续表)

内容组织	场地布置	指导要点
场地：12 米 ×10 米 内容：幼儿进行 2V2 的足球比赛，由教练员选择进攻方向，听教练员哨声，一方进球代表本轮进攻结束，将球交给教练员，教练重新选择进攻方向。每队幼儿都要有持球进攻与无球防守两个过程		1. 思路明确； 2. 攻防转换迅速； 3. 抬头观察

场地	10 米 ×10 米
器材	标志盘 4 个
时间	3 分钟

内容组织	场地布置	指导要点
场地：幼儿围成半径为 4 米的圆 内容：肌肉拉伸		1. 认真放松； 2. 听教练指令
小结		

教学主题	盘丝洞遇险
教学内容	封堵
教学目标	1. 让幼儿掌握封堵的技术动作要领； 2. 让幼儿掌握并运用封堵的技术动作； 3. 培养幼儿积极进取、勇敢顽强的精神
教学班级	大班
教学学期	第一学期
教学周次	第十四周
教学人数	12 人
教学时长	30 分钟
教学器材	足球 10 个、标志盘 6 个、标志桶 15 个、标志服 12 件、球门 2 个

课程导入：上节课我们讲到，菩萨收服了赛太岁，原来朱那赛太岁是观音菩萨的坐骑金毛犼。随后，唐僧师徒告别朱紫国国王，继续西行。途中遇到一座庵林，唐僧下马亲自去化斋，悟空三人在路边等候多时却未见师父返回。让我们一起看看发生了什么事吧

故事导入：久候师父不回的悟空顿感事情不妙，于是念动咒语，唤来本地的土地神，才知道师父落入了七位蜘蛛精手中。八戒听说师父被妖怪抓走，心急如焚，便一人到那盘丝洞打妖怪，没想到被七个女怪用蜘蛛丝缠住。八戒被摔得昏天暗地，不得不返回悟空身边寻求帮助。现在悟空、八戒和沙僧要去救回师父

热身游戏导入：悟空、八戒和沙僧与众多的妖怪打斗。让我们做一个"打倒小妖"的游戏，看看他们是如何打败妖怪的吧

场地	15米×15米
器材	标志盘3个、标志桶15个
时间	7分钟

内容组织	场地布置	指导要点
场地：标志盘之间相隔4米，每列标志桶之间相隔1米 内容：将幼儿分为3组，每组4人。幼儿需要先用左腿单腿跳的方式向前跳，遇到标志桶时，用悬空的脚将标志桶碰倒，将5个标志桶全部碰倒后迅速返回与下一名幼儿击掌，第二名幼儿需要把碰倒的标志桶用手将其摆正后返回。单腿跳的幼儿和扶正标志桶的幼儿在下一轮需要交换位置 变化：变换单腿跳的落地腿；通过比赛的方式增加趣味性		1.做到动作流畅； 2.控制身体平衡

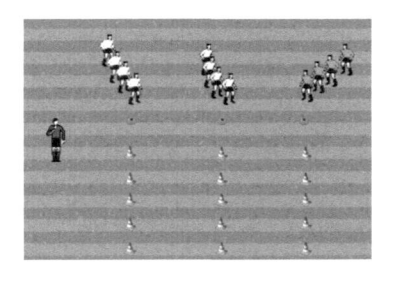

故事导入：悟空、八戒和沙僧在路上被七个小妖拦在石桥上，石桥上被蜘蛛精缠满了蜘蛛网，小妖们一个个手舞足蹈，乱打过来。八戒大怒，举耙迎了上去

技术游戏导入：悟空的本领虽然高强，但蜘蛛的网也很厉害。现在孙悟空需要我们的帮助，接下来让我们做一个游戏，游戏的名字叫"穿越蜘蛛网"

场地	15米×15米
器材	足球10个、标志盘6个
时间	10分钟

(续表)

内容组织	场地布置	指导要点
场地：15米×15米 内容：首先选出两名幼儿站在指定区域内，并且两名幼儿只能在这个区域内移动，另外10名幼儿扮演孙悟空，他们需要带球突破封堵才能取得成功，如果在突破时被抓住则需要与对方交换身份。突破时一次只能派出两名幼儿		1. 要求幼儿运球时用脚内侧运球； 2. 动作灵活； 3. 抬头观察

故事导入：这七个小妖看到八戒猛地冲上来，一个个现出原形，飞上天，叫声："变！"变出千万个小妖来。一时之间，满天飞抹蜡，遍地舞蜻蜓，蜜蚂追头额，蠦蜂扎眼睛，班毛前后咬，牛蜢上下叮。八戒招架不住。悟空见状，拔下毫毛，变出各种飞禽，去啄那些小妖。不一会儿，那些小妖就败下阵来。悟空、八戒和沙僧这才过了桥，走进洞里找到唐僧。救出师父后，悟空一把火烧了那盘丝洞。师徒四人继续西行

技能游戏导入：在我们的帮助下，悟空智斗蜘蛛精，成功救回师父。让我们也进行一场"独斗蜘蛛怪"的比赛吧

场地	12米×10米
器材	足球8个、标志盘4个、球门2个
时间	10分钟

内容组织	场地布置	指导要点
场地：12米×10米 内容：幼儿进行1V1的足球比赛，由教练员选择进攻方向，听教练员哨声，一方进球代表本轮进攻结束，将球交给教练员，教练重新选择进攻方向。每队幼儿都要有持球进攻与无球防守两个过程		1. 思路明确； 2. 反应灵敏

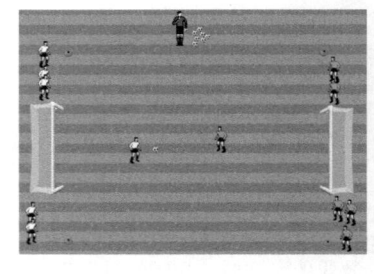

场地	10米×10米
器材	标志盘4个
时间	3分钟

内容组织	场地布置	指导要点
场地：幼儿围成半径为4米的圆 内容：听教练的指令，拉伸放松		1. 认真放松； 2. 听教练指令
小结		

教学主题	苦斗多目怪
教学内容	下手接球、上手抛球、扑球
教学目标	1. 让幼儿掌握下手接球、上手抛球、扑球的技术动作要领； 2. 让幼儿掌握并运用下手接球、上手抛球、扑球的技术动作； 3. 培养幼儿坚强、勇敢的意志品质
教学班级	大班
教学学期	第一学期
教学周次	第十五周
教学人数	12人
教学时长	30分钟
教学器材	足球4个、标志盘6个、标志服12件、球门3个

课程导入：我们继续上节课的内容，今天，教练就给大家来讲一讲悟空大战多目怪的故事吧，想知道发生了什么吗？跟教练一起来探索吧

故事导入：唐僧师徒直奔大路，走了不多会儿，看到一处楼阁宫观，观名"黄花观"。走进门去，正殿东廊下有一个道士正在制药丸。唐僧向那道士问好，那道士将师徒四人请进殿中，叫仙童奉茶，没想到却惊动了那几个女怪。原来那盘丝洞的七个女怪与这道士是同门师兄妹，正好也来到这里，看到童子奉茶，便问："童儿，有客人了？"仙童说："刚才来了四个和尚，师父叫上茶。"女怪一听，忙叮嘱仙童："你快点叫你师父出来，我们有话说。"仙童献了茶，把道士引到后面。这七个女怪一见道士，就跪下，把刚才发生的事说了一遍。道士一听，十分生气，说："这些和尚这般无理！你们放心，等我为你们报仇！"说着，走进屋里，拿出一包毒药，在十二个红枣中分别掺了一些，放在四个茶盅里，拿出去给唐僧师徒吃。悟空早就看出其中有诈，所以接过了茶盅，却并没有吃枣。只见唐僧、八戒、沙僧都吃了掺了毒药的红枣，很快就毒发倒地了

热身游戏导入：想知道悟空怎么巧妙化解毒药危机的吗？接下来让教练带大家做一个热身游戏，叫作"巧解毒危"

（续表）

场地	15 米 ×15 米
器材	足球 4 个、标志盘 4 个
时间	6 分钟

内容组织	场地布置	指导要点
场地：15 米 ×15 米 内容：幼儿分成两组，在区域内随意跑动，不要被穿蓝色标志服的幼儿捉到，如果快被捉到就要喊："中毒"，然后就不再能动了，只能让没中毒的幼儿去救（跑过去拍一下解毒），如果有被抓到，就和穿着蓝色标志服的幼儿互换身份 变化：穿着蓝色标志服的幼儿捉人，但是加了 4 个球，可以远距离解毒，不用跑到"中毒"的幼儿身边拍一拍解毒，把球扔到"中毒"的幼儿手里就可以解毒（接抛球方式，不是砸人），穿蓝色标志服的幼儿不可以抓手里有足球的幼儿，手中有球的幼儿如果故意不帮助队友，就要和蓝色标志服的幼儿互换身份		1.抬头观察； 2.注意跑动安全

故事导入：原来那道士就是 7 个女妖怪的师兄多目怪变的，悟空见师父、师兄都晕倒了，便和多目怪打斗起来。那多目怪与悟空斗了五六十个回合，渐渐落了下风，于是解开衣带，脱了道袍。悟空笑着说："打不过就要脱衣服！"

技术游戏导入：悟空与多目怪大战几十回合也没分出胜负，让我们一起与悟空"大战多目怪"吧

场地	15 米 ×15 米
器材	足球 3 个、标志盘 6 个、球门 3 个
时间	10 分钟

内容组织	场地布置	指导要点
场地：标志盘间距 5 米，距球门 5 米 内容：第一名幼儿运用下手抛球的动作将球抛给第二名幼儿，第二名幼儿以下手接球的方式把球接住，再向守门员左或右下手抛球，守门员坐在地上左右扑球，然后守门员回到队尾，第二名幼儿去守门员位置，第一名幼儿去到第二名幼儿位置，依次轮转		1.手接、抛球应下降重心； 2.注意动作要领； 3.锻炼反应能力

(续表)

故事导入：	多目怪脱掉上衣，抬起双手，两肋下有一千只眼，每只眼都金光闪闪，把悟空困在了金光中。悟空慌了手脚，在金光中进退不得，向上跳，也跳不出去。于是变成一只穿山甲，从地里钻了出去。逃走后，悟空听到山后有人啼哭，回头一看，见是一个身穿孝服的妇人，左手托着一盏凉浆水饭，右手拿着几张纸钱，边走边哭。悟空上前问道："女菩萨，你哭谁呢？"妇人噙着泪，说："我丈夫与那黄花观观主争吵，被他下毒毒死了。"悟空一听，也掉下泪来。妇人见了，生气地说："我为丈夫悲伤，你却泪眼愁眉，戏弄我不成？"悟空躬身答话："女菩萨，我是东土大唐钦差御弟唐三藏大徒弟孙悟空。刚和那道士相斗。他打不过我，便脱了衣裳，露出千只眼，放出万道金光，我便打不过他了！"妇人道歉说："我并不知道是这样的情形。那道士本是百眼魔君，也叫多目怪。我指点你去请一位圣贤，他能破金光，降道士。"悟空连忙说："还请女菩萨指点。我去请那圣贤，救出我师父，也能报你丈夫之仇。"
技能游戏导入：	就算悟空本领高强，也是没有打过多目怪，最后请高人一起帮悟空降妖伏魔，让我们一起见证一下这场"终极大战"吧

场地	25米×15米
器材	足球1个、球门2个
时间	10分钟

内容组织	场地布置	指导要点
场地：25米×15米 内容：按照五人制比赛规则进行比赛。		1. 注意力集中； 2. 跑动安全

场地	10米×10米
器材	标志盘4个
时间	3分钟

内容组织	场地布置	指导要点
场地：幼儿围成半径为4米的圆 内容：肌肉拉伸		1. 认真放松； 2. 听教练指令

小结	

教学主题	毗蓝婆降妖
教学内容	上手接球、上手抛球
教学目标	1. 让幼儿初步了解上手接球、上手抛球的动作要领，认识足球； 2. 培养幼儿对足球的兴趣； 3. 建立幼儿团队配合的意识
教学班级	大班
教学学期	第一学期
教学周次	第十六周
教学人数	12 人
教学时长	30 分钟
教学器材	足球 8 个、标志盘 6 个、标志桶 12 个、球门 2 个、绳梯 2 个、敏捷圈 6 个、标志服 12 件

课程导入：唐僧师徒在西行路上遇到了多目怪，唐僧、八戒和悟净都被多目怪抓走了。悟空想要一人救下师徒三人，但却落了下风，最后不得已逃走。让我们看看悟空是如何救出他们的吧

故事导入：悟空得知向南千里之外的紫云山的千花洞中有一位圣贤毗蓝婆，她能够降伏此妖怪，于是悟空便前往千花洞请求毗蓝婆前来降妖

热身游戏导入：悟空要去找毗蓝婆帮忙，但是留给悟空的时间并不多了。接下来让我们来做一个叫"十万八千里"的游戏，帮助悟空顺利到达千花洞吧

场地	15 米 ×15 米
器材	标志盘 6 个、绳梯 2 个、敏捷圈 6 个
时间	7 分钟

内容组织	场地布置	指导要点
场地：起始点距绳梯 5 米，绳梯距敏捷圈 5 米 内容：将 12 个幼儿分为两组，然后两队进行接力竞赛，第一名幼儿跑到最后的敏捷圈后从边上跑回来击掌接力回到队尾，最后一名幼儿回来后，全组举手向教练示意，则为完成		1. 在所有队员完成后要举手示意； 2. 过绳梯和敏捷圈时要用前脚掌着地

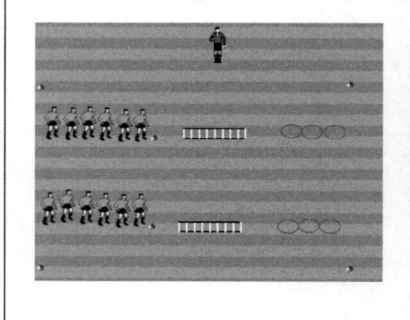

故事导入：毗蓝婆跟悟空一起来到了黄花观。见到那妖怪后，毗蓝婆拿出了一枚绣花针，只见她将针向空中一抛，那妖怪的金光便破了。随后，毗蓝婆又拿出了三粒药丸，让悟空去放入师徒三人口中

技术游戏导入：毗蓝婆打破了妖怪的金光，帮助悟空救出了师徒三人。接下来让我们做一个"巧破金光"的游戏，看看我们能不能打破妖怪的金光呢

（续表）

场地	15米×15米
器材	足球4个、标志盘4个、标志桶12个
时间	10分钟

内容组织	场地布置	指导要点
场地：15米×15米 内容：将12名幼儿分为两组，一组6名幼儿，将一组6名幼儿平均分开，两个标志盘后各站3个人，教练吹哨后，拿球的第一名幼儿要进行上手抛球，对面的幼儿进行上手接球，抛完球的幼儿回到队尾，最后一名幼儿将接到的球抛向中间的"金光"		1.上手抛球的出手动作； 2.上手接球时的重心变化

故事导入：悟空在毗蓝婆的帮助下救出了唐僧师徒三人。毗蓝婆手指一点，妖怪便显出了原形，竟然是一条七尺长的蜈蚣精。毗蓝婆用小指挑起了蜈蚣精，驾起祥云回那千花洞中去了，唐僧师徒四人便继续西行取经

技能游戏导入：悟空在毗蓝婆的帮助下才救出了唐僧师徒三人。接下来让我们来做一个"互帮互助"的游戏来展示我们之间的合作与配合吧

场地	12米×10米
器材	足球8个、标志盘4个、球门2个
时间	10分钟

内容组织	场地布置	指导要点
场地：12米×10米 内容：幼儿进行2V2的足球比赛，由教练员选择进攻方向，听教练员哨声，一方进球代表本轮进攻结束，将球交给教练员，教练重新选择进攻方向。每队幼儿都要有持球进攻与无球防守两个过程		1.思路清晰； 2.要观察到自己队友的位置； 3.要注重与队友的合作

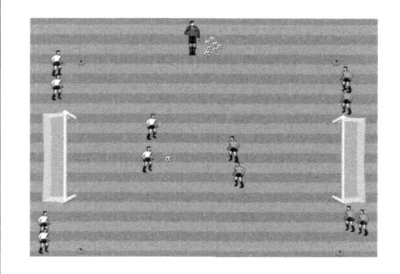

场地	10米×10米
器材	标志盘4个
时间	3分钟

(续表)

内容组织	场地布置	指导要点
场地：幼儿围成半径为 4 米的圆 内容：听教练指令拉伸放松		1. 认真放松； 2. 听教练指令
小结		

2. 大班（第二学期）

教学主题	悟空戏小钻风
教学内容	揉球、踩球
教学目标	1. 让幼儿掌握揉球、踩球的技术动作要领； 2. 让幼儿掌握并运用揉球、踩球的技术动作； 3. 培养幼儿顽强拼搏的精神
教学班级	大班
教学学期	第二学期
教学周次	第一周
教学人数	12 人
教学时长	30 分钟
教学器材	足球 12 个、标志盘 6 个、标志服 12 件、体能棒 2 个、球门 2 个

课程导入：师徒四人一路西行，到达了狮驼岭。接下来让我们看看悟空他们又遇到了什么事情吧

故事导入：师徒四人一路西行，见到远处一座高山直插云霄，不知道山里有没有路。这时他们遇到了孔雀公主变成的村姑，警告他山上有妖怪请绕路前行

热身游戏导入：孔雀公主说前方的山名叫狮驼岭，里面有众多小妖和三个妖大王，劝众人绕路西行。唐僧听说后，同意绕路。接下来我们玩一个叫"迷途知返"的游戏吧

场地	15 米 × 15 米
器材	标志盘 4 个、体能棒 2 个
时间	7 分钟

内容组织	场地布置	指导要点
场地：标志盘距标志棒5米 内容：4名幼儿为一大组，2名幼儿为一个小组，两名幼儿在体能棒处相对站立，手拉手小步跑做准备，教练员发出"转"的指令时，两人迅速换位置；当说出"红"时，两人跑向红色标志盘；当说出"绿"时，两人跑向绿色标志盘 变化：改成两人背对站立，向右转交换位置		1.根据教练员指令迅速做出反应； 2.注意安全

故事导入：悟空觉得狮驼岭太大，不愿意绕路，于是准备混入小妖中打听清楚妖怪们的底细。悟空看见了一个妖怪，然后变化成了与妖怪相同的模样，向妖怪问路

技术游戏导入：那小妖怪叫小钻风，于是悟空灵机一动化名为总钻风，谎称是大王派来的，让小钻风带自己去找其他小妖。让我们来玩一个叫"我不是卧底"的游戏吧

场地	15米×15米
器材	足球12个、标志盘4个
时间	10分钟

内容组织	场地布置	指导要点
场地：15米×15米 内容：教练员站在终点背对着幼儿喊出"1、2、3"时，幼儿用脚带球出发，当喊到"木头人"时，教练员转身面向幼儿，幼儿用脚踩住球；如果在教练员喊"木头人"的时候，幼儿的脚没有踩住球，则需要重新回到起点。率先到达终点的幼儿取胜 游戏变化：用脚踩球换成用脚揉球		1.用脚准确地踩住球 2.抬头观察

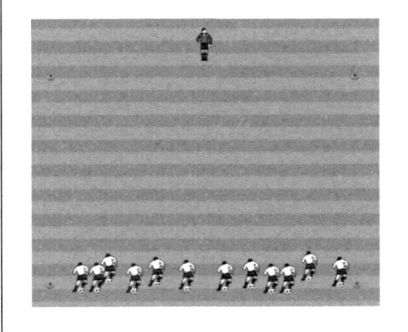

故事导入：悟空用法术变出了一个巨大的在磨棒子的悟空，那假悟空还说磨完之后要打众小妖。小妖们听完之后吓得四散而逃。之后悟空装作小钻风的模样，要去洞里查看

技能游戏导入：悟空装作小钻风进去报告时，真的小钻风回来了。妖怪二大王认出了假的小钻风，便和悟空打了起来。接下来让我们玩一个叫"悟空斗妖怪"的游戏吧

场地	12米×10米
器材	足球8个、标志盘4个、球门2个
时间	10分钟

(续表)

内容组织	场地布置	指导要点
场地：12米×10米 内容：幼儿进行1V1的足球比赛，由教练员选择进攻方向，听教练员哨声，一方进球代表本轮进攻结束，将球交给教练员，教练重新选择进攻方向。每队幼儿都要有持球进攻与无球防守两个过程		1. 思路明确； 2. 进攻果断； 3. 防守准确； 4 攻防转换要迅速
场地	10米×10米	
器材	标志盘4个	
时间	3分钟	

内容组织	场地布置	指导要点
场地：幼儿围成半径为4米的圆 内容：坐大腿内侧肌肉拉伸		1. 认真放松； 2. 听教练指令
小结		

教学主题	宝瓶收悟空
教学内容	推球、拨球
教学目标	1. 让幼儿掌握推球、拨球的动作要领； 2. 让幼儿掌握并运用推球、拨球技术动作； 3. 培养幼儿自信、公平竞争和团队协作的能力
教学班级	大班
教学学期	第二学期
教学周次	第二周
教学人数	12人
教学时长	30分钟
教学器材	足球12个、标志盘10个、标志桶8个、标志服12件、球门2个

(续表)

课程导入：悟空戏耍了小钻风一番，还打听到妖怪有个厉害的宝瓶。想知道接下来发生了什么吗？让我们一起来探索吧		
故事导入：悟空变成小钻风的模样走进洞中，看到里面有三个老妖，一个是青毛狮子怪，一个是黄牙老象，一个是大鹏雕。孙悟空大步走上前禀报："回禀大王，今天巡山发现孙悟空。"老妖一听，战战兢兢地说："小的们，把洞外的小妖都叫进来，关好门。"有小妖报："大王，门外的小妖们都已经散了。"老妖说："想来是听到风声，都跑了。"众妖赶快关紧前后门。悟空担心关了门后，自己不好脱身，于是又说道："大王，那孙悟空还说要剥大大王的皮，剔二大王的骨，抽三大王的筋。要是洞中不开门，他就变成苍蝇飞进来呢。"随后，悟空变出一只苍蝇，把满洞的大小妖怪吓得纷纷来扑		
热身游戏导入：悟空在戏耍妖怪们，让我们悟空一起"戏耍妖怪"吧		
场地	15米×15米	
器材	足球10个、标志盘4个	
时间	7分钟	
内容组织	场地布置	指导要点
场地：15米×15米 内容：用标志盘围成一个10米×10米的正方形，选出两名幼儿身穿标志服为追捕者，其他幼儿在场地内随意带球为逃脱者，追捕者必须抢断其他幼儿脚下的足球，抢断后将标志服交给被抢断的幼儿，两人互换身份后继续游戏 变化：增加追捕者的人数	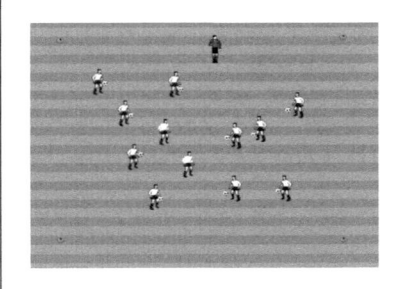	1. 反应灵敏； 2. 动作灵活； 3. 抬头观察
故事导入：悟空戏耍妖怪时露出了自己的模样，被那三大王识破。三大王叫人拿来绳索，捆了悟空，又叫小妖抬出宝瓶，把孙悟空收进了瓶中		
技术游戏导入：由于悟空一时大意，被妖怪收进了玉净瓶里。让我们帮助孙悟空"逃离玉净瓶"吧		
场地	15米×15米	
器材	足球12个、标志盘10个、标志桶8个	
时间	10分钟	
内容组织	场地布置	指导要点
场地：标志桶间距10米 内容：将幼儿分成两组，站在标志盘后，哨声响起时，幼儿需要用推球、拨球的方法绕过标志盘将球带出通道，然后跑回队伍与下一名幼儿击掌接力，最先完成的就是胜利者 变化：增加标志盘的数量	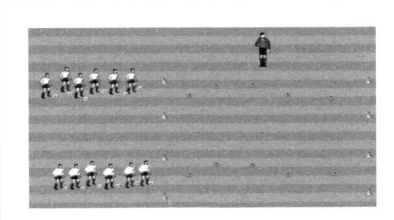	1. 动作要连贯； 2. 控制力度

（续表）

故事导入	悟空被收入瓶里，蹲在当中，开始觉得很是阴凉，不由笑着说："这瓶里如此凉快，就算住上个七八年也不碍事。"悟空并不知道，这宝瓶里装了人，要是一直不说话，就会一直阴凉；一旦说了话，就会生出火来。所以，悟空的话还没说完，就见瓶中燃起火焰。悟空无计可施，想到菩萨当年赐的三根救命毫毛，拔了下来，变成一个金刚钻、一片竹片、一根棉绳。于是做了一个篾片弓，在瓶子底上钻出一个小孔，钻了出去	
技能游戏导入	孙悟空用菩萨赐给他的三根救命毫毛成功地从玉净瓶里逃了出来。下面让我们进行一个比赛看看，我们能不能也像孙悟空一样轻而易举地逃出来	
场地	12米×10米	
器材	足球8个、标志盘4个、球门2个	
时间	10分钟	

内容组织	场地布置	指导要点
场地：12米×10米 内容：幼儿进行2V2的足球比赛，由教练员选择进攻方向，听教练员哨声，一方进球代表本轮进攻结束，将球交给教练员，教练重新选择进攻方向。每队幼儿都要有持球进攻与无球防守两个过程		1. 抬头观察； 2. 注意配合； 3. 反应灵敏

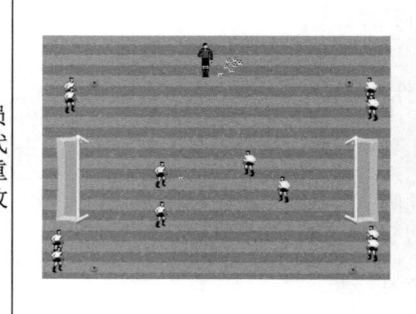

场地	10米×10米
器材	标志盘4个
时间	3分钟

内容组织	场地布置	指导要点
场地：幼儿围成半径4米的圆 内容：拉伸放松		1. 听从指挥； 2. 认真放松

小结	

教学主题	一夜光头城
教学内容	跨球、拉球
教学目标	1. 让幼儿掌握跨球、拉球的技术动作要领； 2. 让幼儿掌握并熟练运用跨球、拉球的技术动作； 3. 培养幼儿积极进取、勇敢顽强的精神
教学班级	大班
教学学期	第二学期
教学周次	第三周
教学人数	12 人
教学时长	30 分钟
教学器材	足球 12 个、标志盘 4 个、标志桶 3 个、标志服 12 件、球门 2 个、敏捷圈 12 个

课程导入：唐僧等人一路向西，不知不觉又到了夏天。一天唐僧等人遇到一位老妇，听老妇说前方有个灭法国，那里的国王不允许自己的国家有僧人，接下来让我们看看唐僧等人是如何避险的吧

故事导入：唐僧师徒为了顺利通过灭法国，便装作北方来的商贩来到城外的一家旅店，想要在这里过夜。吃过晚饭，师徒四人便上楼睡觉，但是唐僧有顾虑，怕在晚上睡觉时被商家发现自己是光头。悟空觉得有理，他就去找商家想换一个黑的地方睡觉。商家的女儿给唐僧师徒准备了一个大柜子，四人就在大柜子里睡觉。谁知这家旅店有贼，得知师徒四人身上有很多的银子，便起了贼心

热身游戏导入：不知师徒四人如何熬过此晚。让我们做一个"躲避小贼"游戏，看看师徒四人是如何解脱的

场地	15 米 ×15 米
器材	足球 12 个、标志盘 3 个、标志桶 3 个
时间	7 分钟

内容组织	场地布置	指导要点
场地：幼儿距标志盘 8 米 内容：将幼儿分为 3 组，每组 4 人。每名幼儿一个足球，教练员吹响第一声哨，第一名幼儿在原地做内跨和外跨的动作；等教练员吹响第二声哨声后，幼儿要向标志桶的方向带球，在距离标志桶前一步的位置再做外跨拨球的动作，然后顺时针带球到另一个队伍的队尾。依次进行 变化：变顺时针为逆时针		1. 做到动作流畅； 2. 动作协调； 3. 注意安全； 4. 抬头观察

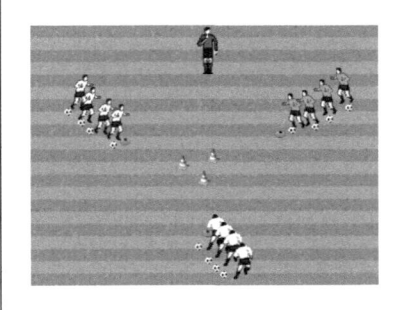

故事导入：趁着天黑，那些贼抬着装有师徒四人的柜子往城外方向逃去，来到城门时怕被巡逻的官兵发现，没办法只好将柜子丢弃。之后柜子就被官兵抬到了总府，等天亮后要报告给国王。这时，唐僧开始向悟空抱怨，担心明天见到国王看到他们是和尚该怎么办。悟空跟唐僧说不用担心，他自有办法。到了后半夜，悟空变成一只蜷蚁进入了皇宫，把宫里人的头发全都剃光了。等到天亮，国王醒来发现自己身边的人都成了和尚，于是流着泪说一定是遭到报应了

(续表)

技术游戏导入：接下来，让我们做一个"逃出皇宫"的游戏，帮助悟空他们逃出来吧		
场地	15米×15米	
器材	足球12个、标志盘3个、敏捷圈12个	
时间	10分钟	
内容组织	场地布置	指导要点
场地：敏捷圈间距2米 内容：将幼儿分为3组，每组4人，每人一个足球，幼儿用向前拉球的方式前进，遇到敏捷圈时用横向拉球的方式把球拉进圈内，然后再把球拉出继续前进 变化：通过接力，进行比赛		1. 要求幼儿运球时用脚掌拉球； 2. 动作灵活； 3. 控制身体平衡

故事导入：早朝时，文武官员都呈上表章，启奏说："陛下，臣等请罪。"国王说："众卿有什么过错？"大臣们说："陛下，不知道为什么，臣等这一夜之间，头发都没了。"国王站起来，对大臣们说："朕宫中的人，也是一夜之间没了头发。"大臣们都流着泪说："从今天起，再也不敢杀害和尚了。"国王又登上宝座，问众臣有没有什么事要奏。巡城的总兵官和东城兵马使上前叩头，说："臣等昨夜在城内巡察，获得强盗抢夺的物品，有一个柜子和一匹白马。"国王命令把柜子抬来。柜子被打开，唐僧师徒四人从柜子里出来后，国王才知道唐僧师徒四人到了本国，想要送给唐僧一件礼物，却被唐僧拒绝了。国王又请唐僧为他们改换国号，唐僧思考后改为钦法国，寓意风调雨顺，国泰民安

技能游戏导入：在师徒四人的默契配合下，这次的危机才被化解。接下来，让我们进行一场"团队的力量"的比赛吧		
场地	25米×15米	
器材	足球1个、球门2个	
时间	10分钟	
内容组织	场地布置	指导要点
场地：25米×15米 内容：按照五人制规则进行比赛		1. 思路明确； 2. 反应灵敏； 3. 注意与队友的配合
场地	10米×10米	
器材	标志盘4个	
时间	3分钟	

(续表)

内容组织	场地布置	指导要点
场地：半径为 4 米的圆 内容：听教练的指令，拉伸放松		1. 认真放松； 2. 听教练指令
小结		

教学主题	大闹连环洞
教学内容	扣球、挑球
教学目标	1. 让幼儿掌握扣球、挑球的技术动作要领； 2. 让幼儿掌握并熟练运用扣球、挑球的技术动作； 3. 培养幼儿积极进取、勇敢顽强的精神
教学班级	大班
教学学期	第二学期
教学周次	第四周
教学人数	12 人
教学时长	30 分钟
教学器材	足球 12 个、标志盘 4 个、标志桶 4 个、标志服 12 件、球门 2 个

课程导入：唐僧又被妖怪抓走了。让我们看看三位徒弟如何对战妖怪救出唐僧吧

故事导入：唐僧师徒正地赶路，突然从路边跳出来一个妖怪要抓唐僧。悟空叫道："八戒，有妖怪！"八戒拿起钉耙就打，和妖怪打在了一起。突然又跑出来一个妖怪，直奔唐僧。悟空也急忙举棒迎过去。这时山背后有风声，又跳出来一个妖精，和沙僧打在一起。他们三人都被引开后，妖怪看见只剩唐僧坐在马上，立即吹起一阵大风，把唐僧抓走了

热身游戏导入：妖怪用计谋引开了三个徒弟成功抓走了唐僧。让我们进行一场"众志成城"游戏，帮助悟空三人战胜妖怪吧

场地	15 米 × 15 米
器材	足球 2 个、标志桶 2 个、标志盘 2 个
时间	10 分钟

(续表)

内容组织	场地布置	指导要点
场地：15米×15米 内容：6人一队，手拉手围成一个圈，放一个足球在中间。每组幼儿团结协作从标志盘起点出发，拉手运球绕过前方的标志桶，然后回到起点，最先到达的一组获胜。运球过程中足球不能从圈内滚出，幼儿之间也不能松开手，否则回起点重新开始		1.抬头观察； 2.注意安全

故事导入：悟空、八戒和沙僧都战退了小妖，回到原地，却发现师父不见了，这才知道上了当。悟空气得跳了起来，带着八戒和沙僧进山寻找。他们却看见悬崖下面有一座洞府，紧闭着石门，门上横着一块石板，上面写着"隐雾山折岳连环洞"八个字。八戒举起钉耙，就把那石头打破，大喊大骂，让妖怪交出师父。悟空也上前帮着叫骂。洞里，小妖给妖怪出主意说："大王，我们不如做个假人头出去骗那孙悟空，再奉承他几句，就说他的师父已经被我们吃了。"于是这小妖把柳树根变成假人头来见孙悟空

技术游戏导入：悟空三人经过不断寻找，找到了洞口。接下来我们进行一场"寻找山洞"练习吧

场地	15米×15米
器材	足球12个、标志盘2个、标志桶4个、球门2个
时间	7分钟

内容组织	场地布置	指导要点
场地：15米×15米 内容：将幼儿分为两组，每组6人，每组第一名幼儿带球出发，遇见第一个标志桶后向左扣球，遇见第二个标志桶后向右扣球，到标志盘处将球挑进小球门，进球后得一分		1.运球注意观察； 2.扣球时与标志桶有一臂距离

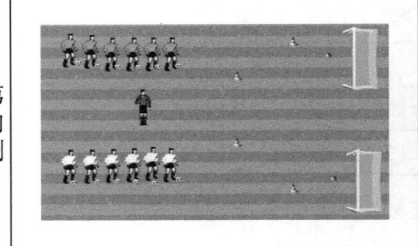

故事导入：悟空三人追到洞口，看见洞门已经被群妖在里面堵住，悟空对八戒、沙僧说："这些妖怪堵住了前门，一定有后门。你们两个守在这里，等我去找找。"便转到山坡后面，看见洞中的水从上游冲下来，涧那边还有一座门，门左边有个暗沟出水，他想："那里可能就是后门。"他就变成一只水老鼠，从那出水的沟中钻了进去，到了里面，见有几个小妖。悟空从沟中跳出，又变成一只飞虫，四下查看。只见那老怪正坐在那里，又见旁边有个小门，便飞了过去，一看门里是个大园子，园子里的大树下绑着唐僧。悟空回到洞里，用毫毛变出许多瞌睡虫，让洞里的妖怪都睡了。他才现出原身，救走了唐僧

技能游戏导入：让我们和悟空一起"攻入洞府"救出唐僧吧

场地	12米×10米
器材	足球8个、标志盘4个、球门2个
时间	15分钟

（续表）

内容组织	场地布置	指导要点
场地：12 米 ×10 米 内容：幼儿进行 1V1 的足球比赛，由教练员选择进攻方向，听教练员哨声，一方进球代表本轮进攻结束，将球交给教练员，教练重新选择进攻方向。每队幼儿都要有持球进攻与无球防守两个过程		1. 思路明确； 2. 反应及时

场地	10 米 ×10 米
器材	标志盘 4 个
时间	3 分钟

内容组织	场地布置	指导要点
场地：幼儿围成半径为 4 米的圆 内容：肌肉拉伸		1. 认真放松； 2. 听教练指令

小结	

教学主题	凤仙郡求雨
教学内容	脚内侧运球
教学目标	1. 让幼儿掌握脚内侧运球的技术动作要领； 2. 让幼儿掌握并熟练运用脚内侧运球的技术动作； 3. 培养幼儿积极向上、顽强拼搏的品质
教学班级	大班
教学学期	第二学期
教学周次	第五周
教学人数	12 人
教学时长	30 分钟
教学器材	足球 12 个、标志杆 15 个、球门 3 个、标志旗 12 个、标志桶 3 个、标志服 12 件、标志盘 4 个

(续表)

课程导入：唐僧师徒四人继续西行，来到了凤仙郡。让我们看看在这里发生了什么故事吧		
故事导入：唐僧师徒来到凤仙郡，这里原本应该是繁华的天竺外郡，却只见民事荒凉。经打听，原来是此地正值大旱，已连续三年，以致民不聊生。于是悟空承诺，要帮大家求下雨来		
热身游戏导入：悟空去求雨去了，让我们的做个叫"保护求雨旗"的游戏为悟空加油吧		
场地	15米×15米	
器材	标志旗12个	
时间	7分钟	
内容组织	场地布置	指导要点
场地：15米×15米 内容：幼儿分成4组，每名幼儿站在自己的旗子后，当哨声响起后，每组的3名幼儿顺时针跑，去扶下一名幼儿的旗子，旗子倒了的幼儿将被淘汰。一共进行3轮 变化：顺时针跑改成逆时针跑	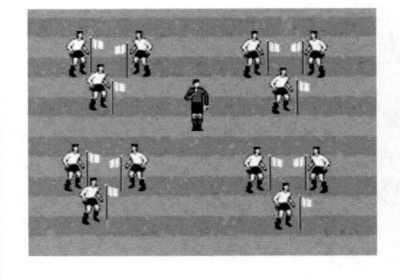	1. 集中注意力，听教练哨声； 2. 小组可进行交流，确定口号，统一放手跑
故事导入：悟空找到东海龙王，但是龙王说自己虽然能够行雨，但是没有玉帝的旨意不敢私自下雨。于是，悟空又到天庭寻找玉帝		
技术游戏导入：悟空为了帮凤仙郡求雨，十分忙碌。让我们做个叫"收集求雨令"的游戏来帮他加油吧		
场地	15米×15米	
器材	足球12个、标志杆15个、球门3个、标志桶3个	
时间	10分钟	
内容组织	场地布置	指导要点
场地：15米×15米 内容：将幼儿分成3组，当教练哨声响起后，幼儿用脚内侧运球，响接近标志杆后，使用脚内侧将球绕过标志杆，最后绕过标志桶，使用脚弓将球踢到门里，踢完球的幼儿，到队尾拿球排队，准备再次出发	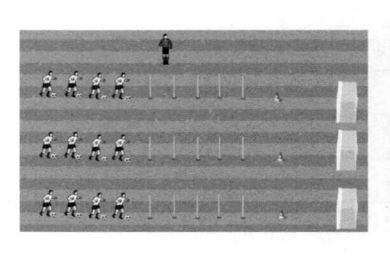	1. 要求幼儿运球时用脚内侧运球； 2. 抬头观察； 3. 重心降低

（续表）

故事导入：悟空找到玉帝，知道是凤仙郡郡侯夫妇得罪了玉帝，才被玉帝惩罚的。在悟空的周旋下，玉帝最终同意为凤仙郡布雨		
技能游戏导入：在悟空的帮助下，玉帝最终同意为凤仙郡布雨。让我们也来进行一场游戏为悟空加油吧		
场地	12 米 ×10 米	
器材	足球 8 个、标志盘 4 个、球门 2 个	
时间	10 分钟	
内容组织	场地布置	指导要点
场地：12 米 ×10 米 内容：幼儿进行 2V2 的足球比赛，由教练员选择进攻方向，听教练员哨声，一方进球代表本轮进攻结束，将球交给教练员，教练重新选择进攻方向。每队幼儿都要有持球进攻与无球防守两个过程		1. 思路明确； 2. 抬头观察； 3. 攻防转换要迅速
场地	10 米 ×10 米	
器材	标志盘 4 个	
时间	3 分钟	
内容组织	场地布置	指导要点
场地：幼儿围成半径为 4 米的圆 内容：拉伸放松		1. 认真放松； 2. 听教练指令； 3. 感受肌肉的拉伸
小结		

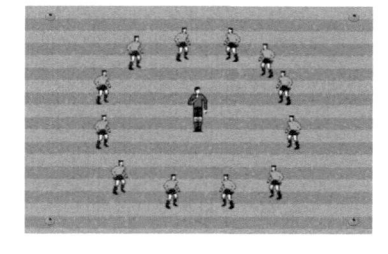

教学主题	三人喜收徒
教学内容	脚背外侧运球
教学目标	1. 让幼儿掌握脚背外侧运球的技术动作要领； 2. 让幼儿掌握并熟练运用脚背外侧运球技术动作； 3. 培养幼儿团队合作能力
教学班级	大班
教学学期	第二学期
教学周次	第六周
教学人数	12 人
教学时长	30 分钟
教学器材	足球 12 个、标志盘 16 个、标志服 12 件、球门 2 个

课程导入：今天，教练就给大家来讲一讲悟空、八戒、沙僧收徒的故事吧，想知道发生了什么吗？跟教练一起来探索吧

故事导入：唐僧师徒来到了玉华州。玉华州国王有 3 个儿子。这三位王子听说本国来了个东土大唐的和尚，还有 3 个长相怪异的徒弟，便要去看看

热身游戏导入：三位王子气昂昂地去找悟空、八戒和沙僧。让我们猜一猜他们六人会发生什么事呢？让我们来做一个热身游戏叫"三三大战"

场地	15 米 ×15 米
器材	标志盘 8 个
时间	6 分钟

内容组织	场地布置	指导要点
场地：15 米 ×15 米 内容：幼儿分为 4 组，第一名幼儿听教练吹哨后出发，跑到前方标志盘，绕标志盘一圈后，跑回起点牵着第二名幼儿出发，以此类推，直到幼儿全部都跑完并跑回起点即为完成 变化：由跑变为跳跃		1.注意听教练口令； 2.抬头观察

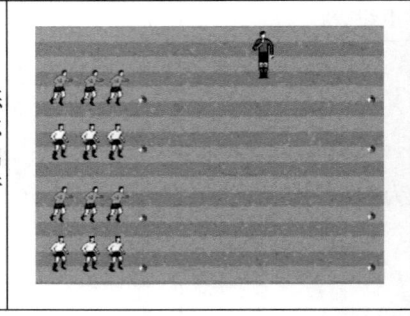

故事导入：三位王子拿着各自的武器来找悟空、八戒和沙僧。那二王子双手舞着钯就要来打八戒。八戒大笑，说："你那个钯给我这钯做孙子都不配！"他从腰间取出自己的钯，晃一晃，发出万道金光。二王子吓坏了，不敢动手。悟空看见大王子使的是齐眉棍，就从耳朵里把金箍棒拿了出来，晃一晃，变得碗口粗细，立在地上，笑着说："你来拿拿我这棍子！"那王子听了，就去取那棒，用尽了全身的力气，却一点也拿不动。第三个小王子抢着乌油杆棒过来，沙僧用手挡开，取出降妖宝杖，闪闪发光。那接待的官员都吓坏了，三个小王子也惊呆了，一起下拜，说："我们肉眼凡胎，不认得是神僧，请施展本领，让我们见识见识。"悟空轻轻把棒拿起来，跳到空中，耍起了金箍棒，八戒、沙僧也施展出各自的本领。那三个小王子早就跪在地上，被悟空三人的武艺折服。国王也赶来了，三个小王子要拜行者、八戒、沙僧为师，学习武艺，护国安民。第二天一早，国王就率领三个小王子前来行礼拜师，安排素宴，请求悟空他们传授武艺

(续表)

技术游戏导入：大家有没有发现，无论是悟空、八戒和沙僧还是三位王子，都有自己的武器。让我们来做个小游戏，也找找自己的武器吧

场地	15米×15米
器材	足球12个、标志盘16个
时间	10分钟

内容组织	场地布置	指导要点
场地：15米×15米 内容：将幼儿分为两队，在场地内，教练员随意摆12个标志盘（有蓝色、红色两种）用标志服盖上，教练员吹哨，幼儿出发，需要根据自己穿的标志服颜色运用脚背外侧运球的方式找到与自己标志服颜色相同的标志盘。如果这名幼儿如果翻开标志盘发现不是与自己标志服同色的，需要再盖上，最快找完的队获胜	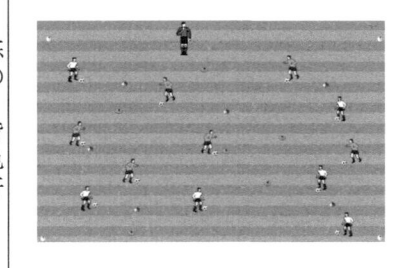	1. 重心下降； 2. 膝稍微内扣，脚跟提起，脚尖内旋； 3. 抬头观察

故事导入：国王命宫匠仿照悟空、八戒和沙僧的兵器给三位王子打造兵器。可是放在院子里的三样兵器却不见了，到处寻找，也找不到。三个小王子知道了，心想："是不是师父昨夜拿回去了？"就来到唐僧师徒的住处，见了悟空三人，说："师父们的三样兵器，昨天夜里都不见了"。悟空想了想，笑着说："请问殿下，你这州城附近的山林中是否有妖怪？"王子说："神师问得十分有理。我这州城往北有一座豹头山，山里有一个虎口洞。"悟空笑着说："那就好办了，一定是那里的妖怪看见了宝贝，在夜里偷去了。"他让八戒、沙僧在这里保护好师父，看守城池，还让铁匠不要熄灭炉火，继续打造兵器，他自己先去山中打探

技能游戏导入：三位王子见识了唐三藏的三个徒弟的本领后要拜师学艺，让我们进行一场比赛来"争做爱徒"吧

场地	25米×15米
器材	足球1个、球门2个
时间	10分钟

内容组织	场地布置	指导要点
场地：25米×15米 内容：按照五人制比赛规则进行比赛	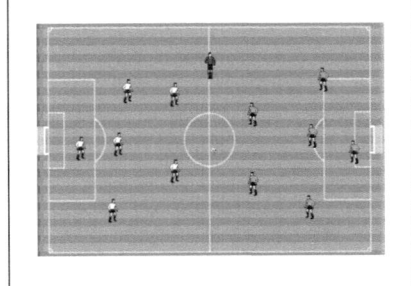	1. 思路明确； 2. 配合队友完成进攻

（续表）

场地	10米×10米		
器材	标志盘4个		
时间	3分钟		
内容组织		场地布置	指导要点
场地：幼儿围成半径为4米的圆 内容：肌肉拉伸			1.认真放松； 2.听教练员口令
小结			

教学主题	黄狮偷兵器
教学内容	脚背正面运球
教学目标	1. 让幼儿掌握脚背正面运球的动作要领； 2. 让幼儿熟练运用脚背正面运球的技术动作； 3. 培养幼儿积极、乐观的心态
教学班级	大班
教学学期	第二学期
教学周次	第七周
教学人数	12人
教学时长	30分钟
教学器材	足球8个、标志盘32个、标志桶12个、球门2个、标志服12件

课程导入：上节课我们知道了唐僧师徒四人到了玉华州，三位王子见唐僧的三个徒弟武艺高超，便要向其三人拜师。孙悟空三人将武器放在了王府前的院子里，王子让工匠照着样子做三件同样的武器，不料在晚上被妖怪偷了去。接下来让我们来看看孙悟空是怎么将武器取回来的吧

故事导入：悟空得知州城附近的林中有妖怪，便猜到了是山中的妖怪将武器偷走了

热身游戏导入：为了找到武器，悟空要去山中打探打探消息，接下来让我们做一个"悟空探妖山"的游戏吧

场地	15米×15米
器材	标志盘12个、标志桶12个
时间	7分钟

(续表)

内容组织	场地布置	指导要点
场地：标志桶间隔2米 内容：将幼儿分为4组，第一名幼儿距标志盘8米，每名幼儿手持标志盘，教练吹哨后，第一名幼儿到第一个标志桶放标志盘，回来击掌接力，第二名幼儿到第二个标志桶放标志盘，以此类推，最后一名幼儿回来后，全队举手示意则为结束，速度最快的组胜利		1. 在所有幼儿完成后要举手示意； 2. 接力幼儿要做好启动准备

故事导入：悟空来到了豹头山的山峰上，看到了山背后的两个狼头怪，悟空便化作一只蝴蝶，去偷听两只小妖的对话，知道了他们的计划，便准备来一招将计就计。悟空用定身法将两个小妖怪定住，将他们身上的银两和牌子拿走后，便回到了城中

技术游戏导入：悟空来到豹头山峰后，听到了两个小妖怪的对话后，便有了计划。接下来让我们来做一个"大圣定身法"的游戏来帮助悟空定住两个小妖怪，将他们身上的银两和令牌拿走吧

场地	15米×15米
器材	足球4个、标志盘32个
时间	10分钟

内容组织	场地布置	指导要点
场地：起始点后8米的位置，摆放6个标志盘，标志盘之间的竖向距离1米，横向距离2米 内容：将幼儿分为4组，幼儿需要用正脚背运球通过标志盘通道，教练员喊"定"时，幼儿需要原地不动；教练员喊"解"时，幼儿继续带球，带到最后一个标志盘后从边上带球回来，下一名幼儿接球接力，速度最快的组胜利		1. 正脚背运球时脚踝需要绷紧； 2. 运球时身体重心微微降低； 3. 将球控制在脚下，紧密控球

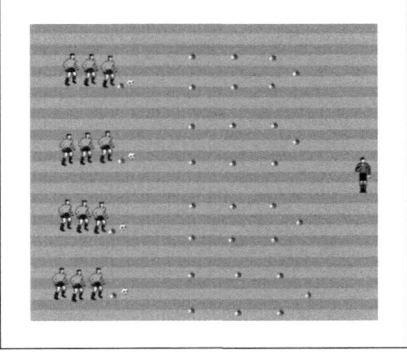

故事导入：悟空带着银两和牌子回到了州城，准备将计就计，让八戒和他假扮成两个小妖怪，让沙僧装扮成卖猪羊的，一起去虎口洞里，找个机会取回武器，一起打败那妖怪

技能游戏导入：悟空已经做好准备和妖怪对抗了。接下来让我们来做个"谁与争锋"的游戏，来展示一下我们个人的对抗能力吧

场地	12米×10米
器材	足球8个、标志盘4个、球门2个
时间	10分钟

(续表)

内容组织	场地布置	指导要点
场地：12米×10米 内容：幼儿进行1V1的足球比赛，由教练员选择进攻方向，听教练员哨声，一方进球代表本轮进攻结束，将球交给教练员，教练重新选择进攻方向。每队幼儿都要有持球进攻与无球防守两个过程		1. 要敢于突破； 2. 观察对手的重心，抉择从哪边突破

场地	10米×10米
器材	标志盘4个
时间	3分钟

内容组织	场地布置	指导要点
场地：幼儿围成半径为4米的圆 内容：听教练指令拉伸放松		1. 认真放松； 2. 听教练指令

小结	

教学主题	火烧豹头山
教学内容	脚背正面运球
教学目标	1. 让幼儿掌握脚背正面运球的动作要领； 2. 让幼儿掌握并运用脚背正面运球的技术动作； 3. 培养幼儿积极进取、勇敢顽强的精神
教学班级	大班
教学学期	第二学期
教学周次	第八周
教学人数	12人
教学时长	30分钟
教学器材	足球12个、标志盘17个、标志桶2个、标志服12件、球门2个

(续表)

课程导入：上节我们讲到，狮精盗走了悟空、八戒还有沙僧的兵器。想知道兵器被盗以后的故事吗？让我们和教练一起开始本节课的内容吧

故事导入：悟空、八戒还有沙僧三人来到城外，悟空变成了古怪刁钻，八戒变成了刁钻古怪，而沙僧打扮成了一个贩猪羊的。三人赶着猪羊，从大路直奔山里，到山里不久，遇到了一个去送请柬的小妖。小妖看到他们三人就说："古怪刁钻你两个回来了？买了多少猪羊？"悟空说就是赶得这些。小妖看见了沙僧问："这人是干什么的？"悟空说："他是卖猪羊的，我们还欠他几两银子，他就跟着来取。"悟空说："能不能让我看看请帖。"那小妖见是自家人，就把请柬递给悟空。悟空看了看，上面写的是请祖翁九灵元圣老大人在明天一早前来参加钉耙会，落款是门下孙黄狮。悟空看完了，还给那小妖。那小妖拿着就走了

热身游戏导入：悟空和八戒变成了妖怪的样子，沙僧扮成了一个贩卖猪羊的，他们三人要赶着猪羊进到山里。由于猪羊的数量太多，需要我们的帮助，让我们做一个游戏来帮助他们吧！游戏的名字叫作"旋转铁链"

场地	15 米 × 15 米
器材	足球 12 个、标志盘 17 个、标志桶 2 个
时间	7 分钟

内容组织	场地布置	指导要点
场地：标志盘与标志桶间距 7 米，标志盘间距 5 米 内容：标志盘摆成三列，形成两个通道，在每个通道尽头放置一个标志桶，将幼儿分成两组。第一名幼儿出发，绕过标志桶后返回原先队伍，拉上队伍中的第二名幼儿，直到队伍中的所有幼儿都加入旋转铁链。跑动期间保证旋转链条不断，如手松开则此次旋转失败。全员率先完成旋转链条的一队获胜 变化：每名幼儿都需要带球出发		1. 团队协作； 2. 注意安全

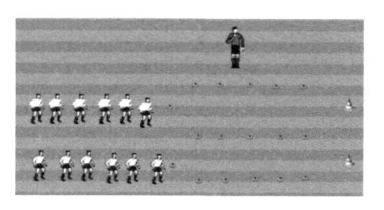

故事导入：他们三人一边说笑，一边赶着猪羊往前走，远远地望见了虎口洞门。等他们走近，妖王从里面出来问："你们两个回来了？买了多少猪羊？"悟空回答说："买了八头猪和七只羊。猪是十六两银子，羊是九两银子，还欠五两。这个就是卖猪羊的，跟着来取银子。"妖王就叫："小的们，去拿五两银子，把这人打发了。"悟空说："大王，这个客人现在也饿了，我们两个也都没有吃饭。如果家中有现成的酒饭，也赏给他一些，等他吃了再走。"这时，有个小妖已经取了五两银子来，悟空把银子递给沙僧，说："客人，你收好银子，跟我们到后面去吃些酒饭。"沙僧就跟着八戒、悟空进了洞。他们来到二层的厅上，看见九齿钉耙放在那里，光彩照人，东边放着金箍棒，西边放着降妖杖。那妖王也在后面跟着。八戒看见钉耙，跑过去拿下来，现了原身，抡起来就打开始妖精。悟空和沙僧也奔到那边拿回兵器，现了原身。那妖王急忙跑到后边，取出一柄四明铲，反身回来对他们三人大声喝道："你们是哪里来的！"悟空大骂道："我们是东土圣僧唐三藏的徒弟，你偷了我们的兵器，现在就让你领教领教它们的厉害！"他们三个围住妖王，妖王抵挡不住，向东南方逃去

(续表)

技术游戏导入：悟空、八戒和沙僧拿到自己的武器后，现了原身，和妖怪斗在了一起。最后妖怪不敌他们三人，向东南方逃走了。让我们帮助他们三人"追捕妖怪"吧

场地	15米×15米
器材	足球3个、标志盘12个
时间	10分钟

内容组织	场地布置	指导要点
场地：标志盘间距1米 内容：将幼儿分成3组，每组的4名幼儿前后密集站立，中间两名幼儿两腿分开，最后一名幼儿将球从前面两名幼儿的双腿之间踢到最前面幼儿的脚下，第一名幼儿接球后，用脚背正面运球绕过标志盘后返回队尾，以此类推，进行接力，最先完成一轮接力的小组就是胜利者 变化：增加标志盘的数量		1. 脚踝锁死； 2. 身体正对运球方向

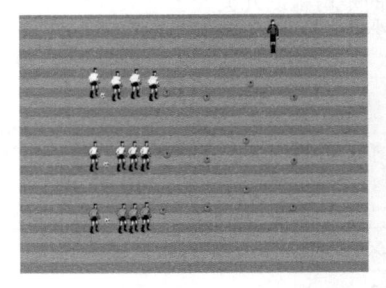

故事导入：国王与唐僧都在等他们三人回来，看到他们带回了许多东西，听了事情的经过，国王既高兴又担心。悟空说："殿下不用担心，我们一定扫除这些妖怪，我们中午去的时候，遇到一个送请柬的小妖，那帖子是送给祖翁九灵元圣老大人的，他一定是逃去找他了。"那妖怪果然跑到了竹节山。那山中有个九曲盘桓洞，洞中有个九灵元圣。他到了那里，见了九灵元圣，说了经过。九灵元圣这只九头狮听了，笑着说："贤孙，原来你惹的是他。那毛脸雷公嘴的叫作孙悟空，五百年前曾经大闹天宫，很有本领，十万天兵也没能抓住他。不要紧，等我和你去，抓住孙悟空，让你出气！"这九灵元圣便带着猱狮、雪狮、狻猊、白泽、伏狸、抟象等儿孙，让黄狮领路，纵狂风来到豹头山，闻到烟火的气味，还听到有人在哭。下去一看时，原来是刁钻、古怪两个小妖在那里哭，洞里的烟火还没熄灭，东西都烧光了。老妖就率众妖前往州城。那州城内外的人，看见空中雾腾腾的，吓得四处躲避。悟空三人来到城外迎敌。他们和群妖打了半天，八戒累得脚软，被雪狮和猱狮两个捉住。悟空和沙僧捉住了狻猊和白泽，回到城中。那些妖怪就在城外休息

技能游戏导入：由于八戒累得软脚被雪狮和猱狮两个抓住了，让我们来"拯救八戒"吧

场地	12米×10米
器材	足球8个、标志盘4个、球门2个
时间	10分钟

内容组织	场地布置	指导要点
场地：12米×10米 内容：幼儿进行1V1的足球比赛，由教练员选择进攻方向，听教练员哨声，一方进球代表本轮进攻结束，将球交给教练员，教练重新选择进攻方向。每队幼儿都要有持球进攻与无球防守两个过程		1. 思路明确； 2. 攻防转换要迅速

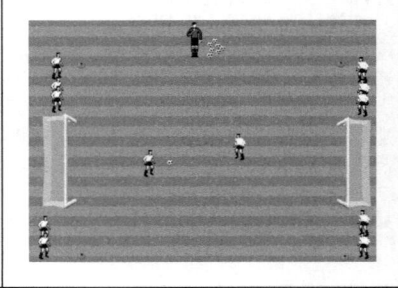

(续表)

场地	10米×10米		
器材	标志盘4个		
时间	3分钟		
内容组织		场地布置	指导要点
场地：幼儿围成半径4米的圆 内容：拉伸放松			1. 听从指挥； 2. 认真放松
小结			

教学主题	大战九头狮
教学内容	脚内侧踢球
教学目标	1. 让幼儿掌握脚内侧踢球的技术动作； 2. 让幼儿掌握并运用脚内侧踢球的技术动作要领； 3. 培养幼儿顽强拼搏的精神
教学班级	大班
教学学期	第二学期
教学周次	第九周
教学人数	12人
教学时长	30分钟
教学器材	足球12个、标志盘6个、标志桶18个、标志服12件、球门3个、小栏架8个

课程导入：上节课我们讲到，八戒被妖怪抓走了。这节课让我们看看悟空他们还会遇到什么样的事情吧

故事导入：第二天一早，黄狮精带着另外四个妖怪来到城下，叫悟空与沙僧出战，二人下去与五个妖怪打得有来有回。就在这时，九头狮却突然进城将唐僧与国王父子一行人都绑走了

热身游戏导入：孙悟空见到中了计，一边叫沙僧小心，一边拔下胳膊上的毫毛变出来了千百个小孙悟空，一拥而上，要将这些妖怪抓起来。接下来我们来玩个游戏，叫"捉住妖怪"

场地	15米×15米
器材	足球2个、标志盘4个、标志桶4个、球门2个、小栏架8个
时间	7分钟

（续表）

内容组织	场地布置	指导要点
场地：标志盘距标志桶5米，球门距标志盘3米 内容：将幼儿分成两组，蓝队用脚内侧射门，黄队阻止射门，两队均在两侧标志盘前等待，每次两边都各出一个人，在教练员吹哨后，两个人同时出发，双脚跳过前面的4小栏架后，蓝队开始阻止黄队，5个标志桶禁止跨越，被抓的幼儿在被抓住前跑到左侧或右侧的标志盘并且射门成功就算胜利，若被抓住了或者射门失败，则阻止者胜利。一组6名幼儿都做完之后，两队交换 变化：去掉若干个标志桶、增减小栏架数量、拉开球门与球的距离		1. 注意安全； 2. 注意动作规范； 3. 准确射门

故事导入：又过了一天，悟空和沙僧来到竹节山，找到了九头狮的洞口，悟空到门前叫喊。九头狮听到后，带着一群小妖出门与悟空和沙僧二人交战，没想到九头狮神通广大，居然伸出了8个头将悟空和沙僧捉到了洞里绑了起来

技术游戏导入：到了晚上，悟空趁九头狮不注意，将自己变小了一点逃了出来，在救沙僧的过程中，声音太大惊醒了九头狮，悟空顾不得沙僧，想要打破铁门逃出去，接下来我们来玩个游戏，叫"打破铁门"，来帮助悟空逃出山洞

场地	15米×15米
器材	足球12个、标志盘6个、标志桶18个、球门3个
时间	10分钟

内容组织	场地布置	指导要点
场地：标志盘距球门5米 内容：将幼儿分成3组，每人一个足球。幼儿站在两个标志盘中间，运用脚内侧踢射的方式，将足球踢进小球门（没有按照规定方式踢球的视为无效），踢倒一个小标志桶得一分，若将所有小标志桶都踢倒后，足球打进了门，那么加5分，每组4个人都踢完一次之后，哪队获得的分数高，哪队获胜 变化：增加标志盘与球门的距离		1. 支撑脚脚尖对出球方向，脚踝锁死； 2. 踢球的准确性

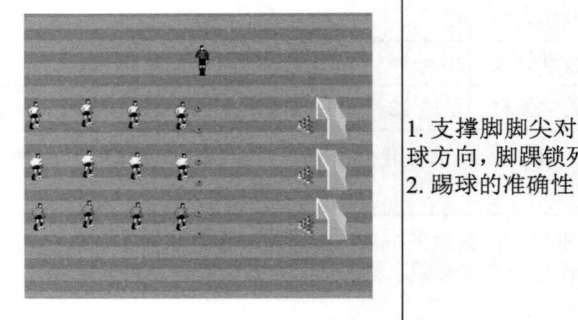

故事导入：悟空逃出了山洞，回到玉华州，叫出土地公公，土地公公告诉他想要打败九头狮，就要去东极妙岩宫叫九头狮的主人来降伏他。悟空一想，妙岩宫是太乙救苦天尊的地方，于是便去叫帮手来降伏九头狮

技能游戏导入：悟空叫来了帮手，让我们一起"大战九头狮"吧

(续表)

场地	25米×15米		
器材	足球1个、球门2个		
时间	10分钟		
	内容组织	场地布置	指导要点
	场地：25米×15米 内容：按照五人制规则进行比赛		1. 思路明确； 2. 注意安全； 3. 抬头观察； 4. 攻防转换要迅速； 5. 跑动积极
场地	10米×10米		
器材	标志盘4个		
时间	3分钟		
	内容组织	场地布置	指导要点
	场地：幼儿围成半径为4米的圆 内容：拉伸放松		1. 认真放松； 2. 听教练指令
小结			

教学主题	大闹玄英洞
教学内容	脚背正面踢球
教学目标	1. 让幼儿掌握脚背正面踢球的技术动作要领； 2. 让幼儿掌握并熟练运用脚背正面踢球的技术动作； 3. 培养幼儿积极进取、勇敢顽强的精神
教学班级	大班
教学学期	第二学期
教学周次	第十周
教学人数	12人

（续表）

教学时长	30 分钟
教学器材	足球 12 个、标志盘 9 个、标志桶 1 个、标志服 12 件、足球门 2 个、敏捷圈 12 个

课程导入：唐僧师徒离开玉华州，又走了五六天，来到了天竺外郡金平府。师徒四人来到了城中的慈云寺，寺里的和尚对他们热情款待。正巧马上要过元宵节了，老方丈盛情挽留他们过节，参加当地的灯会。接下来让我们看看会发生什么事吧

故事导入：到了元宵节当天，唐僧师徒和本寺的僧人一起前去看灯。他们来到金桥上，见有三盏金灯，里面还装有香油。众和尚介绍说，今晚会有佛爷现身，将香油收走。正说着，空中响起呼呼的风声，唐僧见金桥上出现祥瑞之气，便不顾劝阻前去拜见佛爷，没想这祥瑞之气突然变成一股妖风，直接把唐僧卷走了。第二天，悟空在去找师父的路上遇到了正在放羊的功曹，一打听得知，师父是被青龙山玄英洞的三个妖怪抓走了。这三个妖怪在此已有上千年，一向爱吃酥合香油，就在这里假装佛像，欺骗百姓、官员。悟空告别了放羊的功曹，前去救师父。悟空到了玄英洞引出了妖怪，和他们斗了一百五十回合，一直打到天黑，仍然不分胜负。这时妖怪大王摇着旗子，那些妖怪一起拥上来围住悟空，悟空一看对方人多，驾起筋斗云逃了出去

热身游戏导入：悟空在玄英洞前与三个妖怪打得不分上下，但是那些小妖怪却让悟空很是头疼。接下来让我们做一个"包围玄英洞"的游戏，看看悟空如何与妖怪打斗的吧

场地	15 米×15 米
器材	足球 12 个、标志桶 1 个
时间	7 分钟

内容组织	场地布置	指导要点
场地：每个足球间隔 1 米 内容：用足球围成一个圆，幼儿站在圆的外圈。当教练员吹响后，幼儿（孙悟空）要同时向顺时针的方向跑动，当第二声哨声响起后立即抱起一颗球 变化：改变跑动方向、每一轮结束后减少一个足球		1. 注意观察； 2. 反应灵敏

故事导入：悟空没能将师父救出，就到慈云寺让八戒和沙僧跟着自己一起去打妖怪。临走时，悟空吩咐寺里的和尚替他们看守行李和马匹，然后三人纵起云，出城而去。悟空三人来到玄英洞口，悟空让八戒和沙僧留在洞口，自己变成一只火焰虫飞了进去。进入洞内，见几只牛头怪在睡觉，就继续向洞内飞，经过一番寻找终于找到师父，本想现身施法解开绳索，偷偷救走师父，不料走路声太大惊醒了妖怪。妖怪一把将唐僧拽走，和悟空在洞内打斗。悟空在洞内无法施展本领，只好自己溜了出来。见妖怪把门紧紧关闭，八戒便举起耙尽力一打，把石门打碎。妖怪气急败坏，带领小妖出来迎敌。三僧三妖大战五百回合后，妖怪落入下风，便使出绝招，将八戒和沙僧抓走了，悟空见状只好先逃走，上天去找玉帝帮忙。

(续表)

技术游戏导入：八戒和沙僧被抓走，悟空只好上天庭寻求帮助，可见妖怪本领高强。接下来让我们做个"飞入天宫"的游戏，帮助悟空救出师父		
场地	15米×15米	
器材	足球12个、标志盘9个、敏捷圈12个	
时间	10分钟	

内容组织	场地布置	指导要点
场地：把敏捷圈摆放成十字形放在场地右侧，距离标志盘5米 内容：把幼儿分为3组，每组4人。每名幼儿一个足球，当教练员吹哨后，幼儿（孙悟空）先要带球绕过标志盘，然后再用脚背正面将球踢进任意一个敏捷圈（玄英洞）内，下一名幼儿再出发。每一轮每名幼儿只有一次机会，如果未能踢进敏捷圈就要返回队尾重新开始 变化：通过比赛的方式，增加趣味性		1. 要求幼儿踢球时用脚背正面踢球； 2. 动作灵活； 3. 抬头观察； 4. 控制脚下力量

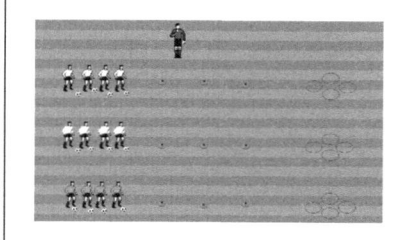

故事导入：悟空上天庭找玉帝帮忙救唐僧，玉帝派出四木禽星前去捉妖。他们和悟空来到玄英洞口，悟空前去引出妖怪。妖怪见到悟空，就拿着兵器带领小妖把悟空团团围住。四木禽星在天上看见后，大喝："孽畜，还不住手。"妖怪见克星来了，吓得现出原形就跑。悟空马上去洞内救出师父、八戒和沙僧，又去把三个妖怪抓了回来

技能游戏导入：在我们的帮助下，悟空打败妖怪救出师父。在和三个妖怪的打斗中，悟空与妖怪打得有来有回，接下来让我们进行一场"决战玄英洞"的比赛吧

场地	12米×10米
器材	足球8个、标志盘4个、球门2个
时间	10分钟

内容组织	场地布置	指导要点
场地：12米×10米 内容：幼儿进行2V2比赛，由教练员选择进攻方向，听教练员哨声，一方进球代表本轮进攻结束，将球交给教练员，教练重新选择进攻方向。每队幼儿都要有持球进攻与无球防守两个过程		1. 思路明确； 2. 反应灵敏

场地	10米×10米
器材	标志盘4个
时间	3分钟

(续表)

内容组织	场地布置	指导要点
场地：幼儿围成半径为 4 米的圆 内容：听教练的指令，拉伸放松		1. 认真放松； 2. 听教练指令
小结		

教学主题	火眼金睛辨真假
教学内容	脚内侧接球
教学目标	1. 让幼儿掌握脚内侧接球的技术动作要领； 2. 让幼儿掌握并熟练运用脚内侧接球的技术动作； 3. 培养幼儿积极进取、勇敢顽强的精神
教学班级	大班
教学学期	第二学期
教学周次	第十一周
教学人数	12 人
教学时长	30 分钟
教学器材	足球 8 个、标志盘 12 个、标志桶 10 个、标志服 12 件、球门 2 个

课程导入：唐僧师徒四人来到了天竺国想要倒换关文时，遇见了正在招驸马的公主。让我们看看接下来会发生什么故事吧

故事导入：师徒四人进了天竺国城中，来到馆驿中安顿下来。唐僧问驿丞："贫僧想要见国王倒换关文，不知现在去还来不来得及？"驿丞说："正好！我们国王的公主，今年二十岁，现正在街头，高结彩楼，抛绣球招驸马呢。今天十分热闹，我们国王想来还没有退朝，现在去倒换关文正好。"师徒四人前去观看时，公主的绣球正抛入唐僧的手中。他们便被侍卫带回到了宫中

热身游戏导入：师徒四人来到天竺国想要倒换关文，正好遇到天竺国国王招驸马还没有退朝。就让我们跟唐僧四人一起进行"倒换关文"吧

场地	15 米 ×15 米
器材	足球 2 个、标志桶 2 个、标志盘 12 个
时间	10 分钟

(续表)

内容组织	场地布置	指导要点
场地：15米×15米 内容：将幼儿分成2组，每组6人，每组幼儿手拿红色标志盘，听到教练哨声，第一名幼儿出发将红色标志盘换为蓝色标志盘后，迅速回到起点与第二名幼儿击掌后，第二名幼儿才可以出发，用时短的一队获胜 变化：第一名幼儿用脚内侧运球出发换回标志盘后，用脚内侧传给第二名幼儿，第二名幼儿用脚内侧接球后再出发	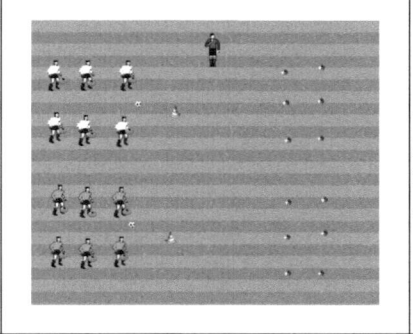	1. 把球保持在身前，不可离球太远； 2. 拿到标志盘之后，要快速转身

故事导入：师徒四人都来到御花园，天已经快黑了，素膳也已准备好。大家吃了饭，各自休息。唐僧埋怨孙悟空，孙悟空笑说："老孙想要分辨真假公主，刚才见到了国王，见他面色有些晦暗，只是还没见到公主。老孙火眼金睛，只要见到，就能辨出真假善恶。"沙僧和八戒都笑着说："哥哥不知什么时候又学会了相面。"唐僧着急地说："你们不要斗嘴！她现在一定要招我为夫，如何是好？"孙悟空说："等见了那公主，老孙在一旁辨认，如果是真的，你就在这里做驸马，享受荣华富贵也不错。"唐僧骂道："这猢狲，如果再无礼，我就念咒，叫你不好受！"悟空慌了，跪在面前，说："千万别念！如果是真公主，等到拜堂时，我们就在宫里大闹一场，把你带走。"

技术游戏导入：悟空有自己的方法来辨认真假公主。接下来我们进行一场"辨认真假"的游戏吧

场地	15米×15米
器材	足球4个、标志盘10个
时间	7分钟

内容组织	场地布置	指导要点
场地：标志盘间距8米 内容：将幼儿分成4组，每组各3名，每组分别站在两标志盘之间的区域，两名幼儿在两侧，一名幼儿在中间，两侧幼儿其中一名持球用脚内侧传球给中间幼儿，中间幼儿脚内侧接球后，用脚内侧传给另一侧的幼儿。听教练指令，一侧幼儿与中间幼儿交换位置 变化：中间幼儿接到球传给另一侧幼儿后向左右侧移动，另一侧幼儿直接传给对面一侧幼儿	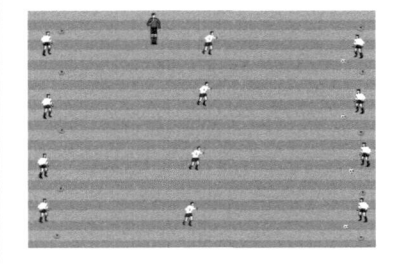	1. 必须采用脚内侧传球接球技术完成； 2. 抬头观察； 3. 传球的准确性

故事导入：唐僧听取了悟空的意见来到后宫，听到鼓乐齐鸣，又闻到香气缭绕，低下了头，不敢观看。不久，皇后和嫔妃们簇拥着公主出来，悟空火眼金睛，早看到公主的头顶上露出妖气，并且很凶恶，就忙爬到唐僧耳边说："师父，这个公主是假的。"他性子急，当时就大喊一声，现了本相，过去揪住公主，骂道："好妖怪！你假扮公主，享受宫里的荣华富贵也就罢了，还要贪心骗我师父！"国王、后妃和宫娥彩女全都吓坏了，东躲西藏，各自逃命

技能游戏导入：悟空辨认出了假的公主，让我们也进行一场"突破困境"的比赛，感受胜利的快乐吧

（续表）

场地	12米×10米
器材	足球8个、标志盘4个、球门2个
时间	15分钟

内容组织	场地布置	指导要点
场地：12米×10米 内容：幼儿进行1V1的足球比赛，由教练员选择进攻方向，听教练员哨声，一方进球代表本轮进攻结束，将球交给教练员，教练重新选择进攻方向。每队幼儿都要有持球进攻与无球防守两个过程		1. 注意抬头观察； 2. 攻防转换要迅速

场地	10米×10米
器材	标志盘4个
时间	3分钟

内容组织	场地布置	指导要点
场地：幼儿围成半径为4米的圆 内容：肌肉拉伸		1. 认真放松； 2. 听教练指令

小结	

教学主题	嫦娥收玉兔
教学内容	头顶球
教学目标	1. 让幼儿掌握头顶球的技术动作要领； 2. 让幼儿掌握并熟练运用头顶球的技术动作； 3. 培养幼儿积极进取、勇敢顽强的精神
教学班级	大班
教学学期	第二学期
教学周次	第十二周
教学人数	12人

(续表)

教学时长	30 分钟
教学器材	足球 12 个、标志盘 4 个、标志桶 6 个、标志服 12 件、球门 2 个

课程导入：上节课我们讲到，唐僧师徒四人来到了天竺国想要倒换关文时遇见了正在招驸马的公主，而公主的绣球正好抛到了唐僧手中。于是师徒四人被带到了宫里，悟空发现公主是妖怪所变。让我们看看接下来又发生了什么吧

故事导入：在皇宫里悟空和妖怪打斗在一起，妖怪不是悟空的对手，于是跑回了自己的山洞去，悟空到正南方那座山上寻找。那妖怪刚才败了阵，来到这座山，进了窝里，就用石块挡住门，再也不出来。悟空找不到，就叫出山中土地和山神

热身游戏导入：唐僧正好接到了天竺国公主的绣球才被带回宫中。接下来我们也进行一场"抛绣球"游戏吧

场地	15 米 ×15 米
器材	足球 2 个、标志盘 4 个、标志桶 6 个
时间	10 分钟

内容组织	场地布置	指导要点
场地：器材间距 1 米 内容：将 12 名幼儿分成 2 个组，每组 6 人，每组一个足球，第一名幼儿出发时，将足球举过头顶绕过标志桶，然后在标志盘后站好将球抛给下一名出发的幼儿 变化：用头顶球的方式顶回抛球幼儿手中，抛球幼儿再举球绕标志桶跑回给下一名幼儿		1. 动作敏捷； 2. 掌握抛球力度； 3. 用头部前额正面处触球

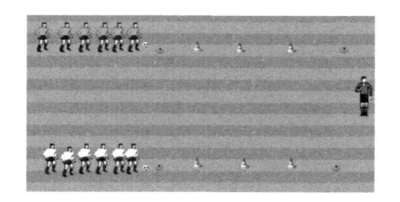

故事导入：土地神说："大圣，这座山叫作毛颖山，山里有三个兔穴，从古到今都没有妖怪。"于是便带着悟空去找那三个兔子洞，在山脚下有一个，只见到几只草兔，被吓得跑掉了。又来到绝顶上的洞前，看见有两块大石头挡住了洞口。土地说："一定是妖怪被追得急钻到了里面。"悟空用铁棒把石块推开，果然见那个妖怪藏在里面。那妖怪跳出来，和悟空打起来，一边打一边退，渐渐抵挡不住

技术游戏导入：悟空打跑了妖怪来到了毛颖山，在二位神仙的带领下寻找兔子洞。下面让我们做一个"寻找洞口"的游戏

场地	15 米 ×15 米
器材	足球 12 个、球门 1 个
时间	7 分钟

（续表）

内容组织	场地布置	指导要点
场地：标志盘与球门间距2米 内容：将幼儿分为两组，在球门前排成两队，每次练习出来一个人，第一组先开始，教练向空中抛球，幼儿要跳起来用头部将球顶入球门内，如果进球加一分，没有进球就没有分数，最后统计哪组进球得分最高		1. 注意观察； 2. 注意头部触球部位

故事导入：悟空越战越勇，忽听空中有人叫道："大圣，请棍下留情！"悟空回头一看，原来是太阴星君带着姮娥仙子。悟空慌忙收起铁棒，施礼问好。太阴星君说："这个妖邪是我广寒宫里捣药的玉兔，私自走下界来，已有一年。我算它有危险，特来救她性命，还请大圣看我的面子上饶了她吧。"孙悟空笑着说："你要是收了玉兔，就怕那个国王不相信，还要请你把玉兔给国王看看，作个证明，然后让那国王接回素娥公主。"太阴星君答应了，对妖怪大喝道："孽畜，还不回来！"玉兔精立刻现了原身。悟空在前引路，太阴星君带着玉兔，来到天竺国的王宫，国王这才知道妖怪已被抓到，朝天礼拜，感谢太阴星君收回玉兔。国王又问唐僧真公主在哪里，唐僧说："你的公主正在给孤布金寺。"国王十分高兴。第二天天亮后，国王就起驾亲自去迎接公主

技能游戏导入：悟空在和妖怪的打斗中忽然被嫦娥仙子叫住。嫦娥让悟空饶了妖怪，将妖怪变回了原形带回了宫中，并找回了真的公主。让我们最后进行一场"公主回国"的小比赛，感受胜利的喜悦

场地	25米×15米
器材	足球1个、标志盘4个、球门2个
时间	15分钟

内容组织	场地布置	指导要点
场地：25米×15米 内容：将幼儿分为两队，并且每队在对方球门线外设置两名队员，这两名队员只可以用手接球，接到球后抛给队员，队员用头部将球顶进球门，如果场内球员踢进球得一分，通过场外球员抛球顶进得二分		1. 注意抬头观察； 2. 攻防转换

场地	10米×10米
器材	标志盘4个
时间	3分钟

(续表)

内容组织	场地布置	指导要点
场地：幼儿围成半径为 4 米的圆 内容：肌肉拉伸		1. 认真放松； 2. 听教练指令
小结		

教学主题	地灵县遇匪
教学内容	抢球、断球
教学目标	1. 让幼儿初步了解抢球、断球的动作要领； 2. 让幼儿初步掌握抢球、断球的足球技术； 3. 培养幼儿积极进取、勇敢顽强的精神
教学班级	大班
教学学期	第二学期
教学周次	第十三周
教学人数	12 人
教学时长	30 分钟
教学器材	足球 8 个、标志盘 10 个、标志桶 4 个、标志服 12 件、球门 2 个

课程导入：唐僧师徒继续西行，已是初夏时节。他们走了半个月，来到了地灵县。想知道发生了什么吗？跟教练一起来探索吧

故事导入：进了城，见路边有两位老人在聊天，唐僧上前合掌施礼，问道："贫僧是从远处来拜佛祖的，路过这里，请问这里哪儿有好心的人家，能化一顿斋吃？"老人说："我们这里叫作铜台府，府后有个地方叫作地灵县。长老想要吃斋，不用别处，只要过了这个牌坊，有一个寇员外家，他家就斋僧。像你这样从远处来的和尚，去了就能受到热情的款待。"

热身游戏导入：师徒四人要去寇员外家化斋了，寇员外会怎样对待他们呢？接下来，让我们一起做个"款待唐三藏"的游戏吧

场地	15 米×15 米
器材	足球 4 个、标志盘 10 个、标志桶 4 个
时间	7 分钟

(续表)

内容组织	场地布置	指导要点
场地：标志盘距器材10米 内容：幼儿平均分为两队，每队6人，站到红色标志盘后。在场地内摆放足球、绿色标志盘、蓝色标志盘、标志桶各4个。教练鸣哨后，每队幼儿（寇员外）依次出发，到器材区域内取回2个标志桶、2个足球、1个蓝色标志盘、1个绿色标志盘（斋饭）。取回的幼儿依次回到红色标志盘处排队。最先拿全器材的队伍即为胜利（成功做好斋饭招待唐三藏） 变化：改变取回器材的要求		1. 注意安全； 2. 仔细听讲； 3. 集中注意力

故事导入：说来也巧，铜台府地灵县城有一伙强盗，他们打家劫舍，无恶不作。这一天，强盗们又在算计本城里有钱的人家，准备去抢夺财物。其中有一个人说："寇员外家就十分有钱。我们趁着正在下大雨，去他家抢些钱财，回来大家分了，怎么样！"众贼都很高兴，带上兵器、麻绳、火把等物，冒着雨来到寇家大门外，呐喊着冲了进去

技术游戏导入：寇员外的财宝会不会被盗走呢？接下来，让我们一起做一个"小心强盗"的小游戏吧

场地	15米×15米
器材	足球8个、标志盘4个
时间	10分钟

内容组织	场地布置	指导要点
场地：15米×15米 内容：把幼儿分为8人和4人。在场地内，8人带球，4人抢球，被抢断的幼儿（寇员外）与抢球的幼儿身份互换。3分钟一轮，结束时，脚下有球的幼儿（寇员外）即为胜利（成功守护住了财宝） 变化：增加抢球的人数		1. 注意安全； 2. 抢断迅速

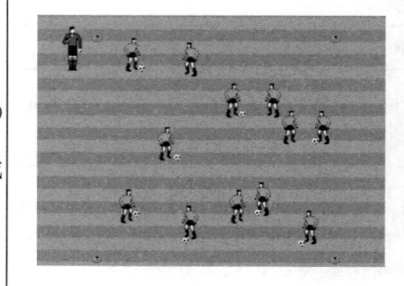

故事导入：强盗们抢走了寇员外家的财宝，在逃跑的路上遇到了师徒四人。悟空走过去问道："你们想怎么样？"强盗大喝道："你这不知死活的家伙，没看到我是大王爷爷吗！快拿来买路钱，就放你过去！"悟空听了，赔笑说："原来你们是抢钱的强盗啊！"强盗听了，大怒，叫道："杀了他！"刚要动手，就被悟空使了个定身法。悟空大喝一声："住！"那些强盗一共有30多人，全都咬着牙，睁着眼，一动也不能动。悟空请师父下马休息，叫八戒和沙僧把这些贼都捆起来审讯。沙僧说："没有绳子。"悟空就拔下一些毫毛，变出30多条绳子，把那些强盗都捆住，然后解了他们身上的定身法

(续表)

技能游戏导入：盗走财宝的强盗已经被悟空捉住了。接下来让我们做个游戏，看看悟空是如何"展示神威"的吧	
场地	12米×10米
器材	足球1个、标志盘4个、球门2个
时间	10分钟

内容组织	场地布置	指导要点
场地：12米×10米 内容：幼儿进行2V2的足球比赛，由教练员选择进攻方向，听教练员哨声，一方进球代表本轮进攻结束，将球交给教练员，教练重新选择进攻方向。每队幼儿都要有持球进攻与无球防守两个过程		1. 多观察； 2. 注意安全

场地	10米×10米
器材	标志盘4个
时间	3分钟

内容组织	场地布置	指导要点
场地：幼儿围成半径4米的圆 内容：听教练的指令，拉伸放松		1. 认真放松； 2. 听教练指令

小结	

教学主题	无字真经
教学内容	封堵
教学目标	1. 让幼儿初步了解足球运动中封堵的重要性； 2. 让幼儿初步掌握足球运动中封堵的技术要领； 3. 培养幼儿形成积极的体育态度，提高幼儿分析问题和解决问题的能力
教学班级	大班
教学学期	第二学期
教学周次	第十四周
教学人数	12 人
教学时长	30 分钟
教学器材	足球 8 个、标志盘 36 个、标志桶 4 个、标志服 12 件、球门 2 个、绳梯 1 个、小栏架 5 个、敏捷圈 4 个

课程导入：经过千难万险，唐僧师徒四人终于来到了西方佛地，他们能如愿取得经文吗，让我们一起来了解一下吧

故事导入：师徒四人来到大雄宝殿殿前，向如来下拜，又向左右下拜，然后又跪在如来佛祖面前，奉上通关文牒。如来看了，又递给唐僧。唐僧说："弟子玄奘，奉大唐皇帝旨意，来到宝山，拜求真经，以普度众生。"

热身游戏导入：唐僧奉大唐皇帝旨意，手持通关文牒才来到宝山见到如来佛祖。我们都知道，在古代要想通过城关，通关文牒是必不可少的。今天教练就带大家做一个游戏"苦寻通关文牒"

场地	30 米 ×30 米
器材	标志盘 36 个、标志桶 4 个、绳梯 1 个、小栏架 5 个、敏捷圈 4 个
时间	7 分钟

内容组织	场地布置	指导要点
场地：30 米 ×30 米 内容：所有幼儿在绳梯后排队，根据教练要求动作前进小碎步（横向小滑步、两进两出）通过绳梯，依次绕过标志桶（靠近标志桶时小碎步绕过、侧滑步绕过），双脚（单脚）跳过小栏架区，单脚交替跳过敏捷圈区，每完成一组的幼儿自动获得一个标志盘（通关文牒）		1. 幼儿需注意脚下频率； 2. 幼儿之间保持安全距离，注意安全

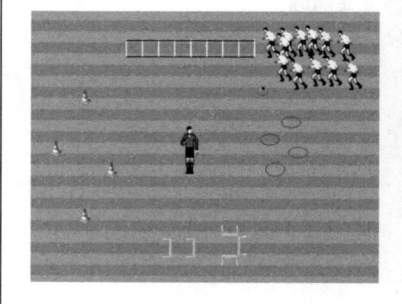

故事导入：八戒和沙僧接过经书，用马驮了一部分，另一部分自己挑着，师徒又回到宝座前谢了如来，欢欢喜喜地下山去了。燃灯古佛看见他们传经的过程，发现阿傩、伽叶所传的是无字经，而东土的和尚愚迷，还认不得无字经。就叫过来白雄尊者吩咐道："你快去追赶唐僧，夺了无字经，好让他们回来求取有字真经。"白雄尊者便驾起狂风，出了雷音寺山门，从半空中伸下一只手，抢去了马上驮的经。唐僧被吓得不轻，八戒和悟空急忙追赶

（续表）

技术游戏导入：刚取得的真经，就被白雄尊者抢走了，八戒和悟空怎能让他轻易抢走真经，于是两人合力去追赶白雄尊者，现在教练带大家做一个技术游戏叫作"封堵小能手"。让我们一起对白雄尊者进行围追堵截吧

场地	20米×20米
器材	足球2个、标志盘10个
时间	10分钟

内容组织	场地布置	指导要点
场地：半径3米的圆 内容：将幼儿分为两组，6人一组，一名幼儿手拿黄色标志服站在标志盘中间，其余幼儿互相传球，传球时不能被手拿黄色标志服的幼儿碰到，被碰到后需交换	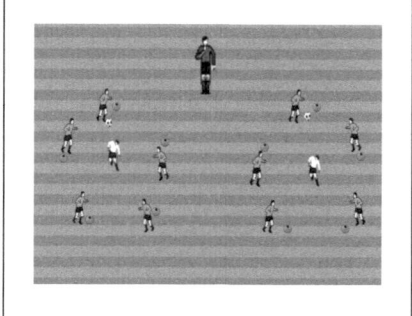	1.封堵时两脚前后站立，不轻易出脚； 2.多观察

故事导入：白雄尊者把经包摔碎，抛落下去。八戒和悟空收拾了经书，来见唐僧。唐僧流着泪说："徒弟呀！这是在极乐世界，怎么还会有凶魔呢！"沙僧发现一本经书上没有半点字迹，慌忙告诉唐僧。悟空和八戒就都打开看，发现全都没字。唐僧伤心叹气，悟空大怒，说："这一定是阿傩、伽叶没要到好处，故意给我们白纸本。我们去告诉如来，问个清楚！"

技能游戏导入：师徒四人发现是无字真经后，便去找如来要问清楚如果没有如来佛祖的解释，以孙悟空的脾气，他肯定会和阿傩、伽叶打斗一番。让我们一起来做个"最强个人秀"的游戏来感受一下吧

场地	12米×10米
器材	足球8个、标志盘4个、球门2个
时间	10分钟

内容组织	场地布置	指导要点
场地：12米×10米 内容：幼儿进行1V1的足球比赛，由教练员选择进攻方向，听教练员哨声，一方进球代表本轮进攻结束，将球交给教练员，教练重新选择进攻方向。每队幼儿都要有持球进攻与无球防守两个过程	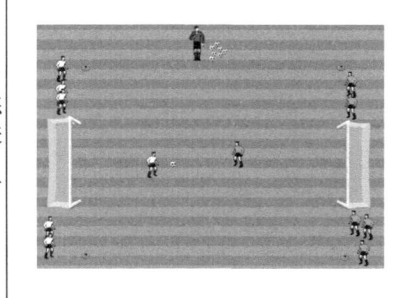	1.进攻过程中要坚决，防守时，根据训练内容进行有效封堵； 2.攻防转换要迅速

场地	10米×10米

器材	标志盘 4 个
时间	3 分钟

内容组织	场地布置	指导要点
场地：幼儿围成半径 4 米的圆 内容：听教练的指令，拉伸放松		1. 认真放松； 2. 听教练指令

小结	

教学主题	灵山取真经
教学内容	下手接球、上手抛球、扑球
教学目标	1. 让幼儿掌握下手接球、上手抛球、扑球的技术动作要领； 2. 让幼儿掌握并运用下手接球、上手抛球、扑球的技术动作； 3. 培养幼儿坚强、勇敢的意志品质
教学班级	大班
教学学期	第二学期
教学周次	第十五周
教学人数	12 人
教学时长	30 分钟
教学器材	足球 3 个、标志盘 6 个、标志服 12 件、球门 3 个、标志桶 3 个

课程导入：今天，教练就给大家来讲一讲灵山取真经的故事吧，想知道发生了什么吗？跟教练一起来探索吧

故事导入：话说唐僧师徒发现取回的真经上都没有字。急脾气的悟空就嚷着要找如来。于是他们急忙折返

热身游戏导入：师徒几人看了真经，却发现是一片空白，没想到真经如此难取。接下来，让我们玩一个热身游戏，就叫"夺取真经"，看看用我们的手段，能不能取得真经。

场地	15 米 ×15 米
器材	足球 1 个、标志盘 4 个
时间	6 分钟

(续表)

内容组织	场地布置	指导要点
场地：半径4米的圆 内容：组织幼儿围成一个圆，游戏开始时，需要两名幼儿站到圆圈中间，其他幼儿则按照圆的形状站好，游戏开始，围圈的队员需要相互抛球，抛到10下时，中间的人需要被惩罚，如被中间人抢断，则两人互换位置，游戏继续 变化：可以增加中间人的数量		1. 抬头观察； 2. 注意跑动安全

故事导入：话说唐僧师徒取到了无字真经，向如来告辞。为了让唐僧师徒回来换取有字真经，白雄尊者便驾起狂风把无字真经吹上了天

技术游戏导入：看着漫天经书，师徒几人也不敢怠慢，赶紧去捡经书。接下来的练习，我们也要带入当时的情景，那么，就让我们一起来拯救经书吧

场地	15米×15米
器材	足球3个、标志盘6个、标志桶3个、球门3个
时间	10分钟

内容组织	场地布置	指导要点
场地：标志盘间距5米，标志桶距球门5米 内容：第一名幼儿运用下手抛球的动作抛到第二名幼儿，第二名幼儿用下手接球的方式把球接住，然后，抛球的幼儿需要接接球幼儿的回传球，然后，将球带到标志桶旁边进行射门，门将守完门以后，需要进行轮换，依次进行		1. 手接、抛球应下降重心； 2. 注意动作要领； 3. 锻炼反应能力

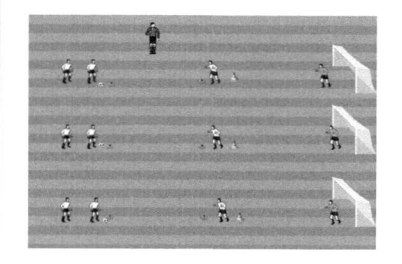

故事导入：师徒几人将经书救下后发现，居然是无字经书，这给师徒几人气坏了，唐僧坐到地上大哭，悟空和师弟二人，吵吵嚷嚷地回到大雄宝殿，如来问："你这猴子，吵嚷什么？"悟空一手叉腰，一手指着他说"如来，我们师徒经受千难万苦，跨越千山万水来到你这里，那阿傩、迦叶却向我们索要贿赂，我们没有，他们就传一些没字的假真经给我们，我们要假真经有什么用？"于是，如来便让他们取真正的真经过来，让师徒几人好好看明白，待几人看好以后，又开开心心地出了大雷音寺。等几人走后，观音向如来禀报，说几人已经走了十万八千里，历经四十年，如来点头，又问，经历了多少磨难，观音说正好八十难。如来说："我佛门讲究九九归真，还少一难。"观音说："待弟子作法。"话说师徒几人又来到了通天河，唐僧看着眼前的河水一筹莫展，这时，一只大龟从水下游了上来，说为报答当年师徒几人，自己帮他们渡河，于是，几人便坐了上去，快到岸边的时候，大龟说："当年拜托唐长老的事，帮我问了没有啊？"唐僧突然想起，只好如实说："贫僧见了如来只顾取经，忘记了问！"大龟一听哈哈大笑，说罢，便将身子一扭，把唐僧掀翻下水

技能游戏导入：唐僧被悟空抱着游到岸边，大叫："我的经文！"接下来，让我们进行一组对抗游戏，来"拯救经书"吧

场地	25米×15米

（续表）

器材	足球 1 个、球门 2 个			
时间	10 分钟			
	内容组织	场地布置		指导要点
	场地：25 米 ×15 米 内容：按照五人制比赛规则进行比赛			1. 注意力集中； 2. 跑动安全
场地	10 米 ×10 米			
器材	标志盘 4 个			
时间	3 分钟			
	内容组织	场地布置		指导要点
	场地：幼儿围成半径为 4 米的圆 内容：肌肉拉伸			1. 认真放松； 2. 听教练指令
小结				

教学主题	取经回大唐
教学内容	上手接球、上手抛球
教学目标	1. 让幼儿掌握脚上手接球、上手抛球的技术动作要领； 2. 让幼儿掌握并熟练运用上手接球、上手抛球的技术动作； 3. 培养幼儿积极进取、勇敢顽强的精神
教学班级	大班
教学学期	第二学期
教学周次	第十六周
教学人数	12 人

(续表)

教学时长	30
教学器材	足球 8 个、标志盘 8 个、标志桶 2 个、标志服 12 件、小栏架 4 个、球门 2 个
课程导入	大家都知道,唐僧师徒四人在灵山取得了真经,接下来让我们一起看看师徒四人是如何返回大唐的吧
故事导入	唐僧师徒四人遇到通天河的滔滔河水,正在发愁的时候,老龟主动现身,然后又主动要求驮唐僧师徒四人过河
热身游戏导入	唐僧师徒四人遭遇通天河的阻挡,幸亏老龟及时出现,帮助唐僧过河。那么老龟是如何护送唐僧的呢?让我们一起做个"护送师父过河"的游戏来体会吧
场地	20 米 ×20 米
器材	足球 2 个、标志盘 4 个、标志桶 2 个、小栏架 4 个
时间	7 分钟

内容组织	场地布置	指导要点
场地:标志盘间距 5 米,小栏架间隔 1 米 内容:将幼儿分为两组,每组 6 人,每组一个足球,一个标志桶,将足球放进标志桶内,第一名幼儿听见教练哨声后,快速抱球从起点出发,绕过标志盘返回交给下一名幼儿,下一名幼儿继续出发,以此类推 变化:在每组标志盘之间放两个小栏架,利用双脚跳通过	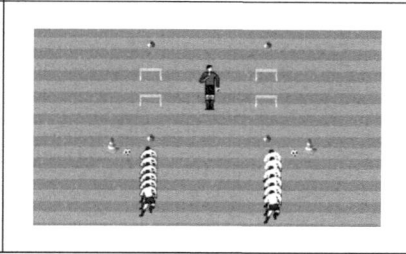	1. 团队配合; 2. 身体灵活; 3. 抬头观察

故事导入	第一次唐僧与老龟相遇时,老龟向唐僧寻求帮助,替他向佛祖问自己归宿的问题。唐僧碍于面子便答应了下来。但在第二次相遇时,老龟询问唐僧此事,但是唐僧把这件事给忘记了。老龟一听,勃然大怒,将真经和师徒四人全部扔到了河里
技术游戏导入	为了捞取经书,师徒四人煞费苦心,最后用八戒的九齿钉耙打捞了上来。想知道八戒是怎么样去抛耙子的吗?接下来让我们进行一个"传球接力赛"的游戏吧
场地	20 米 ×20 米
器材	足球 2 个、标志盘 8 个
时间	10 分钟

内容组织	场地布置	指导要点
场地:标志盘间距 50 厘米 内容:将幼儿分为两组,每组一个足球,当教练哨声响起时,每组第一名幼儿抱着足球快速跑向终点,然后运用上手抛球的方式将球穿传给下一名幼儿,接球的幼儿运用上手接球的方式接球,以此类推,直到本组幼儿都参与其中,本次游戏结束。 变化:在起点与终点之间放置两个标志盘,以侧滑步的方式通过终点	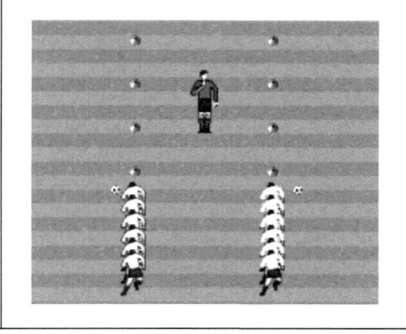	1. 屈腕、屈肘的协调; 2. 身体的灵活性; 3. 传接球的准确度; 4. 传球的力量

(续表)

故事导入：四人将经书和包裹打捞上来，晒干之后便开始回大唐。见四人取回真经，李世民隆重迎接，在相国寺摆香案，听唐僧传法。此时，八大金刚奉如来之命，迎四人回西天任职，四人腾空而起，李世民率众多世人跪送		
技能游戏导入：师徒四人回大唐路途遥远，沉浸在取回真经的喜悦当中，少不了嬉耍玩闹。让我们从中体会一下师徒四人是怎么度过漫长的路途的吧。接下来让我们进行2V2的实战演练吧		
场地	12米×10米	
器材	足球8个、标志盘4个、球门2个	
时间	10分钟	
内容组织	场地布置	指导要点
场地：12米×10米 内容：幼儿进行2V2的足球比赛，由教练员选择进攻方向，听教练员哨声，一方进球代表本轮进攻结束，将球交给教练员，教练重新选择进攻方向每队幼儿都要有持球进攻与无球防守两个过程		1.相互配合； 2.抬头观察
场地	10米×10米	
器材	标志盘4个	
时间	3分钟	
内容组织	场地布置	指导要点
场地：幼儿围成半径4米的圆 内容：听教练的指令，拉伸放松		1.总结经验； 2.听教练指令
小结		

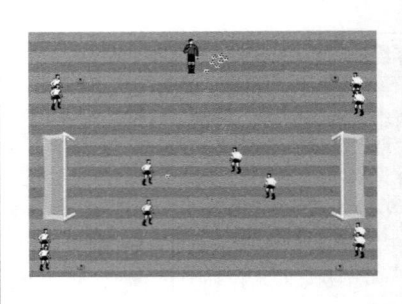

第五节 幼儿足球课程游戏

1. 狼来了

训练目的：主要锻炼幼儿的反应能力、运动能力和爆发力。

内容组织：让幼儿一人抱一个足球站在白线上，教练员背站在距离 8～10 米的另一条白线上。幼儿在教练员的指令下往教练员那里跑，教练员喊"狼来了"并转身，幼儿就不许动；如果动了，就要重新回到白线。然后教练员再转身，继续喊狼来了，一直到第一个幼儿到达白线。

变化：教练员可以规定一个动作，比如将足球双手举于头顶，教练员在喊"狼来了"之后，幼儿必须双手举足球到头顶。

2. 捉尾巴

训练目的：主要锻炼幼儿的爆发力、反应能力和应变能力。

内容组织：每个幼儿在腰后方衣服里塞一根彩绳当尾巴，教练员指定一块区域，幼儿不能跑出来。游戏开始后，幼儿在保护自己尾巴的同时，去捉其他幼儿的尾巴，在规定时间内，捉到最多尾巴的幼儿获胜。

3. 搬家大作战

训练目的：主要锻炼幼儿快速反应与应变的能力，提高幼儿的变向能力。

内容组织：将幼儿分为3组，每组站在由3个标志桶摆放的三角区域后，这就是每个小组的"家"。每个"家"里摆放3个足球，这就是"家具"。比赛开始后，每个家庭成员都需要从别人"家"里将"家具"搬到自己"家"中；别人过来搬"家具"时，不得阻拦，在规定时间内，搬回"家具"最多的组获胜。

变化：可以让幼儿只能跑一个方向，顺时针或逆时针方向将"家具"搬回"家中"。

4. 抱一抱

训练目的：锻炼幼儿的反应能力、运动能力和爆发力。

内容组织：以教练员为圆心，幼儿围着教练员慢跑。教练员喊出数字几，几个幼儿就需要抱在一起。

5. 光头强砍树

训练目的：锻炼幼儿的运动能力与观察能力。

内容组织：在场内摆放多个标志桶，幼儿变成光头强开车出去砍树（用手推倒标志桶），教练员变成熊二去种树（摆正标志桶）。

变化：幼儿可以分成两组，一组是光头强出门砍树，一组是熊二去种树。

6. 打败大魔王

训练目的：锻炼幼儿的反应能力和应变能力。

内容组织：所有幼儿站在一条白线上，教练员站在距离幼儿七八米左右的白线上。当教练员背过身去，幼儿就要向教练员的方向跑过去，当教练员大喊大魔王来了，要吃掉幼儿的头发、耳朵、鼻子、嘴巴、胳膊、肚子、脚、膝盖等时，幼儿为了不让大魔王得逞，就要捂住大魔王要吃掉的部位，如果没有捂住正确的部位，就要返回起点重新开始，直到第一个幼儿拍到教练员，就算打败大魔王。

7. 我是海怪

训练目的：锻炼幼儿的反应能力和爆发力。

内容组织：幼儿在规定区域内跑动，教练当海怪。教练员吹哨后，所有幼儿在规定区域内跑动，被海怪吃掉的幼儿，和教练员手拉手当海怪。

8. 火车钻隧道

训练目的：锻炼幼儿的团队配合能力，提高幼儿的身体协调能力

内容组织：将幼儿分成若干组，一组幼儿站一列，前后保持一定距离并弯腰，张开双腿。当教练员说开始后，第一名幼儿将足球从自己的胯下传给下一名，当足球传到最后一名时，幼儿举手示意，用时最短的队伍获胜。

变化：幼儿可以从头上、身侧传球。

9. 进击的保龄球

训练目的：锻炼幼儿的观察能力和身体协调能力。

内容组织：中间摆若干标志桶，幼儿在起点一人拿一个保龄球（足球）。教练员吹哨开始，幼儿用手中的保龄球（足球）扔向前方的标志桶。

变化：可以拉长距离用脚踢。

10. 红灯停绿灯行

教学目的：锻炼幼儿的反应能力。

内容组织：幼儿站在白线上，教练员手里拿着红、绿颜色的标志盘。当教练手举绿色标志盘时，幼儿向前走，当教练员手举红色标志盘时，幼儿要站立不动。

参 考 文 献

[1] 刘涛. 足球理论与实践 [M]. 北京：北京体育大学出版社，2009.

[2] 杜泽•邦帕，迈克尔•卡雷拉. 青少年运动员体能训练 [M]. 尹晓峰，等译. 上海：上海文化出版社，2017.

[3] 张首文，白秋红. 幼儿体育活动设计与指导（微课版）[M]. 北京：人民邮电出版社，2017.

[4] 谭廷信. 少年足球教学与训练（5～6岁）：基础训练68项 [M]. 北京：人民邮电出版社，2017.

[5] 李红响. 保教知识与能力（幼儿园）[M]. 北京：化学工业出版社，2021.

[6] 林梦龙. 幼儿游戏化足球课程开发研究 [D]. 长春：吉林大学，2019.

[7] 谢洛如. 幼儿园足球课程方案编制的行动研究 [D]. 成都：成都大学，2021.

[8] 张亚军. 幼儿园课程概论 [M]. 长春：东北师范大学出版社，2015.

[9] 吉姆•加兰. 少年足球训练圣经 [M]. 马东芳，译. 北京：人民邮电出版社，2016.

[10] [明] 吴承恩. 西游记（青少年版）[M]. 竹马书坊，改写. 沈阳：万卷出版公司，2022.

[11] 李伯钦. 西游记：青少年无障碍阅读版 [M]. 李宏涛，改写. 北京：北京联合出版公司，2016.

附 录

足球器材

| 足球 |  标志盘 |  标志桶 |  标志杆 |

| 小栏架 |  体能棒 |  绳梯 |  敏捷圈 |